Friedel Bohny-Reiter   Camp de Rivesaltes

Friedel Bohny-Reiter

Camp de Rivesaltes

Tagebuch einer Schweizer Schwester in einem französischen Internierungslager 1941-1942

Vorwort von Margot Wicki-Schwarzschild
Einleitung von Michèle Fleury-Seemuller
Unter Mitarbeit von Helena Kanyar Becker

Herausgegeben von Erhard Roy Wiehn

Hartung-Gorre Verlag Konstanz

Umschlag-Titelfoto: Kinder im Lager Rivesaltes, Fotoreportage von Paul Senn, in: Schweizer Illustrierte Zeitung, Nr. 9, 3.2.1942 (Nachlass F. Bohny-Reiter, Archiv für Zeitgeschichte/ ETH Zürich); Rückseite: Friedel Reiter vor der Schweizer Baracke in Rivesaltes 1942 (Archiv F. und A. Bohny-Reiter. Basel);
Gedruckt von BoD GmbH, Norderstedt.

<u>1940-2010</u>
70 Jahre Deportation
der badischen und saarpfälzischen Jüdinnen und Juden
nach Gurs, Rivesaltes und in andere südwestfranzösische Internierungslager

Bibliografische Information Der Deutschen Nationalbibliothek
Die Deutsche Nationalbibliothek verzeichnet diese Publikation in der Deutschen Nationalbibliografie; detaillierte bibliografische Daten sind im Internet über http://dnb.d-nb.de abrufbar.

2. Auflage 2021. Erste Auflage /First Edition 2010
Hartung-Gorre Verlag, Konstanz, Germany
ISBN 3-86628-291-5 und 978-86628-291-9

Inhalt

Erweiterte Neuausgabe von Friedel Bohny-Reiter, *Vorhof der Vernichtung*. Hartung-Gorre Verlag, Konstanz 1995.
ISBN 3-89191-917-4

Dieses Buch sei jener Frau gewidmet,
die mir aus dem schon rollenden Deportationszug zurief:
"Schwester Friedel, vergessen Sie uns nicht!" -
außerdem
Eleonor und Maurice Dubois, den Leitern,
sowie allen Mitarbeiterinnen und Mitarbeitern,
die mit ihrem Einsatz die SCHWEIZER KINDERHILFE
prägten.

Friedel Bohny-Reiter
(1912-2001)

Margot Wicki-Schwarzschild

Warum gerade wir

Wer ein Menschenleben rettet, rettet die ganze Welt.
(Talmud, Traktat Sanhedrin, 37a)

Friedel Reiter 1942

Es muß irgendwann in den späten fünfziger Jahren gewesen sein, daß ich ihr wieder begegnete, dieser mutigen Frau, Krankenschwester Friedel Reiter, die mir, meiner Schwester (S. 162), meiner Mutter, Hilda und Anny (S. 196), unseren Freundinnen in Israel, sowie vielen anderen jüdischen Menschen das Leben gerettet hat.[1]

Durch unseren Kontakt mit dem Schweizer Roten Kreuz, das im Lager Rivesaltes die Kinderhilfe seit Januar 1942 betreute, bin ich 1954 selbst in die Schweiz gekommen, habe hier geheiratet und zwei Söhnen und zwei Töchtern das Leben weitergegeben. So kam es, daß ich langsam Abstand nehmen konnte von der grauenvollen Vergangenheit, die wir durch unsere Verfolgung und Deportation nach Gurs und Rivesaltes hatten hinter uns bringen müssen, - einfach, weil unser Vater Jude war.

Unser Vater, ein überaus gütiger Mensch, gehörte zu den sechs Millionen, die von den Nazis vergast wurden. Auch wir standen auf der Liste der Vernichtung, wie wir es bei einem Besuch in Israels nationaler Holocaust-Gedenkstätte Yad Vashem dokumentiert sahen. Doch dank des mutigen Einsatzes der unerschrockenen Schwester Friedel Reiter durften wir überleben.

In den ersten Jahren meines Aufenthaltes in der Schweiz kam in mir immer wieder der Wunsch auf, diese Frau zu finden, die uns gut zehn Jahre zuvor vor dem sicheren Tod bewahrt hatte. Eines Tages rief mich eine russische Freundin an, die mit uns im Kinderheim der Schweizer Kinderhilfe in Pringy

---

[1] Dazu: Margot Wicki Schwarzschild, "Gurs aus Kinderperspektive" und Hannelore Wicki-Schwarzschild, "Kindheitserinnerungen an Gurs", in: Erhard Roy Wiehn (Hg.), Camp de Gurs 1940. Konstanz 2000, S. 12 ff. u. 24 ff.

gelebt hatte, und teilte mir mit, Friedel Bohny-Reiter, wie sie inzwischen hieß, wohne in Basel, also ganz in meiner Nähe.

Hocherfreut, aber ebenso tief bewegt, stand ich schon bald mit einem großen Blumenstrauß vor ihrem schmucken, blumenumrankten Einfamilienhaus im Neubadquartier. Es war kaum zu fassen, daß ich der Frau gegenüberstehen sollte, der ich mein Leben, der wir alle unser Leben verdankten, der Frau, die uns gerettet hatte.

Aber konnten denn ein paar Blumen auch nur symbolisch die große Dankbarkeit zum Ausdruck bringen, noch am Leben sein zu dürfen, das Leben an unsere Kinder und Enkelkinder weitergeben gedurft zu haben?

Seit dieser denkwürdigen Wiederbegegnung verbindet unsere Familie herzliche Freundschaft und innige Verbundenheit mit Friedel Bohny-Reiter und ihrem Mann August, der ebenfalls zu den mutigen Rettern jüdischer Kinder und Erwachsener gehört.

Leben retten. Das sagt sich so dahin. Was es aber wirklich bedeutet, kann nur ermessen, wer einmal um ein Haar sein Leben verloren hätte, - nein, nicht einfach verloren -, wer meuchlings ermordet, erbarmungslos vergast worden wäre, einfach weil er zu einer Menschengruppe gehörte, die unerwünscht war und ausgerottet werden sollte.

*

Im Gedenkjahr 1990 - fünfzig Jahre nach unserer Deportation - reisten wir nach Israel, wo wir von unseren ebenfalls geretteten Freundinnen Hilda und Anny und ihren Familien mit großer Herzlichkeit aufgenommen und durch das blühende Land geführt wurden. Sie waren es, die uns sagten, daß wir in Yad Vashem, das wir gemeinsam besuchten und das uns zutiefst berührte, auf der Liste der Verschollenen verzeichnet waren. Welch ein erschütterndes Erlebnis, als wir einen der unzähligen riesigen schwarzen, schicksalsträchtigen Bände in den Händen hielten und unter dem Namen 'Schwarzschild' unseren Vater, unsere Großmutter und - nebst vielen Verwandten und Nachbarn – auch unsere eigenen drei Namen fanden. Welch ein unbeschreibliches Gefühl überkam uns, als wir dreimal handschriftlich einfügten: *hat überlebt!* - Ähnliche Korrekturen Überlebender dürften äußerst selten sein, wir haben jedenfalls keine weiteren Zeichen Geretteter gesehen.

*

Gerettet! Warum gerade wir? Warum durfte nicht auch unser Vater das Glück des Überlebens haben, warum nicht die Millionen Menschen, die umgekommen waren? Solche Gedanken und Gefühle haben uns ein Leben lang begleitet. Freude, Schmerz und Trauer lagen immer nahe beieinander.

Das Leben ging weiter. Es war geprägt von Höhepunkten und Tiefschlägen. Aber wir haben das Leben dankbar in unsere Hände genommen, ohne Haß, sondern eher mit der Verpflichtung, unseren Auftrag in der Welt so gut wie möglich zu erfüllen und uns unsererseits nun für Randständige einzusetzen.

Am heutigen 8. Mai 1995 - fünfzig Jahre nach dem Ende des Zweiten Weltkriegs in Europa - wünsche ich diesem Tagebuch von Friedel Bohny-Reiter eine große und interessierte Leserschaft: gegen das Vergessen und Verdrängen, ja vor allem gegen das Leugnen des Geschehenen. Die Herausgabe dieses Buches, für die ich Erhard Roy Wiehn von Herzen dankbar bin, soll zugleich auch eine Hommage an all die unzähligen nichtjüdischen Menschen sein, die sich in unbürokratischer Weise über die fragwürdige 'Neutralitätspolitik' der offiziellen Schweiz hinwegsetzten, der sie verpflichtet gewesen wären und jüdische Menschen retteten, eine Hommage auch an alle Schweizerinnen und Schweizer, die durch ihre Spenden ermöglichten, die Kinderhilfe im Lager Rivesaltes aufzubauen.

Die in diesen Tagen vielgescholtene und an einer großen Anzahl von Juden schuldig gewordene Schweiz kann sich dennoch rühmen, wenigstens durch diese Retterinnen und Retter ihrem humanitären Ruf nachgekommen zu sein.

Viele dieser tapferen Männer und Frauen - so auch Friedel und August Bohny-Reiter - wurden in Yad Vashem zu Jerusalem sowie im U.S. Holocaust Memorial Museum in Washington geehrt, was uns, die Überlebenden, mit ganz besonderer Freude erfüllt. Meine Schwester Hannelore Wicki-Schwarzschild und meine Freundinnen Hilda Tayar-Krieser und Anny Eisen-Krieser (S. 196) in Israel schließen sich meinen Gedanken und guten Wünschen für dieses Tagebuch an.

Reinach-Basel, am 8. Mai 1995

Michèle Fleury-Seemuller

Zeichen der Hoffnung

Fast fünfzig Jahre lang blieb das Tagebuch von Friedel Bohny-Reiter in der Schublade liegen. Als ich mir bewußt wurde, daß es verschwinden könnte und man nie davon erfahren würde, daß eine junge Schweizer Frau 1942 in einem Interniertenlager im Süden Frankreichs als Krankenschwester gearbeitet hat, wollte ich sie kennenlernen. Ich besuchte sie in Basel, wo sie seit vielen Jahren mit ihrem Mann wohnt, den sie seinerzeit in Frankreich kennenlernte. Sie ist achtzig Jahre alt und malt - viele Landschaften, die Wüste Algeriens, die Camargue, Erinnerungen ihrer zahlreichen Reisen - und heute noch Bilder vom Lager in Rivesaltes. Sie schreibt weiter in ihrem Tagebuch, wie sie es seit ihrer Jugend tut.

Sie vertraute mir zwei dicke Schulhefte an, ein blaues und ein braunes. Das erste beginnt mit einer Notiz vom 6. Juli 1940 in Florenz, wo Friedel als Kinderschwester in einer italienischen Familie arbeitete und endet mit dem 13. Dezember 1941 im Interniertenlager in Rivesaltes. Das andere, viel dicker, handelt fast ausschließlich von ihrer Arbeit im Lager bis zu dessen Schließung Ende 1942.

Ich war tief berührt, als ich diese Hefte las. In meiner Hand war ein Dokument, das von einer schrecklichen Zeit sprach. Tag für Tag notiert Friedel das Leiden der Internierten - ihren Kampf gegen Krankheit, Schmutz, Unterernährung und vom August 1942 an gegen den Abtransport der Juden - Männer, Frauen und Kinder -, der in die Todeslager führte. Zugleich entdeckte ich in der Autorin eine junge Frau, die nicht aufhörte, in diesem Elend ein Zeichen der Hoffnung zu suchen, die sich über einen Strauß Papierblumen freute, den ihr ein Kind hingestreckt hatte, über einen Sonnenaufgang, über Hündchen, die im Lager geboren werden.

Als die Spannungen am größten waren, lernte sie August Bohny kennen, ihren künftigen Mann, der in Chambon-sur-Lignon für die Heime der Kinderhilfe verantwortlich war.[2]

Es handelt sich also um ein richtiges Tagebuch, worin man alles niederschreibt, ein Tagebuch einer erstaunlichen Frau, die sich in einer außergewöhnlichen Situation befand.

---

[2] August Bohny, Unvergessene Geschichten – Zivildienst, Schweizer Kinderhilfe und das Rote Kreuz in Südfrankreich 1941-1945. Konstanz 2009.

Je weiter mich meine Lektüre führte, desto dringender schien es mir, diese Geschichte mit anderen teilen zu müssen. Friedel Bohny-Reiter zögerte lange, ihr Einverständnis zur Veröffentlichung zu geben. Sie zweifelte daran, daß ihr altes Tagebuch für andere interessant sein könnte; sie fand es zu persönlich, zu sehr von persönlichen Empfindungen geprägt. Schließlich stimmte sie der Publikation mit einigen wenigen Kürzungen zu.

Das Buch erschien zuerst in einer französischen Übersetzung, weil sich das Geschehen in Frankreich abspielte. Bei einem solchen historischen Dokument sind sprachliche oder geographische Grenzen nicht vorrangig.

*

Was führte Friedel Reiter 1941 nach Frankreich? Am 24. Oktober 1941 schreibt sie in ihrem Tagebuch: *"Ich war in Bern bei Herrn Rodolfo Olgiati.*[3] *Er sprach mit mir von seiner Arbeit und der ganzen Not, und seither denke ich nur noch an eines - helfen."* Wir werden sehen, daß ihr Wunsch zu helfen, die Not zu lindern, eines ihrer stärksten Motive war. Den Grund dafür können wir sicherlich in ihrer eigenen Kindheit finden.

Friedel Reiter wurde 1912 in Wien geboren. Zu Anfang des Ersten Weltkrieges 1914 mit anderen Kindern aus der Hauptstadt des Kaiserreiches evakuiert, verbrachte sie die Kriegsjahre in der Nähe von Melk an der Donau. Ihr Vater, den sie kaum kannte, fiel an der Front. Sie kehrte 1919 nach Wien zurück, in die überdimensionale Hauptstadt eines verlorenen Reiches, wo revolutionäre Unruhen und Hunger herrschten. Diese schreckliche Not, welche die Kinder Wiens quälte, brachte das Schweizerische Hilfskomitee für Wien dazu, *Kinderzüge* in die Schweiz zu organisieren. Friedel fuhr 1920 nach Kilchberg am Zürichsee zu einer Familie, bei der sie schließlich bis zu ihrem 24. Altersjahr blieb. Sie wurde in Zürich als Kinderschwester ausgebildet, ging später für eineinhalb Jahre nach Florenz. Nach ihrer Rückkehr in die Schweiz meldete sie sich bei der 'Arbeitsgemeinschaft für kriegsgeschädigte Kinder', die sie ins Lager Rivesaltes schickte.

---

[3] 1905-1986, Mathematikprofessor, leitete seit 1935 das Sekretariat des Internationalen Zivildienstes; 1937 ging er mit der 'Ayuda Suiza' nach Spanien; 1940 wurde er Zentralsekretär der Schweizerischen Arbeitsgemeinschaft für kriegsgeschädigte Kinder. Als sich die Arbeitsgemeinschaft mit dem Schweizerischen Roten Kreuz zusammenschloß, blieb er trotz zahlreicher Konflikte mit dem Roten Kreuz in der gleichen Position bis zu seiner Kündigung 1943. Im Jahre 1944 wurde er vom Bundesrat berufen, die 'Schweizer Spende' zu leiten. (M.F.-S.) Vgl. Heinz Roschewski in: Erhard Roy Wiehn, Oktoberdeportation 1940, S. 965 f.; Literatur siehe Seite 215 ff. und 218 ff.

Frankreich im Jahre 1941

Wie war die Lage Frankreichs bei Friedels Ankunft am 12. November 1941? Nach der Niederlage im Juni 1940 wurden drei Fünftel des Landes von den Deutschen besetzt, 'Nordzone' oder 'besetzte Zone' genannt. Die' Südzone', wo sich Rivesaltes befand, blieb frei bis zur totalen Besetzung Frankreichs am 11. November 1942. Die beiden Zonen waren voneinander getrennt durch die Demarkationslinie, die von Genf – Dôle - Tours nach Mont-de-Marsan an der spanischen Grenze führte. Der Übergang von einer Zone zur anderen war nur mit einer speziellen Erlaubnis gestattet.

Im Juli 1940 übergab das französische Parlament alle politischen Vollmachten an Philippe Petain, den "Helden von Verdun". Noch im gleichen Monat nahm die Regierung Gesetze an, die es ihr erlaubten, Ausländer aus der französischen Gemeinschaft auszuschließen. Man wollte dadurch besonders die Juden treffen, die man anklagte, den Niedergang Frankreichs verursacht zu haben.

In den Jahren 1920-1930 hatte Frankreich sehr großzügig Tausende von Ausländern aufgenommen: Menschen, die Arbeit suchten, aber auch Flüchtlinge. Russen, die vor der bolschewistischen Revolution flüchteten, ab 1933 Deutsche, die gegen das nationalsozialistische Regime waren und Juden, die gehen mußten. Nach dem Anschluß 1938 waren es Österreicher, ein wenig später und nach der Besetzung ihres Landes Tschechen und Slowaken, ohne die Polen zu vergessen, die vor Pogromen, Elend und Diktatur flüchteten. Im Februar-März 1939 kamen noch Spanier dazu, Opfer des Bürgerkrieges.

Schon vor der Invasion Frankreichs beschloß die Regierung, die Ausländer aus Sicherheitsgründen zu internieren; nun wurden sie aus dem einzigen Grund interniert, daß sie Ausländer waren, Juden, Sinti, Roma und Staatenlose. Einbürgerungen, die nach 1927 erfolgt sind, wurden rückgängig gemacht. Mehr als 15.000 Personen verloren die französische Staatsangehörigkeit, davon 6.307 Juden. Diese Menschen sollten die Internierungslager Gurs, Rivesaltes, Récébédou, Les Milles und andere in der Südzone bevölkern.

Ihre Anzahl unterlag großen Schwankungen. Für Februar 1941 schätzt man sie auf 47.000 Personen, bei Friedels Ankunft waren es noch 15.000. Viele von ihnen wurden befreit oder zwangsweise einem Dorf zugewiesen oder sie konnten nach Übersee emigrieren. Andere wurden in Kompanien für ausländische Arbeiter eingewiesen, die bis zu 60.000 Männer zählten, davon 40.000 Spanier, der Rest Juden aller Nationalitäten. In Friedel Reiters Tagebuch kann man lesen, daß die Juden ins Lager zurückgebracht wurden, um von dort deportiert zu werden. Vergessen wir nicht die vielen Verstorbenen, Opfer der schrecklichen Lebensverhältnisse im Lager, wie es der Friedhof von Gurs noch heute bezeugt.

Im Oktober 1940 wurden ungefähr 6.500 Juden,[4] meistens alte Menschen, Frauen und Kinder, nach Frankreich deportiert und zunächst ins Lager Gurs eingewiesen, um später auf verschiedene Lager verteilt zu werden, so auch nach Rivesaltes. Die nationalsozialistischen Gauleiter Badens und der Saarpfalz hatten beschlossen, alle noch verbliebenen Juden aus ihren Gebieten abzuschieben. Sie befahlen ihnen, einige Sachen zusammenzupacken, dann wurden sie ins Ungewisse geschickt. Sie sollten die einzigen Deportierten sein, die zunächst eine Reise von Osten nach Südwesten machten. Die französische Regierung, die von dieser Abschiebung nicht unterrichtet wurde, war völlig überrascht und protestierte vergebens, um die Deportierten schließlich zu internieren. Dreitausend elsässische Juden hatten einige Monate vorher schon das gleiche Schicksal erfahren.

Aus diesen Gründen befand sich eine große Anzahl von Lagern in ganz Frankreich, was für die französische Verwaltung ein enormes organisatorisches Problem darstellte, vor allem was die Nahrungsmittelbeschaffung betraf.

Das Internierungslager Rivesaltes

Man muß wissen, was 'Internierungs'- und 'Konzentrationslager' im damaligen Frankreich darstellten; denn man kann die französischen Internierungslager nicht mit den deutschen Konzentrationslagern vergleichen. Auschwitz mit seinen Gaskammern und Krematorien hat so nachhaltig gewirkt, daß man das Wort 'Lager' leicht mit dem dortigen Geschehen verbindet. Als Auschwitz 1941 gegründet wurde, gab es in Deutschland schon seit langem zahlreiche Lager, die weder Gaskammern noch Krematorien besaßen. Es handelte sich um verschiedene, äußerst primitiv organisierte Lager, die nach einigen Monaten aufgelöst wurden, oder (wie Dachau) um äußerst extrem organisierte Erziehungs- und Arbeitslager für Kommunisten, Sozialisten und jegliche Gegner der Nationalsozialisten. Sogar in Auschwitz bestanden gleichzeitig mehrere Arten von Lagern.

Die französischen Lager hatten nicht den Auftrag, einen 'neuen Menschen' zu schaffen, die Häftlinge zu Tode zu schinden oder ein ganzes Volk auszurotten. Liest man Friedel Reiters Tagebuch, versteht man vielleicht nicht ganz,

[4] Laut Schreiben Reinhard Heydrichs vom 29.10.1940 handelte es sich um 6.504 Menschen; vgl. Wiehn, a.a.O. 1990, S. 7; Erhard Roy Wiehn (Hg.), Camp de Gurs. Konstanz 2000, S. 6.

was die Vichy-Regierung mit diesen Internierungen bezweckte. In einer ersten Phase wollte man, wie schon erwähnt, die 'Unerwünschten' ausschließen, aber später befreite man einen Teil von ihnen aus unerklärlichen Gründen. Man hat den Eindruck, daß die französische Regierung nicht wußte, was sie mit diesen Tausenden von Internierten anfangen sollte - nur auf Druck handelte, sei es seitens der Wohltätigkeitsorganisationen, um die Menschen zu befreien, und seitens der Deutschen, als sie wünschten, die ausländischen Juden nach Polen zu schicken. Für die Regierung war es die Gelegenheit, sie weiterzuschaffen, ohne sich um ihr Schicksal zu kümmern.

Das Camp Rivesaltes, in der Nähe von Perpignan gelegen, befand sich außerhalb des Städtchens gleichen Namens, in einer trockenen, von Winden heimgesuchten Ebene, eisig im Winter, brennend heiß im Sommer. Es war ursprünglich ein Militärlager, das zum Interniertenlager wurde, 150 Baracken, die 17.000 bis 18.000 Personen beherbergen sollten. Die Direktion und das Personal waren ausschließlich Franzosen.

Das Lager war in 10 'Ilôts' aufgeteilt. In jedem 'Ilôt' befanden sich 10 bis 12 Baracken, wie das ganze Lager von Stacheldraht umzäunt. Buchstaben bezeichneten die einzelnen 'Ilôts'. Es war verboten, von einem 'Ilôt' ins andere zu gehen, außer man besaß einen Durchgangsschein ('laissez-passer'). Im allgemeinen befanden sich in einem 'Ilôt' Personen der gleichen Nationalität. Obwohl das Lager als Zentrum für die Wiedervereinigung der Familien gegründet wurde, lebten die Männer getrennt von Frauen und Kindern. Nur die Sinti und Roma, die wegen ihres 'Nomadentums' interniert waren, lebten in Familien.

Das Lagerleben war sehr hart. Die Internierten litten furchtbar an Hunger. Offiziell hatten sie Anrecht auf die gleiche Ration wie die französische Bevölkerung, aber sie erhielten nur einen Teil, der Rest verschwand in einem schändlichen Handel. Im Lager Gurs schätzte der Lagerarzt, daß ein Internierter nur etwa 980-1250 Kalorien pro Tag erhielt. Und es kam vor, daß er während Wochen ausschließlich Tomaten oder Rüben und Brot aß (im Dezember 1942: 269 g pro Tag). Die Hilfsorganisationen versuchten, das tägliche Leben der Internierten zu verbessern. Friedel Reiter und ihre Helferinnen verteilten Reis für Kranke und Zwischenverpflegungen für Kinder. Wie im vorliegenden Tagebuch nachzulesen ist, genügte dies nicht, und der Hunger forderte Opfer. Während mehrerer Wochen mußte sich Friedel der Hungerkranken annehmen.

Der Mangel an Hygiene zog Ungeziefer und Ratten an. Die Kleider und die Matratzen waren verseucht. Die Internierten verfügten über ein wenig Wasser, aber nur während einigen Stunden im Tag. Die Latrinen befanden sich im Freien; um sie zu benutzen, mußte man eine Estrade erklettern, wo man dem Unwetter und den Blicken anderer ausgesetzt war.

Die Internierten trugen ihre eigenen Kleider, sehr bald nur noch Fetzen. Die Schuhe fielen auseinander. Wurden sie während des Sommers interniert, hatten sie nichts, um sich gegen die Kälte zu schützen.

Viele wurden krank, litten an Durchfall, an Hungerödemen, übermäßigem Gewichtsverlust und anderen Krankheiten, die vor allem dem Nahrungsmangel zuzuschreiben waren. Medikamente fehlten. Die Krankenbaracke war oft überbelegt. Die Kranken lagen dort auf Matten, die ebenso schmutzig waren, wie die der anderen Baracken.

Das Leben der Internierten wurde in solchen Situationen zur Hölle. Der Hunger, die Promiskuität, der Schmutz und die Verzweiflung führten zu einem raschen Verfall der Menschen und der Beziehungen zwischen ihnen. Friedel Reiter fühlte sich oft verletzt. Sie wollte, daß die Menschen ihre Würde und Menschlichkeit aufrechterhielten. Sie, eine dreißigjährige Frau, voller Idealismus, wollte helfen und das Los der Internierten verbessern. Sie ertrug es nicht zu sehen, wie andere sich gehen ließen, mogelten, stahlen und zu Jammergestalten wurden.

Aber sie hungerte nicht, sie konnte gehen, wenn sie wollte, sie liebte ihre Arbeit und alles, was die Internierten nicht mehr hatten.

Im Juli 1942 gab die französische Regierung den Deutschen ihr Einverständnis, die ausländischen Juden beider Zonen zu deportieren. In der Südzone organisierte die französische Polizei vom 26. bis zum 28. August 1942 eine erste große Massenverhaftung. 7.100 Personen wurden festgenommen, in Sammellager wie Rivesaltes geschickt, dann ins Lager Drancy in der Nordzone, um nach Polen deportiert zu werden, was Vernichtung hieß.

Nach und nach verließen alle jüdischen Insassen Rivesaltes. Die Sinti und Roma wurden in ein anderes französisches Lager verbracht. Nach der Besetzung der Südzone durch die Deutschen erhielten die Hilfsorganisationen den Befehl, das Lager zu räumen. Das Interniertenlager wurde wieder zum Militärlager.

Ich habe die Gegend des damaligen Lagers während des Sommers 1992 besucht und fand die ausgetrocknete Ebene, wie sie Friedel beschreibt. Von den Barackenreihen waren Ruinen geblieben. Ich hatte das Gefühl, mitten im Krieg zu sein. Ein kleiner Teil wurde noch immer als Militärlager benutzt, und zwar unter der ehemaligen Bezeichnung 'Camp militaire du Marechal Joffre'. Nirgends habe ich eine Gedenktafel gesehen, die an das Leiden Tausender von Menschen erinnert.

Die schweizerische Kinderhilfe

Als Friedel Reiter sich entschloß, für notleidende Menschen zu arbeiten, wandte sie sich an die 'Schweizerische Arbeitsgemeinschaft für kriegsgeschädigte Kinder'. Sie erzählte mir, daß sie nicht viel von dieser Vereinigung wußte, als sie Rudolfo Olgiati traf. Sie hatte nur den Rat einer Freundin befolgt.

Im Jahre 1937 fuhren einige Schweizer, fast alles Mitglieder des Internationalen Zivildienstes, nach Spanien, wo der Bürgerkrieg ausgebrochen war, um eine Hilfsgüterverteilung zu organisieren und Kinder aus der Kampfzone zu evakuieren. Sie wurden in der Schweiz von ungefähr zwanzig Vereinigungen unterstützt, die sich für diesen Zweck zur 'Arbeitsgemeinschaft für Spanienkinder' zusammenschlossen und Nahrungsmittel, Kleider und Geld sammelten. Nach Ende des Bürgerkrieges 1939-1940 verlagerte sich die Arbeit nach Südfrankreich, wohin die spanischen Republikaner geflüchtet waren. Nach Kriegsausbruch 1940 entstand daraus die 'Arbeitsgemeinschaft für kriegsgeschädigte Kinder'. Ihr Wirken umfaßte nun ganz Frankreich; in diesem Buch wird aber nur von der Südzone die Rede sein.

Die Stärke der 'Kinderhilfe' bestand im Zusammenwirken von außerordentlichen Persönlichkeiten, die sich durch starken Unternehmungsgeist und unerschöpfliche Energie auszeichneten. Der von allen geschätzte und anerkannte Leiter der Gruppe war Maurice Dubois aus Le Locle. Als er im Frühling 1940 nach Elne ging (bei Perpignan), wo bereits ein Mütterheim der Arbeitsgemeinschaft in Betrieb war, brachte er Erfahrungen aus dem spanischen Bürgerkrieg mit. In Elne wurde er von der Invasion Frankreichs überrascht, die Hunderttausende von Flüchtlingen in den Süden trieb. Er beschloß zu bleiben:

> *Ich konnte meinen Bericht nicht beginnen,* schrieb er 1942, *ohne mich mit einigem Bedauern an diese ersten Tage unserer Tätigkeit zu erinnern, nach den Tagen der Beklemmung und Besorgnis von damals, die der praktischen Arbeit vorausgingen. Tage, während denen wir keine direkte Verbindung mit der Schweiz mehr hatten, - wir mußten über Barcelona nach Bern telefonieren -, die wir benutzten, um unsere zukünftige Arbeit im Gebiet der Haute-Garonne zu erforschen. Wir warteten auf Lebensmittel aus der Schweiz. Wir stellten uns in den Dienst der amerikanischen Quäker, um den Flüchtlingen zu helfen, die die Gegend überflutet hatten - die amerikanischen Quäker verfügten damals über eine sehr große Menge*

an Lebensmitteln. So unternahmen wir Expeditionen in die kleinsten Dörfer und Täler, die von den französischen Ernährungsdiensten vergessen wurden, da sie überfordert, desorganisiert waren und keine Transportmittel mehr hatten. Wir wurden mit großer Sympathie empfangen. Wir verteilten Kleider, Nahrungsmittel, und am Abend fuhren wir mit einem leeren Lastwagen nach Toulouse zurück. Unser Lastwagen, 'Dunant' genannt, war an der größten dieser Expeditionen beteiligt, die uns bis zur Demarkationslinie führte, um dort der Masse von Flüchtlingen Lebensmittel zu bringen. Sie versuchten zurückzugehen, waren aber an dieser Schranke blockiert und wurden nur einzeln durchgelassen. Sie hatten mehrere Tage zu warten, was niemand vorausgesehen hatte, und so befanden sich Zehntausende von Menschen mit wenig Nahrung in einem Gebiet, dessen Möglichkeiten sie selbst erschöpft hatten, und das ihnen nichts mehr bieten konnte.

Kurz darauf richtete Maurice Dubois sich mit seiner Frau Eleonore, einer Amerikanerin, und einem spanischen Flüchtling, einem ehemaligen Betriebsleiter, in Toulouse, Rue du Taur 71, ein. Diese Räume sollten ihnen während des ganzen Krieges als Hauptsitz der Kinderhilfe in Südfrankreich als 'Patenbüro' dienen, das Tausenden von Kindern 'Paten' in der Schweiz vermittelte, aber auch als Lagerraum für Lebensmittel und Kleider, die in der Schweiz gesammelt und nach Toulouse geschickt wurden. C. Martinez-Parera kümmerte sich um die Buchhaltung und Maurice Dubois um die Beziehungen mit den Mitarbeitern in Toulouse und den anderen Zentren. "Es war in Wirklichkeit eine zweiköpfige Betriebsleitung", vertraute er mir bei einem unserer Gespräche an.

Sehr schnell, d.h. schon im Oktober-November 1940, verteilten sie täglich an Tausende von Kindern in Toulouse und Umgebung sowie im Lager Récébédou Milch und eine Zwischenmahlzeit (gouter). Sie übernahmen ein Heim mit etwa hundert Kindern in Talloires am See von Annecy, das später nach Pringy übersiedelt wurde. Im Dezember 1940 richtete sich Elsbeth Kasser[5] im Lager Gurs ein, im August 1941 Elsie Ruth im Lager Rivesaltes, im Juni eröffneten sie ein Säuglingsheim in Banyuls. In Le Chambon-sur-Lignon leitete August Bohny,[6] Friedels künftiger Mann, seit Oktober 1941 zuerst ein Kinderheim, später drei Kinderheime, eine Schreinerwerkstatt und eine Landwirt-

[5] Dazu Erhard Roy Wiehn, Oktoberdeportation 1940. Konstanz 1990, S. 567 ff.

[6] August Bohny, Unvergessene Geschichten – Zivildienst, Schweizer Kinderhilfe und das Rote Kreuz in Südfrankreich 1941-1945. Konstanz 2009.

schaftsschule (Ferme-école). Weitere Heime wurden eingerichtet in La Hille (Ariège), in Montluel (Ain), in Faverges (Haute-Savoie) wie auch in Saint - Cergues-sur-Voiron und Praz-sur-Arly in der Nähe von Genf. Ein ganzes Geflecht von Häusern entstand, die für Friedel Reiter von größter Wichtigkeit sein sollten, da sie dorthin die Kinder zur Erholung schicken konnte oder wenn sie aus dem Lager entlassen waren. Erwachsene fanden als Gärtner, Köchinnen usw. dort Arbeit und konnten deshalb aus dem Lager befreit werden.

Maurice Dubois und seine Frau waren ständig unterwegs, fuhren von einem Ort zum anderen, waren immer da, wenn man sie brauchte, schreibt Friedel Reiter sehr oft in ihrem Tagebuch. Elisabeth Eidenbenz, die Leiterin des Mütterheimes in Elne, erinnert sich an das Vertrauensverhältnis, das Maurice Dubois zwischen ihnen schaffte:

> *Am Anfang, vom Oktober 1940 bis zum Sommer 1941, versammelten wir uns regelmäßig in Toulouse. Maurice sprach von den neuen Projekten, den Möglichkeiten und den Schwierigkeiten, und jeder äußerte sich über seine Arbeit, so waren wir über alles auf dem laufenden.*

Wegen des Ausmaßes der Arbeit und den Schwierigkeiten zu reisen, fanden später die Versammlungen nicht mehr so oft statt.

> *Wir waren in einer Welt, die nicht unsere normale Welt war,* erinnerte sich Maurice Dubois 1991: *Es herrschte ein Gefühl der Angst, der Beklemmung. Kein Tag war wie der vergangene. Jeder mußte allein voll verantwortlich für seine Arbeit sein. Jeden Tag mußte man improvisieren, erfinden, das tun, was sich aufdrängte. Man mußte in einer unbekannten Welt seine Pflicht tun. Die Leute hatten keine Zeit, jemanden um Rat zu bitten. Man konnte nicht zusammenkommen, um darüber zu diskutieren, was zu tun war. Sie warenfrei zu handeln, aber sie waren auch allein mit ihren erdrückenden Sorgen. Was half, war das Gefühl, Teil eines Ganzen zu sein, die Überzeugung, für die gleiche Sache da zu sein. Die Leute waren innerlich bereit zu helfen, sich restlos für die Aufgabe einzusetzen, der sie sich verpflichtet hatten.*

Das schweizerische Mütter- und Säuglingsheim in Elne

Nach Friedel Reiters Ankunft in Frankreich ging sie zuerst nach Elne, in das Schweizer Mütter- und Säuglingsheim. Sie verbrachte dort eine Nacht, bevor sie nach Rivesaltes fuhr. Sie kehrte oft nach Elne zurück, da im Lager Rivesaltes Kinder zur Welt kamen. Mütter wurden mit ihren kleinen Kindern interniert, andere Kinder hatten nicht einmal mehr ihre Mütter, sie befanden sich allein im Lager, vielleicht mit einem Bruder oder einer Schwester. Väter durften nicht mit ihren Kindern leben. Nur die Jungen, die das Alter von sechzehn Jahren erreicht hatten, wurden ins Ilôt der Männer eingewiesen.

Wenn die Kinder an Unterernährung litten, an der Kälte, von Läusen oder von allen möglichen Krankheiten befallen waren, versuchten Friedel Reiter und ihre Mitarbeiterin vom Chefarzt des Lagers die Erlaubnis zu erhalten, die Kinder nach Elne zu schicken. Meistens war es die letzte Hoffnung, sie zu retten; denn sie kamen in einem schrecklichen Zustand in Elne an, wie es die Leiterin in einem Rapport 1941 beschrieb:

> *Diese neun Kinder, die am Morgen vom Lager fortfuhren, blieben den ganzen Tag im Bahnhof Rivesaltes, um auf einen Zug zu warten; sie kamen zu uns ohne Angaben, müde, hungrig, verlaust und schlecht gekleidet, ohne Unterhosen oder nur mit einem Nachthemd; drei Säuglinge sind dabei, einer am Sterben, so daß man ihn (per Auto) nach Elne fahren mußte, um zu verhindern, daß er im Zug stirbt, die anderen sind miserabel, sehr mager, mit kleinen Greisengesichtern, blaß, wächsern. Von diesen dreien wird nur einer überleben, dank unserer Muttermilch. Die anderen Kinder sind im gleich traurigen Zustand: sie können nicht lachen, sind weinerlich, jähzornig, sogar böse, schlagen uns und können beißen;' sie bleiben gerne auf dem Boden liegen, zeigen an keinem Spiel, an nichts Interesse; immer in Verteidigungsstellung, nehmen sie unsere Freundlichkeiten an, aber dann scheinen sie etwas zu erwarten, was sie ängstigt. Es ist unmöglich, sie in den Garten zu bringen, wovor haben sie Angst? Die meisten mögen nichts zu sich nehmen außer Brot und Wasser. Sie können weder gehen, noch einen Löffel halten; sie suchen mit ihren Fingern, was sich in ihrem Teller befindet, den Rest trinken sie aus. Nach einigen Tagen erwacht der Hunger; es ist enorm, was sie alles essen mögen. Ihr Körperzustand ist jämmerlich, mehrere haben schreckliche Analprolapse, andere haben verfrorene und geschwollene Finger- und Zehenspitzen, aufgedunsene Bäuche, hart gespannt, die das Gehen behindern. Alle haben eine ansteckende Augeninfektion (...).*

Das Schweizer Mütterheim in Elne, die älteste Institution der Kinderhilfe im Süden Frankreichs, hat schwierige Anfänge gekannt wie die anderen auch.

Ein Ehemaliger der 'Ayuda Suiza' (unter diesem Namen war die Kinderhilfe in Spanien bekannt), Karl Ketterer, fuhr im Februar 1939 mit einem Lastwagen, vollgeladen mit Kleidern und Nahrungsmitteln, in die Pyrenäen, um sich umzusehen, wie man den spanischen Flüchtlingen helfen konnte. Dort war er bestürzt über die Not der schwangeren Frauen, die vor der Niederkunft standen und nichts besaßen. Es gelang ihm, in der Nähe von Perpignan ein verlassenes Schloß in Brouilla zu finden, in das Mitte März 1939 acht Frauen einziehen konnten.

Elisabeth Eidenbenz, die ebenfalls schon in Spanien gearbeitet hatte und in die Schweiz zurückgekehrt war, folgte seinem Ruf. Von Beruf war sie Lehrerin und hatte keine Ahnung von Geburtshilfe, aber sie sagte sich, daß die Frauen bei ihr besser aufgehoben waren als in einem Lager. Einige Tage nach ihrer Ankunft kam eine kleine Pepita zur Welt. Als der Krieg ausbrach, konnten die Lastwagen, die Lebensmittel aus der Schweiz brachten, nicht mehr durch Frankreich fahren. Dazu kam, daß der wirkliche Besitzer des Schlosses sehr erstaunt war, sie dort vorzufinden. Sie mußten wieder fort. Elisabeth Eidenbenz fuhr in die Schweiz zurück und machte sich dann einen Monat später auf die Suche nach einem neuen Haus. Sie fand eines in Elne, riesig, aber vollkommen zerfallen. Die Arbeitsgemeinschaft in der Schweiz stellte ihr die nötigen Mittel zur Verfügung, um es instand zu setzen. Die ersten Frauen konnten im November 1939 einziehen.

Mit den Flüchtlingen, welche die Gegend im Mai 1940 überfluteten, kamen noch mehr Frauen. Es gab Monate, da kamen bis zu dreißig Kinder zur Welt.

An Ostern 1944 wurde das Haus von den Deutschen beschlagnahmt. Sie gewährten Elisabeth Eidenbenz und ihren Gehilfen drei Tage zur Räumung.

Die anderen Häuser, Heime und Kinderkolonien haben ähnliche Geschichten gekannt: renoviert, mit Möbeln aus Holzkisten hergestellt. Dabei wurden nicht nur Kinder aus den Lagern aufgenommen, sondern auch Tausende französischer Kinder, die vom Krieg besonders betroffen waren.

Arbeit und Leben im Internierungslager

Es erstaunte mich sehr zu erfahren, zuerst von Elsbeth Kasser, dann von Friedel Reiter, daß sie nicht nur im Lager arbeiteten, sondern dort auch wohnten. Ich fand es merkwürdig, daß die Verwaltung des Lagers auswärtigen Personen gestattete, im Lager zu leben, wodurch sie doch alles beobachten konnten. In Wirklichkeit lehnte die Verwaltung, d.h. die Präfekten und die Lagerleitung, diese Form der Zusammenarbeit ab. Sie ließen die humanitären Organisationen nur ins Lager, weil sie mit den unzähligen Problemen nicht mehr fertig wurden.

Als erste richteten sich die Sozialarbeiterinnen der 'Cimade' (Comite intermouvements aupres des évacués) in Gurs ein, und zwar nach der Ankunft der 6.538 badischen und saarpfälzischen Juden am 24. Oktober 1940.[7] An diesem Tag verdreifachte sich fast die Zahl der Internierten von 3.309 zu 8.347. Total überfordert, entschloß sich die Verwaltung, die Hilfe der 'Cimade' anzunehmen und ihr eine Baracke zur Verfügung zu stellen.

Zwei Monate später wandte sich Elsbeth Kasser, die ebenfalls dachte, daß sie mit den Internierten zusammenleben mußte, um helfen zu können, durch Maurice Dubois an den Präfekten. Sie erhielt seine Erlaubnis und richtete im Lager eine Baracke der Kinderhilfe ein.

In Rivesaltes spielte es sich anders ab. Zuerst lehnte die Verwaltung jegliche Hilfe der humanitären Organisationen innerhalb des Lagers nach dem Standpunkt ab: "Gebt, was ihr wollt, aber (wir wünschen) keine Zusammenarbeit! Ließe man euch machen, würden die Leute des Lagers besser leben, als die Franzosen!" Die Kinderhilfe verhandelte über Wochen mit dem Chefarzt. Er schlug vor, eine kleine Kinderkolonie zu bilden, von den Amerikanern finanziert und von Elsie Ruth geleitet. Im August 1941 konnte sie endlich mit ihrer Arbeit in Rivesaltes beginnen.

Die Kinderhilfe war nicht die einzige Organisation im Lager. In Rivesaltes befanden sich amerikanische Quäker und die 'OSE' (Oeuvre de secours aux enfants, eine jüdische Organisation). Allmählich waren sie es, die einen Teil des Lagerlebens organisierten: Verteilung von Nahrungsmitteln und Kleidern, Krankenpflege, Schaffung von Kindergärten, Schulen, Bibliotheken, Ausbesserung der Baracken, usw. In Friedel Reiters Tagebuch liest man, daß sie es sind, die allein die Rettung der Hungerkranken übernahmen. Die Dringlichkeit, zu helfen und zu retten, brachte es mit sich, daß sie - je länger, desto mehr - die Aufgaben der Verwaltung des Lagers auf sich nahmen. Aber sie wurden zu Verwaltern ohne Macht, und Friedel sah verzweifelt zu, wie man die Sinti und Roma in ein anderes Lager abschob. Sie bäumte sich auf, als man die Hungerkranken, kaum wieder auf den Beinen, zwang, in die ausländischen Arbeiterkompanien (GTE, Groupe de travailleurs étrangers) einzutreten. Als man die Juden mit unbekannter Bestimmung in Viehwagen pferchte, Friedel Reiter ihnen Reiseproviant vorbereitete und die Menschen auf Wunsch des Lagerdirektors zum Zug begleitete, fragte sie sich, ob sie nicht zur Mithelferin dieses grausamen Geschehens werde.

---

[7] Vgl. C. Laharie 1989, S. 168; dazu Wiehn, a.a.O. 1990, S. 7: 7 Transportzüge am 22. u. 23.10.1940 aus Baden, 2 Transportzüge am 22.10.1940 aus der Saarpfalz.

Noch heute sprechen alle, die bei den Deportationen dabei sein mußten, mit Verzweiflung davon:

> *Es gab Transporte, da konnte man nichts mehr tun. Wir waren da und begriffen, daß wir machtlos waren gegen die Kräfte, die sich ausbreiteten, obwohl wir dem Roten Kreuz angehörten und Schweizerinnen waren. Es war eine riesige Enttäuschung, man fühlte in sich eine Wut aufkommen, und man sagte sich, daß man so viele Menschen wie möglich retten mußte - sogar mit Lügen,* berichtete Friedel Reiter 1989. Auch das war nicht immer möglich, erinnerte sich Emmi Ott, die in Gurs war: *Was mich am meisten belastete, war zu sehen, daß man selbst für jede Hilfskraft der Kinderhilfe eine Ersatzperson finden mußte, wenn man sie von der Deportationsliste streichen lassen wollte. Aber auch sie wollte doch leben!*

Die Idee Henri Dunants war im Zweiten Weltkrieg nur für die verletzten Kriegsteilnehmer, die Kriegsgefangenen und die anerkannte Helfer gültig, keine Konvention schützte die Zivilbevölkerung; im Sinne Friedel Reiters aber dehnte sie sich auf jeden Schweizer aus. Die Neutralität und die humanitären Aufgaben der Schweiz hätten demnach ihren Bürgern die moralische Macht gegeben, durch ihre humanitäre Hilfe über staatlichen Weisungen zu stehen. Die Enttäuschung war riesengroß, daß dem nicht so war.

Kinderhilfe und Schweizerisches Rotes Kreuz

Erdrückt vom Umfang ihrer Aufgaben und fast am Ende ihrer Kräfte schloß die Arbeitsgemeinschaft im Dezember 1941 mit dem Schweizerischen Roten Kreuz eine Vereinbarung. Demgemäß übernahm das Rote Kreuz das ganze Werk in Südfrankreich mit dem gleichen Personal. In der Schweiz wurde die Kinderhilfe vom Chefarzt des Roten Kreuzes, Zentralsekretär Rodolfo Olgiati, und einem Arbeitsausschuß verwaltet, der aus vier Mitgliedern der Kinderhilfe, vier des Roten Kreuzes und zwei der Eidgenossenschaft bestand. Am Anfang änderte sich nichts für die Mitarbeiter der Kinderhilfe in der Südzone. Erst als im Sommer 1942 die Massenverhaftungen und Deportationen der Juden begonnen hatten, brachte die Zugehörigkeit zum Schweizerischen Roten Kreuz die Möglichkeit, offiziell einzugreifen, aber für manche Mitarbeiterinnen und Mitarbeiter auch arge Gewissenskonflikte: *"Sie konnten es nicht verantworten, die französischen Behörden mit Unwahrheiten oder Betrügereien zu täuschen, als es darum ging, Leben zu retten"*, sagte mir Maurice Dubois in einem Gespräch.

In der Nacht vom 26. zum 27. August 1942 drang die französische Gendarmerie in mehrere Heime der Kinderhilfe ein, um 50 junge Juden, die über 16 Jahre alt waren, und 10 erwachsene Mitarbeiter zu verhaften. Maurice Dubois wurde sofort benachrichtigt und eilte nach Vichy. Er traf dort Herrn Decroux von der Schweizerischen Legation. Mit seiner Hilfe konnte Maurice Dubois mit einem Verantwortlichen der französischen Polizei sprechen und erreichte die Befreiung der Kinder, nur der Kinder. Er erzählte mir, daß er niemals diesen Offiziellen hätte treffen können, hätte er sich nicht auf das Schweizerische Rote Kreuz beziehen können. Hat er Recht? Haben die anderen karitativen Vereine nicht das gleiche erreicht? Einige Wochen später hatte der Schweizer Gesandte, Walter Stucki, in Vichy bei Laval vorgesprochen und vom Regierungschef und Außenminister die Zusicherung erhalten, daß man nicht mehr in die Heime der Kinderhilfe eindringen werde, um Verhaftungen vorzunehmen. Ein leeres Versprechen; denn Anfang 1943 wurden wiederum jüdische Mitarbeiter und Jugendliche verhaftet, unter anderem im Heim von La Hille.

La Hille war das einzige Heim der Kinderhilfe, das ausschließlich jüdische Kinder beherbergte. Die Direktorin, Rösli Näf, hatte sie am Rand einer Straße gefunden, etwa Hundert, von einigen Erwachsenen begleitet. Sie hatten die Flucht ergriffen, als die deutschen Truppen in Belgien einfielen. Sie stammten alle aus Deutschland und waren vor dem Krieg von belgischen Juden aufgenommen worden, um ihnen zu ermöglichen, weiterhin die Schule zu besuchen, was in Deutschland nicht mehr möglich war.

Nach der Verhaftung der Kinder am frühen Morgen des 27. August 1942 begab sich Rösli Näf persönlich ins Lager Le Vernet und konnte sie nach Tagen wieder herausholen. Aber die Jugendlichen fühlten sich in La Hille nicht mehr sicher und Rösli Näf auch nicht. Sie ging nach Bern mit dem Vorschlag, den Jugendlichen die Erlaubnis zu geben, in die Schweiz zu kommen. Dies wurde abgelehnt. Es muß aber gesagt werden, daß sich der Chefarzt des Schweizerischen Roten Kreuzes mehrere Monate darum bemüht hatte, die Jugendlichen, die sich unter der Obhut der Kinderhilfe befanden, in die Schweiz hereinzuholen. Bundesrat Pilet-Golaz selbst weigerte sich strikt, die Sache zu prüfen, und zwar mit dem Vorwand, man müsse die Ansicht der französischen Regierung abwarten: *"Ich sah, daß man in Bern die Ernsthaftigkeit der Situation nicht erwägen wollte oder konnte, trotz aller Informationen, über die sie verfügten"*, schrieb Rösli Näf 1989. Mit ihrer Hilfe begaben sich mehrere kleine Gruppen Ende 1942 in Richtung Schweiz oder Spanien. Anfang 1943 wurden drei Kinder an der Schweizer Grenze verhaftet. Das ganze wurde aufgedeckt und Rösli Näf vom Schweizerischen Roten Kreuz aus Frankreich abberufen.

Im Anschluß an diese Ereignisse, deren illegalen Charakter das Rote Kreuz absolut nicht duldete, wurde an alle Mitarbeiter in Frankreich ein Rundschreiben geschickt. Es lohnt sich, dies wiederzugeben, da es aufzeigt, in welch doppelbödige Situation man die Menschen versetzte, indem man von ihnen verlangte, Kindern zwar zu helfen, aber weder gegen die Behörden zu handeln, noch mit ihnen zu reden, die doch gerade diese Kinder in Lebensgefahr brachten. Was man hier 'Neutralität' nannte, war in Wirklichkeit eine Forderung der schweizerischen Regierung. Sie wünschte, daß sich die Mitarbeiter des Schweizerischen Roten Kreuzes jeglicher Einmischung enthielten. Das Rundschreiben tönt bürokratisch, fast militärisch und enthält kein Wort über das schreckliche Schicksal der Opfer:

> *Die Ereignisse in Frankreich haben es mit sich gebracht, daß Ihre Arbeitsbedingungen noch schwieriger geworden sind. Etliche Maßnahmen, die von den Behörden in Frankreich beschlossen wurden, versetzen einige unter Ihnen in Gewissenskonflikte - Konflikte, die sich aus der Diskrepanz Ihrer Aufgabe als Mitarbeiter der Kinderhilfe des Schweizerischen Roten Kreuzes und der Anwendung der Regierungsverordnungen ergeben. Sicher ist die Zukunft voller Ungewißheiten, und es können noch schwierigere Situationen entstehen. Daher erscheint es uns als zweckmäßig, Ihnen die Verhaltensregeln mitzuteilen, an die sich jeder Mitarbeiter des Roten Kreuzes in Frankreich streng zu halten hat:*
>
> *Unsere Arbeit in Frankreich ist eine Hilfsaktion für kriegsgeschädigte Kinder, unabhängig von jeglicher ideologischer Erwägung. Daher ist es natürlich, daß wir eine strikte politische, konfessionelle oder ideologische Neutralität einhalten. Die Gesetze und Verordnungen der Regierung Frankreichs müssen genau ausgeführt werden, und Sie haben nicht zu untersuchen, ob sie Ihren persönlichen Überzeugungen zuwider sind oder nicht. In Frankreich sind wir Ausländer, und wir sind gekommen, um Kindern zu helfen, und zwar im Rahmen der französischen Gesetzgebung. Wir erlauben es den ausländischen Einwohnern in der Schweiz auch nicht, unsere Gesetze zu diskutieren und sich ihnen zu widersetzen. Wir kennen die Einstellung der leitenden Kreise der französischen katholischen und protestantischen Kirche, die sie den Maßnahmen Vichys gegenüber eingenommen haben, aber als Vertreter des Schweizerischen Roten Kreuzes dürfen wir uns von dieser Opposition nicht beeinflussen lassen.*

Sie haben allerdings das Recht, Ihre politischen und religiösen Ansichten in der Schweiz frei auszudrücken und danach zu handeln, aber nicht in Frankreich, wo Sie sich an eine strikte Neutralität halten müssen, als Ausländer in einem Land, das Sie als Mitarbeiter des Schweizerischen Roten Kreuzes, Kinderhilfe, als Ausführende einer humanitären Aufgabe, zugelassen hat.

Das Rundschreiben macht an dieser Stelle eine Andeutung auf den Einspruch, den die Kirchen der Südzone gegen die Deportation der Juden erhoben haben. Es scheint mir wichtig, die Worte von Monseigneur Saliège von der Diözese Toulouse wiederzugeben, Worte, die am Sonntag, 23. August 1942, von der Kanzel aus verlesen werden mußten:

Daß man Kinder, Frauen, Männer, Väter und Mütter wie eine gemeine Viehherde behandelt, daß Mitglieder einer gleichen Familie voneinander getrennt und in eine ungewisse Zukunft geschickt werden, es ist unserer Zeit vorbehalten, dieses traurige Schauspiel mit ansehen zu müssen. Die Juden sind Männer, die Jüdinnen sind Frauen. Die Ausländer sind Männer, die Ausländerinnen sind Frauen. Es ist gegen sie nicht alles erlaubt. Sie sind ein Teil der Menschheit. Sie sind unsere Brüder wie viele andere.

Die Regierung Frankreichs hat uns ihr Vertrauen geschenkt für unsere Aufgabe, Kindern zu helfen. Die Ausführung dieser Arbeit ist nur möglich, wenn wir dieses Vertrauen weder zerrütten, noch durch eine unüberlegte Handlung gefährden. Sollte sich die Situation in Zukunft auf eine Weise entwickeln, die es Ihnen nicht mehr erlaubt, Ihre Aufgabe auszuführen, so ersuchen wir Sie, uns eher Ihren Rücktritt zu erklären als weiterzuarbeiten und das Ansehen des Roten Kreuzes und unseres Landes zu gefährden.

*

Es konnte in dieser kurzen Einführung nicht alles über die Kinderhilfe gesagt werden. Das Tagebuch Friedel Bohny-Reiters zeigt, wie schwierig es ist, sich in einer inhumanen Welt einzusetzen. Es zeigt, daß man nicht heil davonkommt. Es zeigt auch, daß sich Schweizer eingesetzt haben. Sie sind aus ihrem eingeschlossenen Land gezogen, sie sind zu den Opfern gegangen, vielfach allein, und haben ihr Bestes getan. Sie konnten den Kindern Hoffnung bringen, die Hoffnung, daß nicht alle Erwachsenen Bösewichte sind. Sie versuchten nicht nur Leben zu retten, sie haben sich der Kinder angenommen und ihnen eine Lebensweise, eine Kultur, einen Beruf gegeben. Sie haben die außerordentlich schöne Würdigung verdient, die Jacques Roth an sie richtete, ein

Ehemaliger von La Hille, der damals verhaftet und ins Lager Le Vernet gebracht wurde. Er gehörte zu denen, die von La Hille in die Schweiz flüchteten:

An einem Morgen im November 1989 pflanzte ein weißhaariger Mann einen Baum auf einem Hügel vor den Pforten Jerusalems, wo sechs Millionen Opfer als einzige Grabstätte 'Register' haben, auf denen ihre Namen stehen. Der Mann war Maurice Dubois. Der Baum trägt seinen Namen. Er wird in diesem Wald der Gerechten der Nationen heranwachsen, behütet von diesen Namen, die keine andere Möglichkeit mehr haben, ihre Dankbarkeit denen zu sagen, die ihre Kinder behütet haben, als sie bei sich zu empfangen und mit ihnen diese Stätte des Erinnerns zu teilen, die ihnen gewidmet ist.

Ich durfte im Namen der Mädchen und Jungen, die wir gewesen sind, Maurice Dubois, seiner Frau Eleonore, deren Gesicht uns nicht verlassen hat, Rösli Näf, Eugen Lyrer, der noch unter uns war, und allen anderen, die ich nicht gekannt habe, einige Worte sagen, die unsere Dankbarkeit ausdrücken sollte. Für den Zufluchtsort, den sie uns gegeben haben, für La Hille - ein Halt zwischen zwei Zügen -, der eine, den wir nicht aufhörten zu nehmen, seitdem wir unsere Eltern verlassen hatten, der andere, der uns dank Maurice Dubois nicht fortgeschafft hat. Dieses La Hille, das ein von Mauem umzingeltes Haus war, abgeschlossener Ort und Unterschlupf, Schutzwall gegen die Verlassenheit, in der wir uns befanden.

Dieses La Hille, das der Ort war, wo die hundert verzweifelten Jugendlichen, die wir waren - und die nichts mehr besaßen, als ihre Vergangenheit -, nach und nach eine Gegenwart wiederfanden, eine neue Gemeinschaft schaffend mit ihren Zugehörigkeitsgefühlen, Gesetzen und Tabus, Übereinstimmungen und Spannungen, Wahlverwandtschaften und gemeisterten Unvereinbarkeiten.

Dieses La Hille, das Rösli Näf war, helle Figur mit klaren Konturen, eine Persönlichkeit, eine von Wärme gemilderte Autorität, die die Verantwortung auf sich nahm, nicht ohne Angst, aber mit Bestimmung. Quelle des Gleichgewichts, der Disziplin, der Gerechtigkeit und der Vernunft in einer Welt des Unrechts, der Grausamkeit und des Wahnsinns.

Dieses La Hille, das Eugen Lyrer war, der in diesen Mauem mit einem winzigen Köfferchen ankam, das einige persönliche Habseligkeiten enthielt und einem großen Reisekorb, der gefüllt war mit Tolstoi, Dostojewski, Gorki und B. Traven, Jack London, Mark Twain und Dickens, Racine und Molière, Victor Hugo und Romain Rolland. Stimmen, die solch eine starke Sprache an die Größeren richteten, zu denen ich gehörte, und die mich in eine Welt führten, die heute die meinige ist.

Dieses La Hille, das uns die Jahreszeiten lehrte, die unsere Arbeiten bestimmten. Es waren lange, von Sonne bestrahlte Tage und kristallklare Nächte, mit einem schweren, mit Sternen übersäten Himmel, wie wir ihn noch nie gesehen hatten. Eine Welt voller Töne und Geräusche, die unsere Tage regelten in einer ungeregelten Welt - Geräusche von Äxten und Sägen, die das Holz spalteten, plätscherndem Wasser im Wäschetopf und in den Kesseln, das von der ein Kilometer entfernten Dorfpumpe hergebracht wurde; Töne, vom Chor der Mädchen, die beim Mähen sangen, von Stimmen der 'Kleinen' und 'Mittleren', die Lektionen wiederholend, die die 'Großen' gegeben hatten. Die Strenge eines Klaviers, der Schwung einer Geige, die sich vereinten und uns am Abend Beethoven, Bach, Mozart und Mendelssohn entdecken ließen; am nächsten Morgen, ein kleiner fünfjähriger Junge, der ohne einen Fehler die ersten Takte der 'Frühlingssonate' pfiff.

Dieses La Hille, das eine Offenbarung war für die Männer und Frauen, die durch ihre Geburt nicht zu den Ausgestoßenen zählten wie wir, die aber der Welt gegenüber, die uns verurteilt hatte, für uns Partei ergriffen. Es waren Maurice Dubois und Rösli Näf, die zwischen uns und die Vernichtung traten, die uns lehrten, daß nicht alle Männer und nicht alle Frauen unsere Gegner waren und uns vor der Versuchung des Hasses und der Rache bewahrten, der wir nach dem Kriege hätten nachgeben können.

Was bleibt von La Hille? Die Erinnerung an eine Insel mitten im Sturm, im Herzen des Wirrwarrs und des Chaos, an einen Augenblick der Gnade, der Ruhe, an einen Ort in meiner Erinnerung, wo ich ein Jahr verbracht habe, das zu den glücklichsten meines Lebens zählt.

Friedel Bohny-Reiter, Die Unerwünschten (Radierung. 18 x 24 cm) 1979 (Archiv F. und A. Bohny-Reiter, Basel)

Erhard Roy Wiehn

Damals Menschenleben gerettet[8]

Heute gelange ich mit einer Bitte an Dich, schrieb mir Margot Wicki-Schwarzschild ziemlich überraschend am 7. März 1995: *Friedel Bohny-Reiter, die ehemalige Schweizer Kinderschwester, die uns damals in Rivesaltes das Leben gerettet hat,*[9] *hat damals im Lager ein Tagebuch geführt, für das sich vor gut zwei Jahren die Historikerin Michèle Fleury-Seemuller interessierte und im Herbst 1993 als Buch (in französischer Übersetzung) in den Editions Zoé herausgegeben hat. Ich lege Dir ein Buchexemplar und einige Besprechungen bei. - Nun besteht bei vielen Zeitzeugen, Freunden und Bekannten schon lange der Wunsch, daß das Buch in der Originalsprache herauskomme. Aus unerfindlichen Gründen hat sich inzwischen noch kein deutschsprachiger Verlag gefunden, der dieses wichtige und sehr sensibel geschriebene Tagebuch herausgibt. - Mir selbst wäre es ein großes Anliegen, daß dieses Buch publiziert wird, und daher erlaube ich mir, Dich anzufragen, ob Du es zusammen mit dem Hartung-Gorre Verlag nicht verlegen könntest. Wenn Du eine Möglichkeit dazu siehst, lasse ich Dir natürlich sofort das deutsche Manuskript zuschicken.*

*

Margot und Hannelore Wicki-Schwarzschild hatten sich als Überlebende von Gurs und Rivesaltes an meiner Gurs-Gedenkschrift des Jahres 1990 beteiligt; durch sie hatte ich noch als Kind schon sehr bald nach dem Zweiten Weltkrieg überhaupt erstmals von Gurs gehört und dazu wie auch zu anderen südwestfranzösischen Internierungslagern inzwischen etliche Publikationen herausgeben können (Literatur hier S. 218 ff.). - Am 8. März 1995 antwortete ich Margot Wicki-Schwarzschild, selbstverständlich könnten wir Friedel Bohny-Reiters *Journal de Rivesaltes* 1941-1942 in meine *Edition Schoáh & Judaica* aufzunehmen, und ich sei bereit, die Editionsarbeiten zu übernehmen. Mit einem Begleitbrief von Friedel Bohny-Reiter vom 25. März 1995 erhielt ich die deutsche Fassung des Tagebuchs der Autorin, die Arbeiten konnten beginnen, und wir kamen zügig voran. - Am herrlichen sommerlichen Sonntagvormittag

[8] Gekürzte und modifizierte Fassung des Vorworts zu Friedel Bohny-Reiters *Vorhof der Vernichtung*. Hartung-Gorre Verlag, Konstanz 1995.

[9] Erhard Roy Wiehn (Hg.), Oktoberdeportation 1940 – Die sogenannte 'Abschiebung' der badischen und saarpfälzischen Juden in das französische Internierungslager Gurs und andere Vorstationen von Auschwitz 50 Jahre danach zum Gedenken. Mit einer Dokumentation. Konstanz 1990, S. 22.

des 30. Juli 1995 trafen Mirjam und ich uns erstmals mit Friedel Bohny-Reiter und August Bohny in Basel, es sollte eine Art Abschlußbesprechung für ihre Tagebuch-Veröffentli-chung *Vorhof der Vernichtung* sein, um verschiedene verbliebene Fragen zu klären. Wir saßen in ihrem idyllischen Gärtchen, Friedel Bohny-Reiter - die Retterin von Rivesaltes – mir gegenüber, neben mir eine der von ihr Geretteten - Margot Wicki-Schwarzschild. War es nicht ein großes Glück, so zusammen zu kommen? Der ehemaligen Schweizer Schwester, die es wohl irgendwie geblieben zu sein schien, sah man ihre Jahre keinesfalls an; auch von ihrem Mann waren wir gleich stark beeindruckt. Bewegend, wie beide immer wieder auf Einzelheiten des damaligen Lagerlebens in Südfrankreich zu sprechen kamen, die ihnen offenbar ganz gegenwärtig geblieben sind. - Bald kam ich auch mit August Bohny in ein persönliches Gespräch, konnte über sein engagiertes und vielseitiges Leben für andere nur staunen, nicht zuletzt auch darüber, daß sich für seine damaligen Projektberichte bis heute (1995) niemand interessierte, weder das Rote Kreuz, noch sonst irgend jemand. Spontan schlug ich vor, daraus ein Buch zu machen, etwa mit dem Titel: "Niemals zur Kenntnis genommen - Berichte über schweizerische Hilfsaktionen während des Zweiten Weltkriegs".[10] Die Zeit verging wie im Flug, und als wir uns nach fünf Stunden verabschiedeten, nicht ohne daß wir wenigstens einige Bilder der *Malerin* Friedel Bohny-Reiter bewundern zu können, hatten wir das Gefühl, fast schon als Freunde zu scheiden. - In der zweiten Hälfte des Tages genossen wir die Gastfreundschaft von Margot und Josef (Sepp) Wicki in Reinach bei Basel. Während dieses eigentlich heiteren Sommernachmittags im Garten und gerade in Anwesenheit eines fröhlichen, quirligen Enkels, gingen meine Gedanken immer wieder zu jenen Augenblicken zurück, in denen Hannelore und Margot Schwarzschild mit ihren Eltern seinerzeit in Rivesaltes am äußersten Abgrund ihres Lebens standen. Hätte Schwester Friedel Reiter damals nicht um sie gekämpft (siehe hier S. 109), mit Sicherheit hätten sie nicht überlebt, wir hätten uns also niemals kennen gelernt, und unglaublich vieles andere wäre gewiß nicht, wie es ist.

*

Das Camp de Rivesaltes[11] bei Perpignan ist seit 1939 ein französisches Internierungslager mit 17.000 bis 18.000 Insassen, die in 150 Baracken untergebracht sind. Das Lager ist in 10 mit Stacheldraht umzäunte "Ilôts" unterteilt,

[10] Zum Glück konnten nun im Oktober 2009 seine *Unvergessene Geschichten* erscheinen.

[11] Dazu Michèle Fleury-Seemuller, hier S. 10 ff.; am 11.11.2009 fanden sich im Internet 53.800 Einträge zum Camp de Rivesaltes.

in denen je 10 und mehr Baracken stehen. Im Camp de Rivesaltes befinden sich seit 1939 spanische Flüchtlingsfamilien, die dem Bürgerkrieg entkamen, später kommen die am 22. Oktober 1940 deportierten badische und saarpfälzische Jüdinnen und Juden hinzu,[12] und Ende August 1942 werden über 7.000 Jüdinnen und Juden eingeliefert, die auf Anordnung der Deutschen durch Razzien der französischen Polizei gefaßt wurden (dazu S. 98, Fußn. 55; 107, Fußn. 64). Die Lebensverhältnisse sind bezüglich Lebensmittelversorgung, hygienischen und sanitären Bedingungen sowie medizinischer Versorgung absolut katastrophal. Nur sehr wenige Menschen kommen frei. Ab Sommer 1942 werden 2.551 jüdische Menschen - darunter 110 Kinder - über Drancy bei Paris nach Auschwitz-Birkenau deportiert, wo man die meisten sofort ermordet.

Friedel Reiter kommt als junge Schweizer Kinderschwester in das Camp de Rivesaltes, beginnt ihr Tagebuch am 11. November 1941, das sie bis 25. November 1942 führt, also während der schlimmsten Zeit des Lagers überhaupt. Sie beginnt ihre Arbeit bei verheerendem Dauerregen und Kälte, das Lager verwandelt sich in eine frierende "Wasserstadt" (S. 42), und am ersten Tag, dem 12. November 1941, notiert sie: "Mit offenen und geschlossenen Augen - ich sehe nichts als große, hungrige Kinderaugen und leidgefurchte Gesichter mit verbitterten Zügen – und dann wieder Kinderaugen..." (S. 37, 95) – 14. November 1941: "Das Traurigste ist immer das Krankenrevier der ganz Kleinen." (S. 35) – 19. November 1941: "Es ist wieder sehr spät, und ich bin ehrlich müde und doch glücklich. Denn wenn es auch oft unglaublich mühsam ist, etwas auszurichten und wirklich zu helfen, so erlebt man doch immer wieder Rührendes." (S. 40, 48, 54, 71, 97) - 26. November 1941: "Gestern hatten wir ein einen glücklichen Tag. Ich weiß nicht mehr, wie alles ging, daß es mir gelang, fünf Kinder und acht Frauen aus dem Lager (*frei*) zu bekommen." (S. 42) - Zugleich hat sie immer wieder mit Sterbenden (und mit Selbstmorden) zu tun (S. 49; 52, 105). - Mit den Juden feiert sie (trotz gewisser Fremdheit, S. 50, 56, 101) im Dezember 1941 das Chanukkafest, das jüdische Lichterfest (dazu auch S. 56), und auch für die "Zigeuner" empfindet sie ausgesprochene Sympathie (S. 50, 98). Doch manchmal kann sie abends nicht anderes "als die Arme auf den Tisch legen und weinen. Warum, ach warum all das?" (S. 57)

Am 13. Januar 1942 notiert Friedel Reiter: "Nicht denken – weitergehen, helfen, wo Not ist – und glauben an den Frieden." (S. 60) – 16. Januar 1942: "Oft erfaßt mich ein Grauen, ob der Handlungen der Menschen hier, die alle

[12] Erhard Roy Wiehn (Hg.), Camp de Gurs – Zur Deportation der Juden aus Südwestdeutschland 60 Jahre danach zum Gedenken. Konstanz 2000, zweite Auflage 2010.

Ethik verlieren, die keine anderen Gedanken mehr haben als essen – diese Gier im Blick, und doch faßt mich bei ihrem Anblick ein tiefes Erbarmen – über ihre Verkommenheit." (S. 60) – 22. Januar 1942: "Oft erscheint es mir Wahnsinn. Man kämpft gegen den Hunger, gegen das Elend, und überall werden Hunderte aufs neue elend, heimatlos, erfrieren. Was ist unsere Hilfe? Ein Tropfen auf einen heißen Stein." (S. 61, 74, 97) – 24. Januar 1942: "Und wieder wird es Abend und Morgen und wieder Abend – und jeder Tag ist voll Freude, voll Leid und voll Arbeit." Und "Ich bin ein Kind unter Kindern..." (S. 62) – 12. Februar 1942: "Eines wünsch ich mir, den Tag zu erleben, wo all diese Menschen, die hier dahinvegetieren, wieder so leben können wie Menschen, daß das wieder in ihnen erwacht, was uns unterscheidet vom Tier – die Würde." (S. 65, 97) – 23. Februar 1943: "Doch wozu alle Details beschreiben – dieses Lagerleben – es ist einfach so etwas Hirnverbranntes – Sinnwidriges..." (S. 71) – 19. März 1942: "Es ist wieder einmal 2 Uhr morgens. Ich bin müde, aber froh." (S. 75, 78) – 25. März 1942: "Oft kann ich in eine solche Wut geraten, daß man Menschen hier so behandelt, und mit welchem Recht?" (S. 77) – 31. März 1942: "Oft erfaßt mich eine solche Wut, daß man diesen Menschen jedes Recht auf Freiheit nimmt, daß man mit ihnen ärger umgeht als mit Tieren." (S. 81) – 9. April 1942: "Machtlos saß ich hinter meinem Tisch, während mir die Tränen herunterliefen. Wann wird dies ein Ende nehmen – warum all das?" (S. 83) – 12. Juni 1942: "Aber es ist trotzdem wie eine Erlösung, malen zu können, mich in Bilder, Farben und Formen zu vertiefen. (...) Ich las heute beim Morgengrauen Platons 'Gastmahl'." (!; S. 95, 97) – 23. Juni 1942: "Oft in der Arbeit, in Hitze und Sorge durchfährt es mich wie ein Glücksstrom. Haben wir nicht die Schönste aller Arbeiten?" (S. 96, 97, 100) – 24. Juni 1942: "Alles ist herrlich, leben schaffen, helfen." (S. 96, 97) – 3. August 1942: Mir ist, ich müßte schreien: 'Was glaubt ihr eigentlich, wir seien eine Viehherde?'" (S. 102)

Im Sommer 1942 beginnen die Deportationen "in den Osten", d.h. nach Auschwitz-Birkenau, und die Menschen ahnen, was ihnen bevorsteht: 8. August 1942: Mein Leben lang werde ich dieses Ilôt F nicht vergessen. Weinende Menschen. Nichts als große, verzweifelte Augen sehe ich vor mir." (S. 104) - 9. August 1942: "8 Uhr ist die Abreise. Die meisten haben sich in ihr Schicksal ergeben. Die vergangene Nacht waren bloß noch zwei Selbstmordversuche. (...) Wir waren beim Kommandanten wegen der Abreise (*Deportation!*) der Israeliten. Die Verzweiflung wird immer größer. Kranke bleiben hier. Familienangehörige müssen gehen. Halblahme, Kriegsinvalide, Alte – alles muß mit. Vier Personen waren durch Irrtum vergessen worden. Man holte sie nachträglich noch. Eine Frau, in einer Ecke gekauert, weinte, daß man es im Ilôt B unten hören konnte. Kein Wächter konnte sie ins Ilôt F bringen. Mit Gewalt ging es dann doch." (S. 105) - Am 2. September 1942 schreibt Friedel Reiter: "Kann es etwas Traurigeres geben, als diese Kinder zu sehen und zu wissen, man kann nichts für sie tun, sie müssen mit, ausgeliefert werden?" - Doch sie kämpft und hat manchmal sogar Erfolg: *"Zu Hause kommt mir glückstrahlend Frau Schwarzschild entgegen. Sie bekam ich frei mit ihren Kindern* (Hannelore und Margot, S. 162). *Sie ist schon nach Ilôt J umgezogen. Wohl muß ihr Mann mit."* (S. 109; d.h. auf den Transport nach Auschwitz)[13]

13. September 1942: "Halb 1 Uhr ist es. Wir kommen erst zurück vom Bahnhofsquai. Von 3 Uhr mittags waren wir unten. Es war eine entsetzliche Sache heute. Schon im Ilôt. Szenen, Ohnmachten. Von 7 Uhr morgens bis 11 Uhr standen die Leute draußen beim Appell, an glühender Sonne. Noch liegt mir das Schreien der Frauen in den Ohren. Einer Mutter kann ich die Kinder freibekommen. Wie ich sie fortführe, reißt sie sie an sich. Ich löse die Kinder aus ihren Armen und führe sie in unser Foyer. Wie sich die Frau weigert, in den Camion zu steigen, wird sie von den Wächtern hinaufgetragen. (...) Eine Belgierin, sie war mit zwei Kindern hierher gekommen, um noch ihren Mann zu suchen, wurde festgenommen, und als letzte sollte sie die fehlende Zahl ergänzen. Es war furchtbar, ihre Hilfeschreie in der Nacht. Noch vor dem Eisenbahnwagen klammerte sie sich an die Wache. Doch es half ihr nichts. Die Eisentüre schloß sich, und ihr Weinen tönte noch durch die Eisenstäbe, anklagend für die ganze Menschheit." (S. 112)[14] – Am 22. November 1942 schreibt Friedel Reiter in ihrem drittletzten Tagebucheintrag: "Und wieder kommt es über mich. Wer gibt den Menschen das Recht, so über andere zu verfügen? Über diese anderen, Ausgestoßenen, Heimatlosen?" (S. 117)

*

Das *Camp de Rivesaltes* war wahrlich ein Vorhof der Vernichtung, ein Ort des Hungers, des Grauens, der Verzweiflung, des Sterbens (S. 68, Fußnote 38), aber auch eine Stätte des kleinen Glücks, vermittelt durch echte Engel wie Friedel Reiter. Noch heute kann man nur schwer verstehen, wie und warum eine junge Frau dies alles freiwillig auf sich nehmen und durchhalten konnte, und zwar fast völlig auf sich allein gestellt. Friedel Reiter war eine unglaublich couragierte, mutige, starke Frau mit Kopf und Herz, und so ist sie bis heute

---

[13] Siehe dazu: Margot Wicki Schwarzschild, "Gurs aus Kinderperspektive", u. Hannelore Wicki-Schwarzschild, "Kindheitserinnerungen an Gurs", in: Erhard Roy Wiehn (Hg.), Camp de Gurs 1940. Konstanz 2000, S. 12 ff. u. 24 ff.

[14] Siehe Seite 114, Fußnote 66.

ein leuchtendes Beispiel der Humanität geblieben, ein Vorbild der Jugend par excellence. Ihr Tagebuch vom *Camp de Rivesaltes* bleibt für alle Zeiten ein überzeugendes Dokument der Menschlichkeit und dessen, was ein einzelner Mensch für geschundenen Mitmenschen tun kann. Friedel Reiter war eine Kämpferin, sie hat damals Menschenleben gerettet, hat Mama Schwarzschild und ihre Töchter Margot (9) und Hannelore (11) vor dem absolut sicheren Tod in Auschwitz-Birkenau bewahrt(S. 109) – und nicht nur diese drei. Sie ist eine wahre Heldin und bleibt eine Zierde des Schweizer Volkes. Sie hat nicht nur der Frau, der sie ihr Tagebuch widmet (S. 6), sondern allen geschundenen Lagerinsassen – Kindern, Frauen, Männern, Alten, Kranken, Verzweifelten, Selbstmördern, Sterbenden, - Christen und Juden, Deutschen, Spaniern und anderen – mit ihrem Tagebuch aus dem *Camp de Rivesaltes* ein bleibendes Denkmal gesetzt. - Friedel Bohny-Reiter wurde als "Gerechte der Völker" in Yad Vashem (Jerusalem, S. 181 u. 183) und im U.S. Holocaust Memorial Museum in Washington, D.C., geehrt. Dies soll hier nochmals nachdrücklich auch seitens des Herausgebers durch die Publikation ihres Lager-Tagebuchs geschehen, und zwar im Sinne eines stellvertretenden großen Dankes *nicht nur* für alle jüdischen Männer, Mütter und Kinder, denen die Autorin Gutes erwies. Es gab also viele Gründe, sich mit Dankbarkeit in die Edition ihres Tagebuches zu stürzen, nicht nur um Vergangenes nicht zu vergessen, vielmehr vor allem um der Gegenwart und Zukunft willen, wenn man an heutige Kriegsgebiete, Flüchtlinge und Internierungslager denkt... - Im August 1995

*

*Der Herausgeber ist natürlich beglückt, daß Anfang des Jahres 2010 eine zweite und im Anhang beträchtlich erweiterte Auflage von Friedel Bohny-*Reiters Vorhof der Vernichtung *erscheinen kann, und zwar als Neuausgabe unter dem Titel* Camp de Rivesaltes. *Sehr herzlich zu danken ist einmal mehr Dr. Helena Kanyar Becker (Basel), vielen anderen Mitwirkenden (siehe S. 211), insbesondere August Bohny für seine noble Unterstützung dieses Buchprojektes, aber auch Gabriela Kruse-Niermann M.A. für das sorgfältige Skannen der Texte der ersten Auflage von 1995. - Wir sind überzeugt, daß Werke wie dieses von Friedel Bohny-Reiter in Tat und Schrift schon bald noch viel wertvoller werden, wenn es nämlich keine Zeitzeugen mehr gibt. Ob aus Geschichte gelernt werden kann, läßt sich generell kaum beantworten. Was jedoch aufgeschrieben, veröffentlicht und in etlichen Bibliotheken der Welt aufgehoben ist, bleibt nachlesbar und wird hoffentlich wenigstens nicht so schnell vergessen.*

10. November 2009 – 71 Jahre nach dem Reichspogrom 1938

2010 – 70 Jahre nach der Oktoberdeportation 1940

Friedel Reiter, Titelseite ihres Albums von Rivesaltes, 12.11.1941 - 25.11.1942 (Aquarell, Nachlass F. Bohny-Reiter, AfZ)

Friedel Reiter 1942 (Nachlass F. Bohny-Reiter, AfZ)

Friedel Bohny-Reiter

Camp de Rivesaltes

Über meine Arbeit im Camp de Rivesaltes vom 12. Nov. 1941 – 25. Nov. 1942

11. November 1941. Elne
Ich bin froh über eine glücklich überstandene Reise; keine Kleinigkeit in dieser Zeit. Auch meinem herzkranken kleinen Spanier ging es bis jetzt gut.

Im Entbindungs- und Mütterheim gab's einen frohen Empfang und viel Freude für alle mitgebrachten Kinderkleider - nicht zu vergessen die Schweizerschokolade.

Morgen geht's ins Lager, an meine neue Arbeit.

12. November 1941. Rivesaltes
Um die Baracken jagt der Wind. Unbarmherzig fegt er über das graue Barakkendorf, das sich Hütte an Hütte aus eintönigem, steinigem Gelände erhebt. Und hier, in dieser Trostlosigkeit wohnen Menschen, wochen-, monatelang - in den allerprimitivsten Verhältnissen, ganz abgesehen von dem persönlichen Kummer um Angehörige.

Mit offenen und geschlossenen Augen - ich sehe nichts als große, hungrige Kinderaugen und leidgefurchte Gesichter mit verbitterten Zügen - und dann wieder Kinderaugen, wie ein Film, am laufenden Band zieht es an mir vorbei - ein Tag bin ich hier und mir scheint es eine Woche.

Hätte man mich noch letzte Woche in ein solches Zimmer plaziert, es hätte mich noch einige Überwindung gekostet. Heute erscheint mir dieser zellenartige Verschlag fast gemütlich - vier weiß gekalkte Wände, einige Holzbrettergestelle, ein aus einer Kiste gezimmerter Waschtisch. Mein Bett - ein Holzrahmen auf vier Beinen, mit Drähten bespannt. Steinboden mit einer farbigen Matte. Das Fenster, an dem eine Scheibe fehlt, ist mit einer alten Wolldecke verhängt, und doch kommt es mir nach allem Gesehenen heimelig vor.

Die Schweizerbaracke besteht aus fünf Räumen und dünkt mich mit ihren Wandmalereien direkt heimelig.

13. November 1941
Ich hatte einen so wunderschönen Traum diese Nacht. Es war meine Mutter, die sich um mich ängstigte, und sie kam und suchte mich, und ich spürte so in tiefster Seele ihre Liebe. Ich bitte nur eines, um Liebe und um den Blick, sie richtig anzuwenden.

Ich erwachte öfters am Pfeifen des Windes und an der Härte meines Drahtbettes. Doch fühlte ich mich warm und geschützt in meiner Klause. Von irgendwoher hörte ich Musik, mir erschien es wie Engelsmusik -und nun gehe ich an meine Arbeit.

14. November 1941[15]
Langsam finde ich einen Weg, zu arbeiten hier - es ist gar nicht leicht, in dem Übermaß von Elend etwas zu erreichen. Ich lerne die Mütter und Kinder etwas kennen, und sie kommen mit ihren Anliegen so eine nach der anderen.

Morgens ist die erste Arbeit das Reisverteilen. Unsere braven Spanierfrauen und -buben haben bis um 8 Uhr schon den Reis gekocht. Dampfend wird er in die Kübel gefüllt, und die Fahrt von Baracke zu Baracke geht los. Heute fegte der Wind so heftig über das Lager, daß er uns fast den Wagen umwarf. Am meisten betrüben mich immer die Krankenbaracken. Wir können außer den Verteilungen so wenig helfen, und doch ist die Not so groß. Sie liegen in Überröcken, Pullovern, Hemden, die stehen vor Schmutz, in ihren Betten, oft ohne Leintücher, auf schmutziger Matratze. Während wir den Reis in die hingestreckten Konservenbüchsen füllen, verfolgen uns ihre Augen gierig. Ich denke an alle die Mittel, die ich in der Schweiz hätte, zu helfen, und die hier so nützlich wären -und wären es nur einige Zigaretten. So muß man so viele, wenn auch unausgesprochene Wünsche unerfüllt lassen.

Das Traurigste ist immer das Krankenrevier der ganz Kleinen. Mit bleichen Greisengesichtchen liegen sie in ihren Holzbettchen - ohne Windeln, ohne Leintüchlein, oft den ganzen Rücken wund, mit Abszessen, offenen Beinchen. Ich zerbreche mir den Kopf, wie helfen. Schenkt man Kleider und Windeln, werden sie gestohlen - dreinreden darf man auch nicht, denn es versorgen sie die französischen Krankenschwestern. Ich sehe nur einen Weg, das eine oder das andere fortzunehmen und nach Elne in unser Heim schicken zu können. Doch ist es ein ewiger Kampf um die Kinder mit dem französischen Chefarzt. Niedergeschlagen verlasse ich jedes Mal die Baracke.

---

[15] Siehe dazu Friedel Reiters Brief vom 14.11.1941, Seite 121.

15. November 1941

Und ich gebe sie doch nicht auf, die Abteilung der ganz Kleinen. Wenigstens sieht die Schwester jetzt dort mehr auf Ordnung. Heute, als ich kam, hingen sogar Vorhänge, und Windeln lagen auch nicht in allen Ecken auf dem Boden.

Nur wenn ich in die Holzkistenbettli schaue - und mich dann ein Geripplein mit großen, müden, ach, es dünkt mich, mit schon so lebensmüden Augen anschaut - bloß auf der schmutzigen Matratze liegend und mit ebensolchen Wolldecken zugedeckt - dann tut mir das Herz weh. Ich bemühe mich, daß man die Kinder wenigstens einmal pro Woche baden kann. Eine Badewanne, Badetuch, Seife hab ich nun aufgetrieben; was mir noch fehlt, ist das Holz, um das Zimmer etwas zu erwärmen. Ich lasse nicht locker.

Den ganzen Mittag, d.h. von 3 Uhr bis 5 Uhr, verteile ich Kleider. Das ist immer vom Schönsten. Da stehen sie denn alle um so ein Glücklichbeschenktes herum und staunen und neiden natürlich.

Heute fand ich im Lager einen Baum. Er warf richtig lebendige Schatten an eine kahle Barackenmauer und machte mich direkt froh in all dem vielen, trüben Leid.

18. November 1941

Wie lange wollte ich schon schreiben - nun muß ich - obschon um mich ein Betrieb ist - ich sitze in unserem Büro, und durch meinen Kopf geht's.

Es gibt ja immer noch Tage, wo ich traurig und fast machtlos allem gegenüberstehe - aber dann begegnet einem wieder ein Elender, der einen glücklich anschaut, weil man ihm ein frohes Wort gegeben hat. Und ich sehe, wie wenig es im Grunde braucht, um frohe Augen zu machen. Gestern, als ich über den großen Platz im Ilôt J ging, kamen mir weinend zwei internierte Krankenschwestern entgegen. Sie hätten zwei Tage kein Essen bekommen und hatten Nachtwache: "Schwester", bat die eine, "geben Sie uns doch etwas von ihrem Reis!" Was soll ich tun, ich kann nicht, denn wir versorgen nur Kinder - es reicht nicht für auch die Großen. Ich hab noch etwas trockenes Birnenbrot, das und zwei Äpfel gab ich ihnen, und mit Tränen danken sie mir.

19. November 1941. 10 Uhr abends

Das letzte Lied ist verklungen. Alle sind sie wieder zurückgekehrt in ihre grauen Baracken. Ein paar Stunden haben sie wohl alles vergessen, was Lager, was Ilôt, was Barackenleben heißt.

In unserer Ecke haben wir drei Tische zusammengeschoben, um für all unsere Gäste zu decken. In der Pfanne dampfte die Suppe. Elsie rührte mit Hingabe das Fondue und mir oblag das Brottoasten. Dann rückten sie an, unsere fünfundzwanzig Gehilfen in unsere Schweizerbaracke, und es gab ein fröhliches Sichunterhalten auf Deutsch, Französisch und Spanisch.

Die letzte Brotschnitte mit Fondue war verschwunden. In einer Ecke stimmte einer ein Lied seiner Heimat an - es war ein Deutscher. Dann kamen die Spanier, dann wir Schweizer - und dann ertönte eines ums andere - fröhliche und heimwehvolle. Und mancher war mit seinen Gedanken weit, weit zurück, in einer vergangenen glücklichen Zeit. Nur eines hält sie alle - das Hoffen auf eine neue Sonne, und jeder hält krampfhaft an dem Wort fest: "Hinter jenen fernen Höhen wartet unser noch ein Glück!"

Es ist wieder sehr spät, und ich bin ehrlich müde und doch glücklich. Denn wenn es auch oft unglaublich mühsam ist, etwas auszurichten und wirklich zu helfen, so erlebt man doch wieder viel Rührendes. Heute im Kindergarten - ich hatte meine Tasche voll kleiner, bunter Schürzen, und als sie mit großem Appetit ihren Reis verschlungen hatten, zog ich jedem eine solche an. Wie glänzten die Augen über den neuen bunten Staat, und verstohlen schauten sie an sich herunter.

Dann wurde in der Kleinkinderabteilung, nachdem ich Badewanne, Badtuch und Seife herbeigeschleppt hatte, das erstemal gebadet. Auch Holz zum Heizen fanden wir in unserem Feld, wo wir die alten Rebstöcke mit Francisco und Luis aushackten. An dem fehlt's ja überall - Hygiene! Die Kinder voller Furunkel, Geschwüre, Ausschläge - jedes oft nur mit einem oder zwei 'Schlüttli' (Jäckchen) - gewöhnlich liegen sie ohne Windeln, ohne Leintuch, auf bloßen, schmutzigen Maträtzchen in ihren roh gezimmerten Holzbettchen. Die stummen Blicke dieser Kleinsten der Kleinen gehen mir besonders zu Herzen - so unschuldig müssen sie mittragen, mitleiden am Elend. Die Größeren nehmen die Situation, wie sie ist. Wo's etwas zu essen gibt, dem gilt ihr Interesse - ob mit Schuhen, an denen alle Zehen hinausgucken, oder überhaupt ohne Schuhe - ist ihnen gleich. Wenn wir ihnen ihren Blechteller oder Konservenbüchse mit Reis gefüllt haben, sind sie zufrieden.

Und mir fallen die Augen nun fast zu. Gute Nacht, alle, alle, in der Heimat.

22. November 1941

In der Schweizerbaracke gab's junge Hunde. Sechs schwarze, winzig kleine. Zu gern hätten wir sie alle behalten - doch, wie Hunde erhalten, so man nicht einmal für die Menschen genug hat.

Morgens 7 Uhr. Alles ist grau in grau - die Baracken, der Himmel, die Menschen in ihren Lumpen, ohne Schuhe und Strümpfe, mit grauen eingefallenen Gesichtern, und jeder, mit dem man ein Stück Lagerweg macht, hat das gleiche zu klagen.

Erhellt wird diese Gräue nur, wenn man hie und da für eines die Entlassung in die Freiheit erhält. So zog auch heute freudestrahlend eine Mutter mit ihrem Kleinen ab nach Elne. Sie muß ja wieder zurück - und doch tut sie's gern, wenn es ihrem Kind gut bekommt.

23. November 1941. Sonntag

Übers Lager fegt der Wind, wütend rüttelt es an allen Türen und Fenstern, Regen peitscht an die Scheiben, durch meine offene Lucke hat sich schon ein ganzer See hereingeregnet.

Sonntag – ich denke an meine Lieben, und in mir wird's warm - daß einem die Heimat und alles so viel wert sein kann, nur in Gedanken.

Eine arme Mutter, ohne Strümpfe, Lumpen an den Füßen, kommt mutlos zu mir in die Baracke - sie hat die Erlaubnis, ihr Kind in unser Heim zu bringen, nicht erhalten. Mit trostlosem Ausdruck berichtet sie mir die harte Abweisung des Ilôtchefs. Entschlossen mache ich mich auf den Weg. Vor der Tür des Gefürchteten lasse ich sie warten. Stechend sehen mich die Augen in dem kalten Gesicht an. Ich erwidere den Blick freundlich, bringe meine Bitte vor - er wird freundlich und gibt mir ohne weiteres seine Unterschrift. Glücklich zog die Mutter ab. Würden wir mehr, viel mehr alles mit Liebe im Herzen, auch für unsere Widersacher tun, würden wir nicht viel, viel mehr erreichen? Ich hab die vergangenen Tage viel unnötige Mühe gehabt, weil ich zu wenig daran gedacht habe.

Mittags - heute hatte ich wieder einmal Zeit für meine kranken Frauen - der Sonntag ist für sie trostlos, sagen sie oft; außerdem gibt's keinen Reis von uns.

So ging ich mit leeren Händen, plauderte mit jeder ein Weilchen und empfand ihre Dankbarkeit für etwas Zeit und ein offenes Herz. Nur etwas ließ mir den ganzen Jammer, das ganze Elend aufs Neue bewußt werden. Es war eine Greisin, hohle Wangen - dünne, fleischlose Arme und um viel Leid wissende Augen - Augen, die einmal voll Güte und Idealismus gestrahlt haben müssen; nun steht die Hoffnungslosigkeit in ihnen, und so wie ihre Augen, so sprach ihr Mund: "Schwester, ich glaube, für uns gibt's keinen Frühling, keine Hoffnung mehr. - Einmal, da wollte ich wirken, schaffen, helfen, und nun, was ist daraus geworden? Alt, schwach, krank - ohne Heimat!" Mit was wollte ich sie trösten? Ich wußte ihr keinen anderen Trost als den einer anderen Heimat. Sie nickte, ihre Blicke waren weit, weit weg, und mir tat das Herz so weh.

24. November 1941
Ich fühle so tief und beglückend Deine Liebe. Ich wandere mit Dir im Traum über Grate und Zinnen.

26. November 1941
Gestern hatten wir einen glücklichen Tag. Ich weiß nicht mehr, wie alles ging, daß es gelang, fünf Kinder und acht Frauen aus dem Lager zu bekommen. Samstag, innert einer Stunde suchte ich die Leute heraus, und heute nach fünf Tagen fahren sie. Viel, viel glückliche Augen gibt es wieder! Wieso ich gestern für das eine Kleine, das in der Krankenbaracke liegt, die Erlaubnis von dem gestrengen Chefarzt bekam, weiß ich auch nicht. Im Grunde glaubte ich nicht mehr an eine Zusage, wagte mich aber doch kühn in seine 'Höhle', und siehe und staune, er sagte, "ja". Nicht schnell genug konnte ich zur Tür hinaus kommen, fürchtend, er könnte seine Ansicht wieder ändern. Wie strahlte die Mutter des Kindes!

Es sind scheinbar nur Kleinigkeiten, und doch sind sie für uns von größtem Wert - von diesen Kleinigkeiten hängt Zweck und Sinn unserer Arbeit ab. Noch freudiger geht man nachher an seine Arbeit.

26. November 1941
Das Auto ist eben hinter der letzten sichtbaren Baracke verschwunden. Ich spüre noch den Händedruck so mancher Mutter, die uns dankte. Bloß zwei waren traurig, weil sie ihre zwei großen Buben hierlassen mußte, ohne Aufsicht, zwei halbwüchsige Knaben; die andere konnte nur das Kind allein weggeben. Wenn das, was ihnen im Lager das einzige war, genommen wird, wer begreift da nicht die Tränen? Trotzdem sie weiß, daß es des Kindes Glück ist.

Möchten sie doch alle bald eine bleibende Heimat finden!

29. November 1941
Es regnet, regnet und verwandelt das Lager in eine Wasserstadt. Unsere Baracke ist nur in Wasserstiefeln ratsam zu erreichen, und an vielen Orten dringt das Wasser zu den Türen herein. Schlimmes Wetter für unsere Leute. Sie weichen das ohnehin schon schlechte Schuhwerk noch ganz auf, und so kamen die meisten Kinder gestern, die blau gefrorenen Füße nur mit Lumpen umwickelt. Bitter für uns, nicht helfen zu können, denn wir haben keine Schuhe. Ob wohl der Bundesrat unseren Brief um die Kleidersendung erhört? Könnten viele nur einen Blick hier ins Lager tun.

Gestern fand ich in der Krankenbaracke einen Fünfzehnjährigen - aber wie, mit eingefallenen Augenhöhlen, ohne Augäpfel, mit verstümmelten Händen - "von einer Bombe", hieß es. Mir zog sich das Herz zusammen, und ich konnte nichts für ihn tun, als sein leichtes Hemd mit einem warmen Leibchen vertauschen und ihm unser letztes Paar Socken anziehen.

1. Advent 1941

Sonntag ist's. Die ganze Nacht tobte der Sturm und peitschte den Regen an die Scheiben. Als ich am Morgen das Bett verlassen wollte, mußte ich zuerst meine Bergschuhe anziehen, denn mein Zimmer war in einen See verwandelt. Das ganze Lager gleicht einer Wasserstadt. Zum Reisverteilen kann's ja gemütlich werden.

1. Advent - Mög' es doch im Lager trotz Regen, Sturm und Elend etwas Advent werden.

Mit Francisco und Raffaela bin ich trotz Sturm und Regen durchs Lager mit dem Reis. Wir haben es ja trotzdem noch gut in unserer Baracke, denn überall stehen die Betten im Wasser, und Mütter wagten gar nicht zu hoffen, daß wir trotzdem noch mit dem Reis kämen. Doppelt groß war die Freude.

Der Regen dauert an. Verheerend sieht's im Lager aus. In den Baracken überall Wasser. Wir in unserer Baracke schaufeln auch alle paar Stunden kübelweise - eine Türe wurde vernagelt - doch unsere liebe Ecke, wo wir immer essen, blieb trocken.

Schlimm wurde die Sache für unsere Gehilfen. Mein kleiner 'Chauffeur' hat keine Schuhe mehr, d.h. das Wasser dringt ihm zu allen Löchern ein, und der arme Kerl fror jämmerlich an den Füßen. Ich gab ihm zwei Paar meiner Wollsocken und meine Halbschuhe, und er strahlte.

Die Öfen brennen schlecht bei dem Wetter, und der Reis wurde eine Stunde später fertig. Als wir endlich in der Schule ankamen, gab's ein solches Freudengeheul über den heißen Reis, daß ich ganz energisch endlich Ruhe schaffen mußte. Wie viele durchfrorene Körperchen - wie viele bloße, blaue Füß sah ich wieder. Das Ärgste ist, daß wir nicht helfen können, da unser Kleidervorrat zu Ende geht. Schuhe haben wir gar keine mehr. Und nun wird's auch noch kalt. Hoffentlich, hoffentlich wird unser Bundespräsidentenbrief erhört, denn der Winter verspricht, schlimm zu werden. In den Krankenbaracken lagen meine Frauen in den Mänteln in den Betten (so sie besaßen). In der Kinderkrankenbaracke wurden Heizversuche gemacht, aber vor Rauch sah man bald keine Kinder mehr.

5. Dezember 1941[16]

Heute ist wieder Reisetag für kleine Flüchtlinge. Sie rücken in aller Frühe an zum Frühstück in unserer Baracke. Da hört man wieder einmal Kinderlachen, so richtig von Herzen kommend. Und dann fahren sie in die Freiheit.

Überhaupt erlebte ich vergangene Tage viel Freude. Albert[17] schrieb. Ach, wie beglückend die Briefe aus der Heimat - das Erinnern an all das Vergangene und das doch ewig besteht.

Wir haben einen eisigen Wind. Glasharte blaue Nachthimmel - Mondnächte - und viele, viele, die frieren. Manchmal kommt eine ohnmächtige Wut über mich, daß dieses Elend heraufbeschworen wurde. Diese vielen Ungerechtigkeiten, diese Grobheiten, die die schlimme Lage noch unerträglicher machen. Wächter, die zu Freiheit berechtigte Menschen drücken und quälen mit ihren Befehlen. Dann, wenn ich so junge Menschen sehe, die kraftlos in den Krankenbaracken liegen, die sonst in der vollen Kraft ihrer Jugend stehen sollten. Alte Menschen, die ihren letzten Lebenskampf allein auskämpfen müssen. Daß es da soziale Delegierte geben kann, die alles in Ordnung, gut organisiert finden. Alle Tage ist mir von neuem eine entsetzliche Anklage der blinde, vierzehnjährige Junge mit verstümmelten Händen.

5. Dezember. Abends

Der Jubel heute, als unsere Schulkinder jedes ein Salatköpfchen erhielt. Am glücklichsten waren die Zigeuner. Die meisten aßen ihn gleich so und ungewaschen auf - bis auf den Strunk. Es war so lustig, wie jedes mit seinem Salatkopf unterm Arm davonwalzte. Weniger erfreut dürften die Wächter gewesen sein, denn das ganze Ilôt J war von verlorenen Salatblättern übersät. Morgen dürfen wieder zwei Kleinkinder nach Elne, nachdem wir den Chefarzt fast auf den Knien darum baten. So gibt's immer wieder Sonnenstrahlen - gerade bei den Kindern. Wenn ich bei der 41er Baracke vorbeigehe, wenn sie mich schon von weitem sehen, rufen sie: "Hallo, la Suiza, la Suiza!"

6. Dezember 1941

Welch ein unruhiger Tag heute.

Um halb 8 Uhr fuhr ich noch schnell mit dem Rad in die Krankenbaracke, um zu sehen, wie der Start der Elne-Kinder gehe. In der Baracke keine Pflegerin um den Weg! Niemand wußte, ob der Kleine seine Flasche gehabt hatte!

---

[16] Siehe Friedel Reiters Brief vom 4.12.1941 u. vom 5.12.1941, S. 122.

[17] Friedel BohnyReiters Bruder; Anmerkung von Michele Fleury-Seemuller – (M.F.-S.)

Nun, ich wurde energisch, - doch hatte der kleine José außer zwei Schlüttli (Jäckchen, Baby-Hemdchen) und einer Windel nichts anzuziehen. Ich raste nochmals in unsere Baracke, holte Schlüttli, Windeln und eine Wolldecke, zog den Kleinen selbst an und steuerte in einem Arm das elende Menschenbündel, an der anderen Hand mein Velo zum wartenden Lastwagen. Die Mutter lief weinend und hilflos hinterher. Dort angekommen stellte sich heraus, daß die bestimmte Frau nicht mitfuhr. Wer also nimmt den kleinen José mit? Ich verstaute kurzerhand die andere Frau mit dem Zweimonatealten (Baby) im Auto, nahm selbst den kleinen José und fuhr mit nach Elne. Die anderen werden sich daheim auch ohne mich zurechtfinden, und Elsie ist ja an Unvorhergesehenes gewöhnt.[18]

In Elne traf ich alle unsere lieben Mitarbeiterinnen fest an der Arbeit. Ich sah unsere Lagerkinder in sauberen Bettchen auf der Terrasse an der Sonne mit vollen, runden Backen.

Nein, unsere Arbeit ist nicht umsonst! Und wenn es nur wieder zwei sind, die ich hier herausbekam. Bis zuletzt gibt's davon ein 'Gschärlein' (kleine Schar). Ich zog mein Sorgenkind, um das ich mich so lange bemüht hatte, aus - ein Gerippiein - rot entzündet von den Beinchen bis zum Rücken hinauf kam zum Vorschein. Man könnte weinen. Wie unendlich glücklich war ich, als er gebadet, matt aber wohlig in seinem Bettchen lag. Nachdem er so kostbare Frauenmilch bekommen hatte.

Es gab noch ein kurzes, aber herzliches Plauderstündchen mit Bethli (Eidenbenz), Gret und Bettina. Dann nahm ich Abschied von so mancher Frau, die ich im Lager als unglückliche Mutter kannte und die hier aufgelebt ist.
Vom Bahnhof Rivesaltes hieß es dann (zu Fuß) heimgehen - 1½ Stunden über die Felder - doch unbeschreiblich schön war der Abend - die Sterne, der Mond - ich war so dankbar.

8. Dezember. Montag

Eigentlich wollte ich nie etwas vom vergangenen Tag in den neuen hinüberschreiben, da jeder Tag genug hat an seiner Schwere, doch ging gestern, wie so oft, wieder einmal das Licht aus.

Gestern Mittag machte ich noch einige Bsüechli bei den Frauen, dann wollte ich heim, um noch eine mir vorschwebende Skizze zu vollenden. Daheim wartete die Frau des Krankenwärters der Männerbaracke mit der Bitte um Hilfe - die Männer seien halb am Erfrieren. Einer läge im Sterben. Rasch wurde an-

[18] Elsie (Elsa) Ruth war die erste Leiterin der Schweizer Baracke in Rivesaltes. (Helena Kanyar Becker - H.K.B.)

gefeuert - Bettflaschen gewärmt - auch etwas übriggebliebener Reis, und wir machten uns auf den Weg. In der Baracke war wirklich ein Jammer. Zitternd vor Kälte lagen sie in ihren Betten. "Mir Schwester, eine Wärmeflasche! Schwester, ich bin am Erfrieren!" Heißhungrig machten sie sich auf den dampfenden Reis. Da lagen zwei junge Burschen, mager, mit dünnen Kinderarmen. Wegen Schwäche hat man sie hierher gebracht - ein Jammer, eine heranwachsende Generation - dahinsiechen sehen zu müssen.

8. Dezember 1941

Arbeit - Arbeit - wir haben viel vor. Zwei Kinder können wir in unsere Heime geben. Ferner soll neben der Schweizerbaracke eine Nähstube für unsere Lagerfrauen eingerichtet werden, wo sie unter Mme Darcau's Anleitung für sich Kleider und Wäsche machen dürfen. In der gleichen Baracke gibt's noch eine Schusterwerkstatt - fein - es ist so wichtig, Arbeit und Abwechslung ins Lager zu bringen, etwas, das die Geistes- sowie Körperkräfte wieder etwas anspornt.

Sonst gibt's viel zu denken auf Weihnachten. Hoffentlich, hoffentlich kommen unsere Spielsachen noch (rechtzeitig) an.

Elsbeth (die Kindergärtnerin Elsbeth Grauer) schafft auch mit Freude. Gestern war sie mit dreißig Knaben auf einer Wanderung mit Rucksack. Wie gut tut so etwas unseren Kindern. Wieder mal außer Sehweite der Wächter zu sein - frei - in der Natur. Ach, wie wird im Lager alles Leben erstickt. Menschliches, Geistiges, Pflanzliches - keine Wiese, keine Gärten, kein Baum.

Gute Nacht - meine Hände sind steif vor Kälte, denn ich schreibe im Bett, aber der Kopf ist mir warm von vielen Gedanken und Plänen. Morgen muß ich an die Wandmalereien, die unser 'Maler' nicht mehr vollenden konnte.

Fast hab ich nicht Zeit, an Heim, Berge, Weihnacht, Freunde zu denken. Aber wenn's geschieht, dann fest und innig.

9. Dezember 1941

Still, unheimlich still ist's. Elsie ist für einige Tage nach Toulouse und ließ mich mit einer Menge Arbeit allein. Ich weiß nicht mehr, was alles war heute nur, daß ich außer den Verteilungen immer gelaufen bin. Zum Arzt - Emigrationsbüro - in Baracken - und mein Kopf ist müde - ich will ins Bett. Morgen früh aufstehen. Ich blättere in meinem Tagebuch - ach, nicht auffrischen nicht denken - schaffen - helfen. Meine Lieben daheim, wie gut, daß ihr da seid und auf mich wartet.

10. Dezember 1941
Ich wollte eben anfangen an meinem Ilôt I-Rapport. Da kamen schon meine kleinen Gäste zum Frühstück, die nach Banyuls (ein Schweizerheim für 4-6-jährige Lagerkinder) fahren.[19]

12. Dezember 1941
Er war voll ausgefüllt, der heutige Tag. Nun ist's halb 1 Uhr. Aber es ist ja so schön zu schaffen, und jede Arbeit nicht allein machen wollen. Immer wenn ich mich so einstelle, dann allein gelingt's. Unsere Nähstube und Schusterei in der Nebenbaracke macht Fortschritte. Ich lief heute für Öfen, Tische und Bänke. Bis Elsie kommt am Montag, hoff ich, daß darin gearbeitet wird. In allem Strudel und Trubel kam heute ein Brief von Emmy (Verwandte in der Schweiz) und von Italien – ist's möglich! Wie bin ich glücklich!

Für wie unendlich viel hab ich täglich zu danken, aber auch viel, viel zu bitten - für all meine Schwachen und Betrübten und Kranken.

13. Dezember 1941
Da sitzen wieder zwölf Glückliche (die hinausdürfen) in unserer Baracke und warten. Was erwartet sie bloß? Hoffentlich ein besseres Los als hier. Wenn ich all die Kinder mit ihren Säcklein und Päcklein sehe, kommt mir meine Auswanderung (von Wien) in die Schweiz in den Sinn. Wie viel, viel notwendiger ist es hier noch, Kinder in andere Verhältnisse zu bringen.

13. Dezember 1941
Immer berichte ich von außen, und wie viel passiert auch in unserer Schweizerbaracke. Unsere Hunde werden wirklich lustig, sie fangen erst jetzt an zu gehen, und diese Nacht haben sie zum erstenmal gebellt. Ich freue mich, wenn sie einmal in der Baracke herumtollen.

Gestern schrieb Annette (Freundin) aus dem Inselhof (Zürcher Spital). Wie komisch alles ist, was aus jener Welt kommt. War ich wirklich einmal dort? - in jenem Leben des Luxus?

13. Dezember 1941
Ich bin müde, müde - aber doch wurde etwas geleistet heute. In der Baracke 13, unserer Nähstube und Schusterei, ging's vorwärts. Der Ofen wurde installiert, die Bretterwand aufgestellt und gebeizt, die Lampen installiert, Tische und Bänke hineingestellt. Dazwischen lief ich vom Materialchef in die Baracke

---
[19] Siehe Friedel Reiters Brief vom 11.12.1941, S. 124.

und von der Baracke zum Materialchef. So muß man sich Stück um Stück erbetteln. Dazwischen beendigte ich noch die Malerei an der Schreinerwerkstätte - immer mit einer Menge kleiner Zuschauer unten. Die kleinen Spanier sind immer bereit, wenn etwas Besonderes los ist. Nun, lustig mag's ja ausgesehen haben - die Schweizerschwester mit weißer Haube mit Pinsel und Farbtopf auf der Leiter.

Von 4 bis 5 hatte ich einen freien Moment, bis meine Frauen kamen. So entstand ein Aquarell nach einem kleinen Foto. Aus dem Verzascatal - war ich wirklich einmal dort? Zwei Bretter wurden bemalt - das Aquarell daraufgeklebt und aufgehängt. Auch unseren 'Garten' vor der Baracke habe ich noch umgestochen, d.h. die winzigen Nelkenrabatten. Wie gut tut das, ein Stück Leben im Lager.

Zwanzig Minuten bis 1 Uhr nachts - wieder ein Tag der Arbeit, ein Tag des Sichmühens, ein reicher Tag. Ich kann nichts, als immer nur danken, daß ich hier arbeiten darf. Alle meine Lieben - Gute Nacht.

15. Dezember 1941

Ein neues Buch, ein neues Blatt. Mein letztes begann ich in Florenz. Wie viel Freude, wie viel Glück durfte ich erleben und aufschreiben. Was wird wohl in dieses alles zu stehen kommen? Hier, wo es so viel aufzunehmen gibt Tag für Tag. Sie waren schön, die Tage allein, wo's Arbeit über Arbeit gab. Die Baracke 13 ist eingerichtet, die Frauen schaffen - Schuhe und Wäsche entsteht. Heute gab's neuen Vorrat. Oliven, Sauerkraut, Holz, Pulvermilch. Nur *der* weiß, wie viel Mühe alles kostet, der die Arbeit im Camp kennt. Da heißt's dabei sein, kontrollieren, für jede Kleinigkeit selbst zu den verschiedenen Chefs gehen.

Gestern war Sonntag. Morgens hatte ich noch die Reisverteilungen in den Pouponnières.[20] Um 10 Uhr ging ich mit 22 Spanierkindern in die Krankenbaracke zu singen, nicht nur für die Kranken, auch für mich war es eine Lust, den frischen Stimmen zuzuhören. Wie wenig werden meine Kranken in dieser Beziehung verwöhnt.

Von 1 bis 4 Uhr saß ich vor der Baracke an der Sonne und hatte einmal etwas Zeit, die Gedanken zu all meinen Lieben spazieren zu lassen. Wie gut tat das! Es war ein warmer Sonnentag. Neben mir in der Sonne lag 'Guigoz', der Hund, mit seinen zwei dicken Jungen - und um unsere Hundefamilie herum

[20] Kleinkinderabteilung (F.B.-R.)

saß eine Schar kleiner Spanier. Hie und da setzte sich eine Frau zu mir und plauderte etwas oder holte sich einen Trost. Es war so recht Sonntag.

Abends saßen wir bei Adventskerzen und einem heißen Tee und unserem einfachen 'Z'nacht' (Abendessen). Wir sind so glücklich abends um unser warmes Stübchen. Könnten es doch alle haben hier.

Heute nahm ich einen kleinen Jungen mit heim und schenkte ihm unser letztes Paar alte Schuhe. Wie leuchteten die Augen und gar, als es noch ein Paar Strümpfe dazu gab. Diese Kinderaugen sind es, die mich obenhalten hier. Ich glaube, immer um die Erwachsenen sein, würde mich krankmachen.

Der Krankenwärter der Männerbaracke holte mich zu einem Schwerkranken. Ich sah bald, daß es ein Sterbender war. Er war im Gefängnis, Gott weiß wegen was für einem Vergehen - und diese Hungerzeit hat dem schon schwachen Alten noch den Todesstoß gegeben. Die Augen waren schon ohne Licht, die Stirne eiskalt. Keine liebende Seele bei ihm. Ich fragte nach seinem Namen, seiner Frau - er konnte nicht mehr sprechen, und sonst wußte es niemand. Ich sprach zu ihm, nahm seine kalten Hände in meine warmen, damit er wenigstens von einem sich um ihn kümmernden Menschen etwas spüre, doch reagierte er auf nichts mehr. Als ich zwei Stunden später wieder kam, war es vorüber. Gottlob!

Ich sitze allein in unserer Baracke. Um 11.30 Uhr nachts wird Elsie in Rivesaltes sein. Ich werde mit dem Velo die zwei Wegstunden zur Bahn fahren. Ich bin hundemüde, und doch freue ich mich unendlich, bis Elsie wieder hier ist. Ich spüre, daß mir allein die Arbeit über den Kopf wachsen würde. Ich heule zum ersten Mal laut, weil ich müde bin - der Kopf ist schwer und die Augen brennen. Ich freue mich auf mein liebes hartes Lager, doch soll Elsie die Nachtfahrt per Rad nicht allein machen.

16. Dezember 1941

Und so sattelte ich um 10.30 Uhr mein Stahlrößlein und fuhr los. Stockfinstere Nacht. Mit Mühe kann ich den grobsteinigen Weg erkennen. Ich gerate ja einige Male ins Rebland hinaus - bis ich auf die breite Straße außerhalb des Campbereichs gelange. Plötzlich aus dem Dunkeln eine Stimme: "Halte, vous allez où?" ("Halt, wohin gehen Sie?") Ein Wächter. Ich steige rasch ab, gebe ihm meinen 'Laissez-passer' (Passierschein), er will über alle Einzelheiten des Grundes meiner Nachtfahrt unterrichtet sein. Plötzlich verliert er den Befehlston, gibt mir einige Wegweisungen. Ich muß lachen - es sind doch alle gleich. Im tiefsten Grund eines jeden Menschenherzens ist etwas Zugängliches. Man muß nur verstehen, daran zu rühren.

Die Nacht nimmt mich wieder auf - Kilometer um Kilometer. Kein Mensch, kein Haus, kein Licht. Nur über mir die Sterne und vorn an meinem Velo flattert ein Schein meiner kleinen Taschenlampe - unser weißes Kreuz im roten Feld. Ein tiefes Gefühl des Geschütztseins kommt über mich, daß ja gar nichts geschehen kann ohne *Den,* in dessen Hand wir alle stehen. Wo habe ich nur dies auch so empfunden? Ja, das war beim Abstieg über dem Oberalpstock auf jenem Labyrinth von Gletscherspalten. Es ist schon so, wo die Not, die Einsamkeit, die Gefahr am größten, ist Gott am nächsten.

Die spärlichen Lichter von Rivesaltes kommen näher. Da ist der Bahnhof, da steht der Zug schon, und dort taucht Elsie auf. Unsere Heimfahrt unterbrochen durch drei uns anhaltende Polizisten - ich fast heiter. Daheim, lang bis in die Nacht hinein, sitzen wir in unserer Ecke, erzählen und machen Pläne für neue Arbeit.

16. Dezember 1941

Heute kam Besuch, zwei in der Colonie arbeitende Schweizerinnen. Und wie ich mit ihnen durchs Ilôt J ging, wurde ich mir aufs Neue wieder bewußt, das Elend des Camplebens. Wie mußte es auf unseren von außen kommenden Besuch wirken? Sie wurden still und stiller, und ich erinnerte mich meines ersten Tages im Camp.

19. Dezember 1941. Morgens halb zwei Uhr

Ich kam spät von einem Fest der Juden im Ilôt B zurück. Es ist das Chanukka-Fest, das sie feiern. Ein Sieg der Makkabäer vor 2000 Jahren gegen die Heiden, zu welchem ihnen Gott auf ganz wunderbare Weise geholfen haben soll.[21] Merkwürdig - sie leben hier, verfolgt, ohne Heimat, aber immer noch hoffend auf ihre alte Heimat 'Palästina', hoffend auf die Erscheinung des Messias.

Vergangene Nacht ist die Mutter mit zwei unserer Sorgenkinder geflohen. Wo mag sie sein, jetzt, bei der Kälte, bei dem eisigen Winde, mit den zwei ausgehungerten Zwillingen? Man hört von einigen Geflüchteten, darunter meine alte schwyzerdütsch redende Zigeunerin. Man spricht davon, die Zigeuner nächste Woche in ein anderes Lager zu schicken. Das täte mir aufrichtig leid, denn, wenn sie bei niemand Sympathie haben, so doch bei mir. Sie sind ein Pack, und sie sind sehr schmutzig, und doch haben sie das Herz am rechten Fleck, und oft entdeckte ich eine gute, wunderbare Seele. Sie wissen, daß sie nur 'Zigeuner' sind, aber die groß- und schöngewachsenen Menschen tragen

---

[21] Achttägiges Lichterfest (im Dezember) in Erinnerung an die Wiedereinweihung des Tempels zu Jerusalem 164 v.d.Z. (ERW)

den Kopf hoch und in ihrem elastischen Gang ist etwas Eigenes, Furchtloses, das mir gefällt. Sie lieben ihre Kinder sehr und setzen sich wie Löwenmütter für sie ein, und schon die kleine, schwarze Kindergartenbande hält wie die Katzen zusammen. Im Camp sind diese an Freiheit gewöhnten Menschen sehr unglücklich. Es sind Menschen, die Natur, Erde, Weite brauchen.

Doch hoffen wir mit all den vielen anderen, hinter jenen fernen Höhen sei noch ein Glück.

Heute wollte sich in der Infirmerie (Krankenabteilung) eine Frau ... umbringen - ach, mir tut das Herz weh - die ganze Tragik kommt auf mich herein. Welche Verzweiflung muß in der armen Frau gewesen sein, daß sie eine ganze Flasche tödlichwirkende Flüssigkeit trank? Da lag sie im Bett, mit heißen, glänzenden Augen. Ich konnte sie nicht lange ansehen - es war eine Anklage. Ob sie morgens, wenn ich komme, wohl ausgelitten hat?

4. Advent

Und wieder wird Sonntag und Montag, und weiter geht es, das Rad der Zeit - und jeder Tag ist voll mit seiner Plage, seinem Leid und hie und da mit kleinen Freuden für diese durchs Weltgeschehen Getroffenen. Ich schreibe in einem eigenen kleinen Büro. Hier ist jede Neuerung ein Erfolg - eine Freude. Kaum war die Nähstube leer hier, begann ich zu fegen. Gleich halfen mir Raphaela und Luis. Ein Tisch hinein, mein Kästchen, zwei kleine Bänke - mein unbezahlbarer Ofen - alle meine sieben Sachen und fertig. An der alten grauen Mauer leuchtet mein Heimatkalender. Zwei Tessineraquarelle, in rotgemalten Konservenbüchsen meine Pflänzchen - und das macht den Raum direkt wohnlich. Nun habe ich Platz für alle meine Frauen.

Wir schaffen und machen Päckli für Weihnachten. Ist es nicht ein großes Glück, trotz der Armut hier schenken zu dürfen? Da gibt's 800 Päckli zu füllen für unsere Schulkinder - 100 für die kleinen Kranken. Gestern war's 2 Uhr 30, als wir unser Lager aufsuchten.

Heiliger Abend[22]

Erst jetzt - nach allem Getriebe, nach aller Arbeit finde ich Ruhe und spüre ich langsam - es ist Heiliger Abend. Ach, daß es das gibt, dieses Wissen um eine große Freude, die größer ist als alles, alles Erdenleid. Mir ist und war ja diese Woche manchmal, als könne ich es nicht länger ertragen, ich müsse erdrückt werden von so viel Leid, von so viel Ungerechtigkeit, von so viel Wirrnis. Und es drückt schwer dazustehen, zuzuhören und oft am Ende von allem doch

---

[22] Siehe dazu Friedel Reiters Brief an Weihnachten 1941, S. 125.

nein sagen zu müssen. Es gibt Tage, wo ich meine Arbeit tun kann als das, was sie ist - Arbeit meines Berufes. Aber es genügt, daß ich sehe, wie man eine Mutter von einem Kind trennt, daß man kranke erwachsene Menschen straff einspannt, sie wie Ware behandelt.

In den Männerbaracken treffe ich diese Mißstände am meisten. Wie manchen bringen sie aus dem Gefängnis, aus dem Ilôt ..., sterbend - dann wird alles angewandt, Spritzen, Transfusionen, das mühsame Dasein noch etwas in die Länge zu ziehen. Am Ende stirbt er dann doch. Aber dann kümmert sich wieder kein Mensch. Wie manchen sah ich sterben - allein - niemand, der ihm noch einen kleinen Liebesdienst getan hätte, der ihm, wenn ihm das gequälte Herz stillstand, die Augen geschlossen hätte. Das Leben in der Baracke geht weiter. Der Krankenwärter wartet, bis er den Toten fortschaffen kann, der Nachbar auf die Ration Essen, die ihm nun vielleicht zufallen könnte. Es ist entsetzlich, wie die Menschen primitiv werden. Es muß das andauernde Nichtsattwerden sein, der Hunger, der jedes Geistige abtötet. Es kamen schon Frauen, die mir klagten: "Schwester, ich hab mich früher fast nie mit Essen und Trinken in Gedanken beschäftigt. Jetzt gibt's Nächte, wo ich nicht schlafen kann, weil mich der Gedanke an Essen nicht schlafen läßt." - Und das sind geistig nicht etwa tiefstehende Frauen gewesen. Und wir sind hier, haben das Magazin voll Vorräte und dürfen nicht helfen - dieses, weil wir nur Kinderhilfe sind. Der Gedanke drückt uns beide oft sehr.

Und wenn so ein Tag um ist, an dem man mit so Menschen gefühlt hat, kann es vorkommen, daß das eine oder andere plötzlich nicht mehr kann - man legt die Arme auf den Tisch und kann nichts als weinen - "Warum, ach warum so viel Leid? Und wir so machtlos all dem gegenüber?"

Rein und blau wölbt sich der Morgenhimmel übers Lager. Man steht auf, spürt die neue Kraft in den Gliedern - und muß dafür danken. Man sieht die Arbeit und muß daran.

Man begegnet Menschen, die einem dankend die Hände drücken - Kinder, die einen anstrahlen und muß sich freuen. So ist unser Leben im Camp - ein Mitleiden und eine große Freude, doch helfen zu dürfen.

Unsere Baracke sah aus wie ein Bazar - alles half - 870 Päckli! Nun stehen sie in großen Kisten bereit und warten auf morgen, all die Kleinen zu beglükken. Mit viel Liebe entstanden die Päckli, gemalt von den Kindern in unserem Foyer.[23] Jedes enthält ein Weihnachtskärtchen - gemalt von ihren kleinen

[23] Das Foyer war in einer Baracke des Lagers eingerichtet. Es waren Tische, Bänke, Bücher und Spielzeug vorhanden. Die Kinder des Lagers konnten dort gruppenweise ihre Nachmittage verbringen. (M.F.-S.)

Freunden in der Colonie - ein Päckchen Halfa, Nüsse, Apfelstückli und ein kleines Spielzeug.

Elsbeth ist leider Patient.[24] Schade - sie liegt im Bett und läßt tüchtig die Flügel hängen, unsere lebenstüchtige Elsbeth. Heute ist sie um vieles munterer. Mit Freude packt sie ihre Weihnachtspäckchen aus der Schweiz aus. Wie ich schnell bei ihr hineingucke, saß Elsie schon neben ihr, den kleinen Tisch gedeckt. Die Kerzlein brennen. Wir lassen unsere Arbeit liegen - und erst jetzt beim Kerzenschein steigt es in einem herauf - Heilig Abend - Weihnacht - still ist's, keines sagt ein Wort - die Gedanken gehen zurück - heim - Weihnachten einmal daheim. Draußen heult der Wind, aber hier brennen die Lichter - möchten sie doch in recht vielen Herzen brennen - trotz Sturm draußen.

Wir gehen wieder an unsere Arbeit. Mitternacht - alle Päckli fertig. Elsie und ich haben in der Stube noch allerlei zu richten. Nun ist's 5 Uhr morgens, und ich leg mich noch für zwei Stunden hin - eh der neue Tag für uns beginnt.

Noch eine große Freude gab's aus der Schweiz. Ein lieber Weihnachtsgruß - ein Buch - und von meinem Leneli[25] ein Kärtchen mit einem selbstgestickten Nastüchlein. Was bedeuten einem nicht solche Grüße!

25. Dezember 1941

Weihnachten im Camp. Noch nie hab ich solch einen Weihnachtsmorgen erlebt. In langen Reihen stehen die Kinder und bekommen unterm Baum ihre Schokolade. Große Freude ist über die Schokolade. Merkwürdig - der Lichterbaum hat für diese Kinder nicht denselben Effekt wie für unsere Schweizerkinder.

Wir machen unsere Distributionen - in den Pouponnieres (Kleinkinder-Abteilung). "Gracias por todo, todo", wie viele Male durfte ich es hören. Wie ich in den Infirmeries allen "Gute Weihnachten" wünschte, kamen mir selber bald die Tränen - das waren ja fast alles Menschen aus nördlicher Gegend, die Weihnachten so verstehen, erleben und in Erinnerung haben, wie sie ist - Weihnachten, das in einem die Sehnsucht ans Kinderland weckt - und in diesen Menschen die Sehnsucht an vergangene Zeiten in Heimat und Frieden. Wie schön war ja diese Weihnacht für mich um diese Menschen herum. Ich war ja nicht stolz, und doch sonnte ich mich in ihrer Dankbarkeit. "Ich warte, nur Ihr frohes Gesicht zu sehen, allein das macht uns glücklicher. Wie gut, daß Sie

---

[24] Elsbeth Grauer, Mitarbeiterin der Kinderhilfe, war an Diphtherie erkrankt, was man aber zu diesem Zeitpunkt noch nicht wußte. (M.F.-S.)

[25] Friedel Reiters Patenkind in der Schweiz. (M.F.-S.)

noch hier sind." Einige der Kinder dachten daran, mir kleine Zeichnungen mit Glückwünschen zu schenken.

Mittags war das Fest im K 3 für sämtliche Campkinder. Sie hatten wohl alle ihr bestes Fähnchen hervorgezogen - doch, was sie nicht zurechtzupfen, noch ausbessern konnten, das waren die Schuhe - rührend kamen sie, sicher oft mit einem Paar der Mutter - viel zu groß - einer mit zwei verschiedenen - doch waren sie alle voll Erwartung, denn so etwas im Camp ist einmalig.

Jubelnd wurde der Weihnachtsmann begrüßt - jubelnd die zwei Engelskindchen - und strahlend produzierten sie ihre Lieder und hauptsächlich Tänze - Tanzen ist in allen - man sieht es an jeder Bewegung, jeder Muskel der feingliedrigen Kinder.

Das Unvergeßlichste war, als ein kleines spanisches Mädchen Melodien seiner Heimat spielte. Als das erste Stück zu Ende war - ein Jubel brauste durch die Baracke - ein Beifall! Es folgte das zweite, das dritte, und was ihnen bekannt war, da konnte man sie nicht halten - 1000 Kinderstimmen sangen mit.

28. Dezember 1941

Zwei Tage sind vergangen seit dem Campfest, und seither haben unendlich viele Begebenheiten die vorhergehenden schon wieder etwas verwischt. Manchmal in einem ruhigen Moment kommt wohl das Verlangen - jetzt Ruhe - jetzt schreiben dürfen, verarbeiten - aber bevor der Gedanke zu Ende, steht man schon vor der neuen Arbeit, und man tut sie gleichzeitig mit dem beglückenden Gefühl - für andere - von morgens bis abends ist unsere Arbeit nötig. Wenn ich auch nicht alles aufschreiben kann, was es mich drängt aufzuschreiben. So die Kindergesichtlein an Weihnachten, als die kleinen Spanier ihre Musik hörten - die Mäulchen standen offen - die Augen hingen an den Musikern - die Füße machten mit im Rhythmus. In einem Knabengesicht eines Zehnjährigen kämpfte es - die Freude und Tränen. Nie hab ich etwas Rührenderes gesehen von Erleben, Ergriffensein, als dies, wie es sich auf diesem Kindergesicht spiegelte.

Ein Sturm war die Päckliverteilung - leider durch die schlechte Organisation - es war eine Hundekälte, eisiger Wind, und da so 1000 vor der Baracke warteten, glaubten sie wohl nicht, daß es für alle reiche. Sie erstürmten die Baracke, und erst mit Hilfe von Gardiens (Wächtern) war es möglich, die kleine Bande im Zügel zu halten.

Endlich am Freitag zündeten wir die Kerzchen am Baum in unserer lieben Ecke an. Eins nach dem anderen rückten sie an, unsere getreuen Gehilfen. Ach, gut tut es einem selbst wieder einmal, einige Stunden vergessen - Camp -

Baracke - Lagerleben - die Menschen zu sehen, wie sie es genießen - das Fröhlichsein, die Butter, die zwei Wursträdchen, den Käse - das gute frische Brot.

Samstag

Mit Biscuits und einem Weinfäßchen zogen wir Ins Ilôt B - der heimelige Raum mit Josephs Wandmalereien, dem Holztisch mit braunen Chacheli (kleine Schalen) und Tannenzweigen - war schon gefüllt mit alten Leutchen von 50 bis 60 Jahren. Da saßen sie - müde Gesichter, mit trüben Augen eingemummt mit allen unmöglichen Kleidungsstücken. Meist Israeliten - und doch war in allen das Erwartungsvolle - was wird es wohl geben? Kümmert sich wirklich noch jemand um uns alte Vergessene? Ein Rabbiner sprach zu ihnen - von der Schwere und dem Leid - das es ja wirklich sei - daß man aber doch sich erinnern und dankbar erinnern müsse an die glücklichsten Jahre, die man verleben durfte.[26]

Dann sangen die Kinder. Frohes und Heiteres brachten sie, wie's ihnen gerade einfiel. Wenige Augen blieben trocken, und wenn auch hier wieder, erinnert an Heimat und Glück, Kummer aufkam, so spürten sie doch - wir sind nicht ganz vergessen, und es gibt noch Menschen, die an uns denken - für uns denken. Wie viele zittrige, knochige Hände drückten wir. Und wieder einmal mehr mußte ich danken, daß ich hier sein darf - helfen darf. Wir zogen weiter ins Ilôt K - hier saßen schon unsere alten Spanier. Weniger als leidvolle Gesichter sah man hier stumpfe, viel abwesende, gleichgültige Augen. "Was soll es schon anderes im Camp geben?" Doch schon beim Weinausschenken tauen einige auf. In einer Ecke standen sechs, acht Spanierknaben und sangen - das schlug ein. Sie konnten nicht stumm zuhören, sangen mit und die trüben Augen bekamen Leben. Man kann nicht sagen, was das ist - trübe Augen leuchtend werden sehen. Plötzlich erwachte in einem alten weißen Weiblein die Jugendzeit - es begann zu singen, und alles an ihm geriet in Bewegung die Arme - die Füße und die Augen blitzten rechts und links - einfach köstlich. Der Impuls ihres Lebens - Sonne, Wärme, Jugend - Frohsinn - es hatte sie ergriffen, und hoffentlich hält es durch weiterfolgende trübe Tage durch. Im Hause warteten schon dichtgedrängt die Mütter. Als die letzte mit ihrem Päcklein 'Blédine' (Kindernahrung) die Baracke verlassen hatte, war's gerade Zeit, ins Foyer B zur Kinderweihnachtsfeier zu gehen.

[26] Dazu Rabbiner Jehuda Leo Ansbacher, in: Erhard Roy Wiehn, Oktoberdeportation 1940. Konstanz 1990, S, 429 ff. u. 577 ff.

Ein Stück Brot in die Hand und B-wärts ging's. Die Weihnachtslichtlein brannten schon, die kleinen Elsässer und Juden waren schon angerückt.

Vor einer Woche hatten wir mit den Judenkindern Chanukka gefeiert - jetzt feiern sie mit uns Weihnachten. Die Elsässer und Zigeunerlein kannten unsere lieben Weihnachtslieder und sangen tapfer mit. Wie herrlich ist diese Eintracht - zwei Religionen - aber gemeinsames Leid - gemeinsame Freude - das hat die Brücke geschlagen.

Sonntag - ach Sonntag. Wir veranstalten den Jungen von 14 bis 20 Jahren ein Mittagessen - 180 im Foyer K und ebenso viele im B. Bis um 3 Uhr hatten wir unsere Baracke in Ordnung und hatten echt Sonntag. Um 5 Uhr kam der Rabbiner.

Merkwürdig. - Wir singen um diese Zeit, Christ ist erschienen - und dieses Volk wartet immer noch auf das Kommen des Messias.

Sie glauben an die Prophezeiung, daß das Judenvolk in alle Welt verstreut werden müsse - heimatlos sein - unstet -, und sie ertragen ihr Los mit Geduld. Nehmen die Leiden bewußt auf sich. "Es ist kein Leiden so groß", meint er, "als daß man nicht davon lernen könne."

29. Dezember 1941. Montag.

Ein feiner Tag heute - endlich habe ich Zeit, wieder gründlicher meinen Müttern nachzugehen.

30. Dezember 1941

Wir hatten einen großen Kummer heute - kein Holz mehr. Es ist bitter hier im Camp zu sein, ohne helfen zu können. Wie weh tat es heute mittag, bei dem eisigen Wind keinen Reis geben zu können. Wir sahen keinen Ausweg - noch 3 oder 4 Klötze lagen da. Wir sagten beide nicht viel. Wir wußten, daß auch die Lagerküche fast keines mehr besaß. Und doch, wie oft war uns aus größter Not geholfen worden.

Wir bereiteten unsern kalten 'Z'Nacht' (Nachtessen). Versorgten Elsbeth, die schon zehn Tage tief im Bett liegt.

Da fuhr draußen ein Lastwagen an - "Holz", schrieen wir beide. Vergessen war 'Z'Nacht' und Kummer. Den vier Männern wurden jedem ein Käsli in die Hand gedrückt, und wir beide machten uns mit Luis und Tino ans Hereintragen und Aufschichten. Als aller Segen drin war, waren wir heiß, müde und glücklich.

Dann ging's an die schriftliche Arbeit - nun ist's 1 Uhr. Im Camp ist es still, verstummt das Singen, verstummt alle Klagen. Alles Leid hat die Nacht eingehüllt, und doch ist es abends, wo einem oft Mutlosigkeit erfaßt. Mutlosigkeit, daß man so vielem Leid machtlos gegenübersteht. Alle Tage durch die Infirmerie gehen müssen, ohne zu helfen. Alle Tage bittende Augen. Oft kann ich abends, wenn wir zwei beisammen sitzen und beraten - nichts anderes, als die Arme auf den Tisch legen und weinen. Warum, ach warum all das???

Doch morgens, wenn die Sonne strahlend heraufkommt, am hellen unbeschreiblich schönen Himmel, geht man doch wieder mit neuer Kraft an die Arbeit.

1. Januar 1942

Froh und zuversichtlich hab ich es heute begonnen. Und gestern waren all unsere Spanier[27] bei uns und genossen es wieder einmal, in einer warmen Stube zu sitzen - sich satt zu essen. Eng wie die Heringe saßen wir im kleinen Büro, aber fröhlich waren alle Augen - und wie anders wär es ihnen allein in der Baracke zumute gewesen - muß es allen zumute sein.

Trotz Menschen waren meine Gedanken um 12 Uhr weit, weit weg. Gianni, ich weiß, Du denkst an mich - so, wie ich an Dich.

Herauf stiegen die lieben trauten Silvesterabende daheim bei Vater und Mutter. Doch fühlte ich mich nicht allein. Wie könnte ich es je sein, so ich alle Tage die Macht eines anderen spüre?

Gott schenke uns allen in diesem Jahr den Frieden.

Neujahrsmorgen - sonnig stieg er herauf. Aus der Schweiz waren die Spielzeugkisten angekommen. Das gab beim Öffnen der Kisten ein Kinderfest in der dritten Baracke. Welch ein Jubel, als jedes ein kleines Spielzeug bekam.

Sonnig fing der Tag an und wie trüb endete er. Bald ist's 2 Uhr nachts, und die Baracke ist leer. Elsbeths Zustand hat sich sehr verschlimmert, und wir mußten sie nach Perpignan in das Spital bringen lassen. Elsie fuhr mit - Gott, sei Du mit ihr - wir sind ja machtlos. Unheimlich still ist's - ich geh mit schwerem Herzen ins Bett, d.h. auf die zwei Bänke im Büro.

2. Januar 1942

Der Tag hat trüb begonnen. Allein - und in Sorge um Elsbeth. Ich brauch alle Kraft, um den Mut nicht sinken zu lassen.

Abends 11 Uhr 30. Gottlob - Elsbeth geht's eher besser. Also doch Diphtherie - die Arme.

---

[27] 25 Internierte, je zur Hälfte Juden und Spanier, arbeiteten für die Kinderhilfe. (M.F.-S.)

3. Januar 1942[28]
Warum, ach warum all dies Leid - da kommt ein Mädchen, sechzehnjährig, vor drei Wochen starb der Vater, vor zwei Tagen die Mutter - da steht es allein in der Welt. Es wurde mir vom Rabbiner Bloch zugeschickt. Wie ich es anschaue, die großen, schon so von Leid sprechenden Augen ins Leere gerichtet - kann ich nur mit Mühe die Tränen zurückhalten. Was kann ich tun? Ich geb ihm ein Päckchen Lebensmittel - aber was ist dies schon in einem solchen Leid? Ach Gott hilf Du - ich vermag es nicht.

7. Januar 1942
Elsie ist zurück aus Perpignan. Elsbeth hat die größte Gefahr überstanden. Gottlob - welch ein Glück. Ist sie ganz hergestellt, wird sie uns wohl für immer verlassen, denn sie ist doch sehr geschwächt. Gerade ihre schön begonnene Arbeit hat keine neue Arbeiterin gefunden.

Wir haben schlimmes Wetter - kalt - eisiger Wind - oder viel mehr Sturm. Wir haben schwere Arbeit mit unserem Reiswagen. Oft müssen wir stehenbleiben, uns vom Wind abdrehen, um recht atmen zu können.

Die beiden Ärzte sah man mit größter Mühe die Baracken erreichen - immer in einer Sturmpause einige Schritte machend. Ich sah Männer, die faktisch einen Schritt vorwärts und zwei rückwärts machten.

Unsere Schulkinder kamen wirklich halb angeflogen, besonders die Kleinen hatten keinen festen Stand mehr. Bei der Reisverteilung zog ich den Kleinsten noch die letzten Wollmützen über die blauen Ohren. Die letzten Wollschleifen und Pelze legte ich den kleinen Mädchen um - sie strahlten. Immer noch sieht man Kinder ohne Schuh und Strümpfe - unglaublich bei der Kälte.

8. Januar 1942
Es heult um die Baracken. Die ganze Nacht rüttelt's an meinem Fenster und fegt mir im Bett übers Gesicht. Ich brauche etwas Mut, bis ich dieses heute verlasse, um schlotternd in meine kalten Kleider zu fahren. Es ist direkt eine Strafe hier für die armen Menschen. Man sieht sie in Wolldecken eingemummt, die nötigen Gänge zu machen.

Auf die hochgebauten 'Freiluftcabinets' (Toiletten) zu gehen, ist direkt eine Anstrengung. Es gibt Leute, die nicht genug Kraft hatten, dort oben dem Wind zu widerstehen - verrücktes Campwetter.

---

[28] Siehe dazu Friedel Reiters Brief vom 3.1.1942, S. 125.

8. Januar 1942

Der Sturm dauert an. Die wenigen Menschen, die uns auf unseren Gängen begegnen, taumeln wie Betrunkene vorwärts. Wir haben eine große Baracke für unsere Schulkinder gemietet für den 4-Uhr-Reis. Wie viele kamen mit zerschlagenen Knien an, weil sie der Wind umgeworfen hatte, doch ist es rührend zu sehen, wie sich die Kleinen durch den Sturm kämpfen.

Ein Sechsjähriger, vom Wind an eine Barackenmauer gedrückt, Löffel und Eßgeschirr in den blaugefrorenen Händchen, versuchte vergebens eine Wolldecke über die Schultern zu ziehen, immer wieder entriß sie ihm der Wind. Schließlich trug ich ihn auf dem Buckel in seine Baracke.

10. Januar 1942

Stürmischer Tag - von 3 bis 4 Uhr war ich schnell im Foyer B, um die Wandzeichnungen fertig zu machen. Dann ging's in sausender Fahrt, im Rücken den Wind, mit Elsie nach Perpignan. Es dunkelte leicht - die Kälte brach herein. Doch uns war so leicht und froh zumute, wie Kindern auf der Schulreise. Das erste Mal, daß ich das Camp verließ. In Perpignan sagten wir schnell guten Abend bei Elsbeth - sie ist wieder die frohe, gleiche von früher. - Traurig, daß sie nicht mehr in unser Lager zurückkommt.

Das Hauptvergnügen (wie bin ich doch prosaisch geworden) war ein Bett ein richtiges, federndes Bett und ein Bad. Dann - komisch, all die Menschen zu sehen - in Mänteln und Hüten und richtigen Lederschuhen an den Füßen.

Die Rückfahrt war mühsam, mit Gegenwind. Merkwürdig, dennoch etwas wie ein Nachhausemüssen war in mir. Man verwünscht das ganze Camp, und doch ist einem schon so manches liebgeworden. Mein Ilôt J, meine Schulkinder, meine Mütter, meine kranken Frauen. Wie wir uns all die Tage durch den Sturm kämpften mit unserem Reis, spürte ich doch etwas von Zusammengehörigkeit. Wir frieren mit ihnen und sorgen mit ihnen. Sie stellen uns, wenn wir kommen, den Tisch am Ofen bereit. Nichts, gar nichts kann mich glücklicher machen, als ihre Liebe zu spüren. Wie unendlich viel reicher bin ich, als alle Kolleginnen mit dem höchsten Lohn.[29] Sie wissen, daß ich sie verstehe, wenn Campordnung, Gardiens *(Wächter)*, Ärzte, Infirmières *(Krankenschwestern)* und Ilôtchefs sie mit harten Anweisungen ermüden und quälen.

Wohl gibt's oft trübe Tage. In den Krankenbaracken frierende alte Menschen, mager, mit hungrigen Augen - oder schon aufgedunsen - entsetzlich.

---

[29] Die Mitarbeiter der Kinderhilfe erhielten keinen Lohn, außer etwas Taschengeld. Alle ihre Spesen wurden natürlich zuerst vom Kartell, dann vom Schweizerischen Roten Kreuz, Kinderhilfe, übernommen. (M.F.-S.)

Und viele mit dieser Gier im Blick, wenn sie den Reis sehen. Bei den Kleinen viel erfrorene Händchen und Füßchen - und wir sind hier - machtlos - Jammer und Elend ohne Ende. Alle Tage werden bei den Alten Betten frei - sie sterben dahin und andere nehmen ihre Plätze ein. Samstag hat man alle alten schwachen Männer, etwa 15 bis 20, aus dem Ilôt B in die Infirmerie gebracht. Was für Skelette hat's da wieder darunter.

Ich bin für zwei Tage allein und wurde gestern beinahe ins Gefängnis gesteckt - ich stellte einen Passierschein aus, für zwei Frauen zum Holzsuchen - zwei Gardiens, die anscheinend nicht zu tun hatten - brachten sie zum Polizeiposten - ich mußte auch antraben - und dann gab's Erörterungen - nun, ich sagte, ich hätte keine Zeit mehr und ging, die etwas verblüfft dreinschauenden Gardiens stehenlassend.

13. Januar 1942

Welche Freude, mein Foto(apparat) kam an, Fixativ und Farben - und - Schweizerschokolade.

Nicht denken - weitergehen, helfen, wo Not ist - und glauben an den Frieden.

14. Januar 1942

Draußen ist's weiß - Schnee, wie erinnert er mich an die Heimat, hab ich doch letzten Winter kein Flöckchen gesehen. Zum großen Glück hat die Kälte etwas nachgelassen.

Mein Bergfreund, er wird über die weißen Hänge unserer Berge fahren. Im Geist bin ich ja doch an seiner Seite.

16. Januar 1942

Die Krankenbaracken füllen sich. Sechs Männerbaracken - viele wurden wegen Schwäche gebracht. Mein altes Mütterchen, das mich jeden Morgen mit dankbaren und doch so hilfesuchenden Augen ansah, hat ausgelitten. Erst tat es mir leid, als ich das mich so stark an meine Mutter erinnernde Gesicht in seinem grauen Wollschal nicht mehr sah. Gleich aber mußte ich mir sagen, daß es allen gut geht, die diesem Elend enthoben werden.

Oft erfaßt mich ein Grauen, ob der Handlung der Menschen hier, die alle Ethik verlieren, die keine anderen Gedanken mehr haben als essen - diese Gier im Blick, und doch faßt mich bei ihrem Anblick ein tiefes Erbarmen - über ihre Verkommenheit.

Gestern war Elsbeths Mutter im Camp.

19. Januar 1942

In Toulouse traf ich alle unsere Mitarbeiter aus Lagern und teils aus Heimen.[30] Schön war das Beisammensein. Mir war ja alles neu, aber mich freute der warme Ton, und ich war gar nicht fremd. Maurice zeigte mir die Magazine, noch gut gefüllt mit all den Herrlichkeiten, die jeweilen zu uns kommen.[31] Am Samstag, wie ich von der Bahn komme, die rue du Taur suchend, taucht inmitten brauner, ungemütlicher Häuser die Fassade einer herrlichen gotischen Kirche auf. In mir steigt's herauf wie die Töne einer versunkenen Glocke - ich trat ein. Es ist nicht diese schöne romanische Bauart der Kirchen in Florenz, die ich so liebe, aber schön mit ihren in schlanken Bögen verlaufenden Säulen ist sie doch.

Der Zug führt mich anderntags zurück durch Reben, Reben, dem Meer entlang, bis Rivesaltes, wo mein Rad wartet - dort Regen - Dunkelheit. Ich finde mit Mühe den kleinen Holzsteg über den reißenden Fluß und von dort die Straße ins Lager. Vor mir leuchtet und flattert im Schein der Taschenlampe ein kleines Schweizer Fähnchen. Dann tauchen die Lichter des Lagers auf - da ist unsere Baracke - daheim. Morgen ist Montag, und ich freue mich auf die Arbeit.

22. Januar 1942

Hart ist der Winter - immer noch kalt. Mir scheint die Not steige von Tag zu Tag. Man sieht entsetzliche Hungererscheinungen - geschwollene Füße, Lippen und aufgetriebene Gesichter, und man weiß, daß das rasend schnell zum Ende führt. Es gibt nun acht neue Krankenbaracken. Aber was ist das für eine Hilfe an die dreißig Kräftezerfallenen, wenn man sie in Baracken legt, wo sie mehr der Kälte ausgesetzt sind, als in ihren Baracken, nur um einen halben Liter Milch, den sie mehr erhalten. Wir studieren - Elsie rechnet, wir helfen. So such ich mir heute die schlimmsten (Fälle) heraus, um ihnen zwei Portionen Reis zu geben. Vielleicht kann man doch wieder einigen über den Graben helfen.

Oft erscheint es mir Wahnsinn. Man kämpft gegen den Hunger, gegen das Elend, und überall werden Hunderte aufs neue elend, heimatlos, erfrieren. Was ist unsere Hilfe? Ein Tropfen auf einen heißen Stein. Mir ist bange, ich

---

30 Maurice Dubois organisierte wenigstens einmal im Jahr ein Treffen mit allen Mitarbeitern, um gemeinsam über alle Probleme zu sprechen. (M.F.-S.)

31 Die Direktion der Kinderhilfe befand sich in Toulouse, rue du Taur 71, wo sie in großen Räumlichkeiten auch ihre Magazine einrichten konnte. (M.F.-S.)

spüre, daß ich mich nicht diesen Grübeleien hingeben darf. Es ist ja ebenso unnütz, wie es die Kräfte lähmt. Also weiter, nicht zurückschauen.

24. Januar 1942

Und wieder wird es Abend und Morgen und wieder Abend - und jeder Tag ist voll Freude, voll Leid und voll Arbeit. Ich sah früh morgens schon glückliche Kinder, im Camion (Lastwagen) das Lager verlassend. Mütter, die sich tapfer hielten, als das Auto zwischen den grauen Baracken verschwand. Welch ein Weh, seine Kinder geben zu müssen, ihr Wachsen nicht überwachen dürfen. Aber hier im Lager gibt es ja nur eines. Die Kinder hungern lassen oder sich von ihnen trennen.[32] Zwei Stunden später holte ich das zwei Monate alte Zigeunerkindlein, das mager und ohne Mutter in der Infirmerie liegt. Ich gab ihm vor der Abreise noch die Flasche. Wie herrlich, wieder einmal so ein Kleines im Arm zu halten.[33]

Der Tag geht weiter - Verteilungen - Kranke, Hungernde, Leidende, Bittende, Dankende - alles kommt in die 12er Baracke.

Und die Sonne geht unter. Ich schließe die Türen, setze mich aufs Velo und fahre in den milden Abend hinein. Fern und blau grüßen die Berge - in der Weite verlaufen die Hügel. Merkwürdig, wie diese Höhenzüge mich festhalten. Gerne wäre ich vom Rad gestiegen und hätte mich an den Wegrand gesetzt. Doch hier steht immer Dringenderes. Nur schnell, wie ein Film zieht's an mir vorüber - Wandern, Berg, Heimat - Meer, Bläue, Winter - Italien - heiß steigt's in mir auf.

Vor mir steht ein Wächter, ruft sein "Halte!" Ich steige vom Rad - für dies muß ich mir Zeit nehmen. "Secours suisse, je peux passer?" ("Schweizerische Kinderhilfe, darf ich durch?") Weiter - Einzäunung, Ilôt - Einzäunung, Ilôt. Hier ist unser Foyer. Weiß leuchtet's in der Abendsonne mit rotkarierten Vorhängen. Drinnen warten schon die Buben, wir wollen ja singen. Sie freuen sich. Ich setze mich zu ihnen - vergessen ist eine Zeitlang Not und Klagen - auch Heimat und Sehnsucht. Ich bin ein Kind unter Kindern, wir singen und spielen und im Handumdrehen ist es 8 Uhr. Ich fahr heim durch die Nacht. Längst wieder voll neuer Eindrücke.

---

[32] Es war Elsie Ruth, die sich darum kümmerte, vom Chefarzt des Lagers die Befreiung für die Kinder zu erlangen, die dann in die verschiedenen Heime der Schweizerischen Kinderhilfe geschickt wurden. (M.F.-S.)

[33] Die Kleinkinder wurden entweder in die Pouponnière nach Banyuls geschickt oder in die Maternité, d.h. Entbindungsheim, nach Elne. (M.F.-S.)

26. Januar 1942. Montag.

Neue Woche. Sie fing nicht gut an. Immer wieder kommt man auf Betrügereien, immer wieder heißt es streng sein, seine Güte nicht mißbrauchen lassen.

Im Lager gehen wieder Gerüchte um. Das Militär läßt neue Stacheldrahtzäune setzen. Die Internierten müssen neue Fingerabdrücke machen lassen. Ob's doch eine Änderung gibt? Ach, wär's doch zum Guten. Man darf ja nicht so viel an sich selbst denken, aber die Sehnsucht ist doch stärker als sie je war. Wenn ich von einem Ilôt ins andere fahre, sehe ich in der Ferne das Meer - weit und blau. Die Wolken jagen über mich hin und fliegen zu Dir - Du - dessen Namen in meinem Herzen steht - unauslöschlich - den ich nicht vergessen kann - trotz Trennung, trotz Ferne, trotz Verschiedenheit der Sprache.

29. Januar 1942

Ich stehe unter unserer Barackentüre. Die Hügel verlaufen fern und blau - nur stückweise zwischen den Baracken sichtbar. Aus der 3er Baracke tönt Musik. Merkwürdig - Lager mit Musik - es versinkt das Elend - Not - Hunger. Ich bin mitten in der Sonne - Wärme - Bläue, Farben. Ich stehe unter den hohen Bäumen der Viale (Allee), die rauschend über uns zusammenschlagen. Frohe Menschen, buntes Volk - ein dunkles Gesicht neben mir - und Musik - Florenz... Ich höre den barschen Ton eines Wächters. Wütend reißt der Wind an den Hütten. Wir leben ja im Jahre 1942 - im Krieg - Not – Elend ...

Da steht mein Wagen - ich werde fortfahren, ausgehungerten Geschöpfen das Essen zu bringen, hoffnungslose Frauen trösten, dürftige Kinder kleiden, helfen, wo ich kann; aber in mir wird die Sonne, der strahlende, frohe Süden, die glückliche Zeit weiterleben und nie, nie kann das in mir getötet werden, so wenig wie die Hoffnung für alle unsere Unglücklichen, die dieselbe Erinnerung, dieselbe Sonnenzeit in sich tragen.

31. Januar 1942

Und wieder bin ich allein. Wie ich sie liebe, alle diese einsamen Abende. Um die Baracke ist ein Sturm. Hier drinnen ist's friedlich, wohltuend still nach einem gehetzten Tag. Meine Gedanken sind innig bei lieben Menschen - weit, weit weg.

1. Februar 1942

Abends - ich malte schwarzblaue Berge. Zackig ragen sie in einen klaren gelben Frühhimmel. Ich habe heute meine ganze Sehnsucht hineingemalt - die

Sehnsucht nach jenen Bergstunden - Cavadiras.[34] Wie herrlich, daß ich dies habe - ich würde sonst erdrückt.

Heute waren sie wieder einmal vollzählig in unserem Foyer – "los ninos de l'isolate K". Es war Kino heute angesagt. Dicht gedrängt, mit gespannten Gesichtern. Wie oft sah ich sie so alle beisammen, und jedesmal rührt es mir wieder ans Herz - frohe schuldlose Jugend, sonnenhungrig, fröhlich und erlebnishungrig - und müssen hier sein.

8. Februar 1942. Sonntag.

Es ruhen die Kessel und 'Schöpfen', die Herde und Kannen, die die ganze Woche in einem fort hin und her mit Reis und Suppe in Aktion sind. Mich dünkt, jeder Gegenstand strahlt 'Sonntag' aus. Jedes von uns beiden sitzt vertieft in seinem Büro - hat endlich einmal Zeit für 'Privatsachen'. Ich selber bin voller Eindrücke von unserer Fahrt zu unseren Zigeunern nach Barcarès.

Einmal losgelöst von allen Lagersorgen fuhren wir in Begleitung von 'Guigoz' los - unsere Baracke vertrauten wir 'Primus' an, dem kleinen.[35] Uns war froh zumute. Die Landschaft noch gelbbraun, zeigte doch schon Spuren von Frühling. Da ein grünes Wieschen, dort einige Immergrün, ein blühender Pfirsichbaum.

Wir durchfuhren ein malerisches Städtchen, und vor uns lag das Meer - blau - weit. Am Strand braune Schilfhütten, bunte Barken - jagende Wolken.

Im Dünensand nah am Meer liegen die schwarzen Holzhütten des Lagers.[36] Der Lagerchef empfängt uns freundlich. An eine Baracke gelehnt stehen zwei Zigeunerjungen. Gleich haben sie uns erkannt. Es kommen auch die anderen gelaufen, im Nu sind wir umringt - alle wollen sie uns die Hand schütteln - "des is awer scheen, Schwester, daß se uns z'bsuche chemme".[37] Eine ehrliche Freude ist auf allen Gesichtern. Gleich werden wir mit Fragen bestürmt über ihre Kleinen, in der Infirmerie zurückgelassenen. Wir berichten und versprechen, nach ihnen zu schauen. Die Kinder, etwa sechzig, dürfen ins 'Réfectoire' (Speisesaal) kommen. Wie wir eintreten, sitzen schon alle ordentlich an den Tischen - "Es Buurebüebli mani nit", ein Kleiner hat es angestimmt, und

[34] Eine Berghütte im Oberalpstockgebiet im Kanton Uri, wo Friedel Reiter vor ihrer Abreise nach Frankreich eine Wanderung unternahm. (M.F.-S.)

[35] Der älteste der jungen Hunde von Friedel Reiters Hündin 'Guigoz'. (M.F.-S).

[36] Das Lager Barcarès wurde im Februar 1939 mit extrem einfachen Mitteln für die spanischen Flüchtlinge hergestellt. (M.F.-S.)

[37] Die Zigeuner aus dem Elsaß sprachen einen dem Schweizerdeutsch sehr nahestehenden Dialekt. (M.F.-S.)

mit glänzenden Augen singen sie uns den ganzen in unserem Foyer in Rivesaltes gelernten Liederschatz. Dann dürfen sie ihr Tassli holen, und hinein gibt's, was jedem Lagerkind immer noch das Liebste ist: 'Halfa' (spanische Spezialität, eine Art Nougat) - sowie einige Datteln und Erdnüsse. Von einigen ganz waschechten Zigeunerfrauen werden wir fast erdrückt, so daß wir sie alle ins Freie setzen. Ein Flinker hat rasch zwei Nägel ausgerissen, mit seinem Löffel in den Türpfosten eingeschlagen, einen Draht gespannt, und die Tür ist verschlossen. Wir sind noch etwas lustig beisammen - versprechen, ihnen Papier, Bücher und Bleistifte zum Lernen zu schicken. Dann sehen wir uns noch ihre Behausungen inwendig an - zum Teil haben sie sich nett eingerichtet. Wir drücken alle die vielen braunen, großen und kleinen Hände und "uf Wiederseh". Dichtgedrängt stehen sie am Stacheldraht und winken, winken. Eigenes Volk - und auch sie mit dem gleichen Sehnen nach Freisein im Herzen. Einer alten Elsässerin rannen die Tränen herunter, als wir sangen "In der Heimat, in der Heimat, da gibt's ein Wiedersehn".

Froh im Herzen fuhren wir zurück. Werden sie auch viel verschupft (herumgeschubst, verstoßen), so haben sie doch von uns gespürt, daß wir sie nicht vergessen haben.

12. Februar 1942

Eines wünsch ich mir, den Tag zu erleben, wo all diese Menschen, die hier dahinvegetieren, wieder so leben können wie Menschen, daß das wieder in ihnen erwacht, was uns unterscheidet vom Tier - die Würde. Wenn ich jeden Morgen mit meinen beiden Gehilfen in den Krankenbaracken den Reis verteile, muß ich mich oft fragen - "Sind dies Menschen?" Waren es einmal Menschen? Mit einem anderen Wunsch, als nur nach Essen und Trinken in sich. War in diesen schmutzigen ausgemergelten Körpern mit bärtigen, durch gierigen Blick entstellten Gesichtern einmal das Verlangen nach einem Ideal? War in ihnen je einmal das Verlangen, das Gebot zu erfüllen - Du sollst Deinen Nächsten lieben?

Ich glaube es, aber es macht die Tatsache eines unmenschlichen Zerfalls nur noch tragischer. Besonders weil wir so wenig Möglichkeiten einer Besserung der Verhältnisse sehen.

Man nimmt die Leute aus ihren Baracken, wenn sie vor Schwäche nicht mehr stehen können, wenn sie vor Hunger aufgedunsene Gesichter haben. Heute fand ich einen mit blutiggeschlagenem Gesicht in den letzten Zügen. Gestern nacht vom starken Wind umgeworfen, blieb er einige Stunden unbemerkt liegen, unfähig sich selbst zu erheben. Neben ihm stand seine Frau. Sie beklagte sich nicht, sie erklärte mir nur, mit heißen Augen auf unseren vollen Reiskessel schauend, daß sie entsetzlichen Hunger habe - ihren vor Hunger sterbenden Mann erwähnte sie nicht.

Diese Zeichen geistigen Zerfalls erschrecken mich ebenso, wie die abgemagerten, fleischlosen Körper. Der Ton untereinander ist selten liebenswürdig. Jeder sieht im anderen einen Rivalen, der ihn um sein Essen betrügt. Wir selber erleben dasselbe, man versucht, uns einen Teller mehr Reis abzuschwindeln, wo man kann.

"Wenn Sie wüßten, wie sie erwartet werden", meinte letzthin einer, "wir lauern wie hungrige Wölfe auf jedes Öffnen der Tür morgens" - arme, arme Menschen.

Vieles such ich ja zu verstehen. Wenn sie in unordentliche Decken gehüllt sind, Läuse haben, monatelang ein- und dasselbe Hemd tragen, ihre Konservenbüchse (die als Teller dient) unausgewaschen ist. Es sind alles Zeichen völliger Gleichgültigkeit - bedingt durch andauernden Hunger.

13. Februar 1942

Welch ein Glück, daß man doch immer wieder glückliche Tage hat - Tage voll Arbeit - Tage, wo man für ein- und dasselbe fünfmal laufen muß, um dann doch zu erreichen, was man will.

Wie glücklich waren wir beide, als um 5 Uhr 30 die vier kleinen Coloniekinder im Auto verstaut waren. Daneben standen die Mütter. Sie gaben sich so Mühe, tapfer zu sein, während ihnen die Tränen über die Wangen liefen. Die Kleinen mit erstaunten Augen, nicht ganz im Bilde, was geschieht. Der Schlagbaum fällt zu, ein Winken, ein Rufen. Der Wagen verschwindet um die Ecke.

14. Februar 1942

Es muß doch Frühling werden. Juhui, wir gärtnern. Vor unserer Baracke und im not J soll's einen Garten geben. Noch war eine Steinwüste, als wir beide schon von großen gelben Rüben, leuchtendroten Tomaten, Salat und Blumen träumten. Herrlich muß das sein, in dieser grauen Wüste etwas wachsen zu sehen. Nun lassen wir um die Wette schaffen. Elsie hat einen Spanier als Arbeiter, ich einen Russen. Doch hab ich wenig Zutrauen zu dem mir das Blaue vom Himmel herunter versprechenden Mann. Mit den Spaniern fährt man doch immer am besten. Montag geh ich wieder frisch dahinter - jemand wird sich finden.

Eine Menge Spanier werden täglich liberiert (entlassen). Immer neue, die uns ihre Karten (Lebensmittelkarten) bringen, die kommen, Lebewohl zu sagen und zu danken. Wir lassen sie ja alle fröhlich ziehen, möge sie die wiedergewonnene Freiheit nicht enttäuschen.

Wenn ich so die vertrauten Gesichter im Quartier beim Transport unten sehe - mit Sack und Pack -, tut es mir doch jedes Mal leid. Etwas hat uns doch verbunden - Lagersorgen, Lagerleid. Wie oft standen, saßen sie in meinem Büro, wie oft saß ich bei ihnen in den Baracken, an ihren Kinderbettchen. Wie manchen Löffel Reis teilte ich ihnen aus - und nie war ich glücklicher, als wenn ich ihnen helfen konnte, raten konnte. Für ihre Kinder ein Plätzchen fand. Nie werde ich den kleinen Jose Ruiz vergessen. Jene Reise, Hals über Kopf, mit dem kleinen Todeskandidaten nach Elne. Die Mutter, die ihn nach Wochen nicht mehr erkannte, das runde, rosige Büblein. Sie kam zu uns – "0 Senorita, gracias, gracias, gracias, y corno estoy contenta!" Sie konnte sich kaum erholen. Wie waren wir dankbar, ihr zu einem gesunden Kindlein zu verhelfen. Nun wird sie schon in ihrer Heimat sein - möge die Zukunft fröhlicher für sie und ihr Kindlein sein.

14. Februar 1942

Schon Nacht ist's, als noch ein Lastwagen anfuhr. In einigen Sätzen waren wir draußen. Eine mächtige Tonne durfte ausgeladen werden - aber wie? - wenngleich wir auch gewohnt waren zuzupacken. Wir schickten nach unserem Herrn H. Doch bevor er ankam, waren einige flinke Spanier schon hinaufgeklettert, hoppla, hoppla, hoppla - unten war das Holzfaß. Übrigens sage und schreibe - drei herrlich echte Emmentalerkäse!

Der Anschnitt gestern gab ein Fest für unsere Mitarbeiter. Wie schön sind diese, gewöhnlich eine Stunde vorher improvisierten Feste. Das Menü war ein Stück Brot mit Käse, ein Apfel und eine Tasse Apfeltee. Wie immer kamen wir ins Singen - deutsch, spanisch, schwyzerdütsch, sogar hebräisch.

Erinnerungen stiegen in jedem herauf. Man spürte sie förmlich wieder Menschen werden. Einige neue Gesichter waren darunter und lange bei uns Mitschaffende waren verschwunden. Aller wurde gedacht, Raphaela, Frau Schwarzschild und Genterer. Am folgenden Tag sollte auch Arthur, Herrn H.'s Schreinerlehrling in eine Lehre gehen. Seine Backen glühen schon ganz vor Erwartung und Reisefieber. Man denke, nach zwei langen Jahren…

Sonntag. Schon um 10 Uhr stampfte es vor der Baracke. Die fünfzehn Buben (des Ilôt B) waren es. Wir wollten ja in die Infirmerie zum Singen. Trotz

Wind, Kälte und schlechter Kleider hatten sie den Weg gemacht. Es tut ihnen so gut, neben dem Nehmen, alle Tage auch zu lernen, für andere, noch Unglücklichere, etwas zu tun.

17. Februar 1942

Freude, Leid, Ärger - alles folgt rasend schnell aufeinander. Ich denke an den Sonntag. Welche Freude bei den Kindern bei der Filmvorstellung in der Kinderinfirmerie. Heute die Betrügereien in den Pouponnières. Wie leid, ja weh, tat es mir, hart zu sein und zu strafen. Ich verstehe, daß alle Hunger haben. Aber ich sehe auch, daß wir mit jedem Löffel Reis rechnen müssen, wollen wir durchhalten.

18. Februar 1942

Oft will ja einem wirklich der Mut sinken, man gibt, arbeitet von morgens bis abends und wird betrogen. Es war kein froher Tag mit all den Auseinandersetzungen heute - mit unserem Schreiner, in den wir alles Vertrauen gesetzt haben.

Heute ein Paket von daheim, noch Weihnachtsguetzli, daß es das noch gibt.

Dann kam unsere (neue) Schweizerhilfe. Ach, mir wird ganz bange, ob so jemandem Kompliziertem im Lager, und dann wenn Elsie geht. Mit aller Arbeit, aller Verantwortung. Nun, zu was...? Sicher geht's.

Wir haben wieder wahnsinnig kalt. Die Sterblichkeit steigt diese Woche ... Komitees kommen, Komitees gehen. Es soll organisiert werden, und bis es in Funktion ist, sterben die Leute. Heute sah ich mir so junge Leutchen an - achtzehnjährige, mit erschreckenden Körpern - auf den Wolldecken, in den Haaren wimmelt's - Läuse.[38]

Fritz Landmann, mein alter Kunde - achtzehnjährig. Jede Ästhetik, jeder Wille hat ihn verlassen. Was in ihm noch lebt, ist allein der Erhaltungstrieb, und den spürt man.

Heute kamen wieder viele, viele 'liberados' (entlassene spanische Internierte). Welch eine Freude. Jedesmal atmet man auf.

---

[38] Die hohe Todesrate - mehrere Hunderte Tote - führte die Hygienekommission des Comité de Nîmes, zu dem auch Maurice Dubois gehörte, dazu, im Januar 1942 den zuständigen Stellen mehrere Vorschläge zu machen. Die wichtigsten waren namentlich die Aufnahme der von Hunger Sterbenden ins Krankenrevier und eine erhöhte Nahrungsabgabe an sie. Bevor dies unternommen werden konnte, wurde in den Lagern eine große Untersuchung unternommen, um die verschiedenen Stadien der Unterernährung festzulegen. Friedel Reiter spricht wahrscheinlich von dieser Voruntersuchung; vgl. Anne Grynberg, Les Camps de la honte. Les internés juifs des camp français, 1939-1944, Paris 1991. (M.F.-S.)

Man spricht wieder einmal von großen Dingen. Die OSE[39] will etwas für die überhandnehmenden Hungerkranken unternehmen. Man spricht von einer eigenen Küche. Man stellt ein Menü auf, das man den schlimmsten Fällen geben will. Man erwähnt dieses und jenes, bloß ist die große Frage, wer will es machen. Wir sind ja Kinderhilfe und wollen es bleiben, und dann ist mir meine Arbeit zu wichtig und lieb, als daß ich sie aufgeben möchte. Also ist alles ein großes Fragezeichen.

20. Februar 1942

Man bittet uns dennoch, die Verpflegung von 200 Hungerkranken zu übernehmen, und wir haben zugesagt. Was uns dazu bewog, war wirklich die Not, denn wir sehen auch, daß diesen Menschen mit einer täglichen Ration Reis nicht geholfen ist. Wir haben nun eine Baracke mit - entsetzliches Wort - Todeskandidaten. An diesen wird experimentiert[40] von den hiesigen Ärzten, daß es einem an der Seele weh tut. Heute waren alle Ärzte bei uns. Nun, sie finden es nur nötig, an zwanzig eine richtige Mahlzeit zu geben. Die anderen sind nach ihrer Ansicht nur 'Abgemagerte'. Also solange sie nicht Todeskandidaten sind, braucht man nicht zu helfen. Wenn das nicht hirnverbrannt ist.

Wir suchen einen Ausweg. Das Einverständnis vom Lagerchef haben wir, so werden wir eben ohne die Zusage vom Lagerarzt handeln. Unsere Arbeit wird wachsen, und ich seh noch nirgends hinaus, und doch freu ich mich über die neue Aufgabe.

Übrigens bekommen meine Pouponnière-Frauen und -Kinder zweimal am Tage ihre Portion, ferner das Kinderrevier und die 'ansteckenden' Kranken.

20. Februar 1942

Endlich will es Frühling werden. Welch ein Glück. Vor den Baracken sieht man die Internierten sitzen, Männer mit bleichen eingefallenen Gesichtern. Die Frühlingssonne läßt alles noch im grelleren Licht erscheinen.

Mein Garten wächst. Heute kamen die Samen an - in zwei Kisten. Vor der Baracke hab ich Tomaten und Salat gesät. Welch unglaublich schönes Gefühl, etwas pflanzen zu dürfen - hier - in dieser Wüste, wo alles Leben erstickt wird.

---

[39] Eine jüdische Organisation, die sich vor allem um die jüdischen Kinder kümmerte, in den Lagern und auch außerhalb, in der Süd- und Nordzone. (M.F.-S.)

[40] Friedel Bohny-Reiter sagte mir in einem Gespräch, daß die in der Umgebung praktizierenden Ärzte die Kranken ausschließlich mit Vitaminspritzen pflegen wollten, ohne zusätzliche Nahrung. (M.F.-S.)

Hoher Besuch war heute hier mit dem Lagerchef - die Schwägerin der Königin von Schweden. Sie kam und fuhr im Taxi weg. Eine ¾ Stunde im Lager - was kann man da schon sehen?? In der gleichen Zeit kam unsere herrliche Sendung von Früchtebrot, Honig, Biscuits - was mir bei weitem wichtiger war. Als abgeladen war, hatten sie sich bereits von Elsie verabschiedet.

Brief von Emmy aus der Heimat. Es sprach zu mir von weit, weit zurück.

Wenn ich ihn lese - immer wieder lese - kommt mir alles Zurückgelassene wie im Paradies vor. Dort bin ich wirklich daheim? Ich hab eine so unglaublich schöne Heimat? Ein Zuhause? Und ich darf zurück?

21. Februar 1942[41]

Samstagabend - ein Tag voll Arbeit ist hinter uns, und man ist dankbar für den kommenden Sonntag. Dankbar für so manches, das sich geklärt hat - das in vergangenen Tagen wie eine dunkle Last auf uns lag. Das Lager will uns also seine Mittel geben, und mit diesen und den unseren zusammen übernehmen wir die Verpflegung der schlimmsten 75 Fälle der Hungerkranken. Wir haben alle Ärzte außer Acht gelassen und sind einfach eigenmächtig vorgegangen. Früh, bevor jemand im Wege war, sind wir mit Dr. Weil[42] die Baracken durchgegangen. Zuerst die Todeskandidaten. Am liebsten hätte ich ihnen heute schon etwas gebracht. Man sieht diese Skelette und fürchtet jeden Tag, es könnte ihr letzter sein. Man sieht diese Augen - groß in den Höhlen, in denen die Angst steht -, die Verzweiflung und in vielen schon die Teilnahmslosigkeit. Einige Junge heißen wir das Bett zu verlassen. Sie stehen auf mit schiefem, vorübergehängten Knochengestell. Ich spüre, wie es sich wieder zentnerschwer auf mich legen will. Nur handeln, schaffen. Elsie ist ja in all dem viel praktischer, tüchtiger.

Also Dienstag beginnt die neue Arbeit.

Auch die Sache mit H. (Schreinermeister Haberer) ist gelöst. Die Schreinerei wird heute geschlossen. Die Jungen schaffen mit in den Gärten. Ich bin so froh, daß meine Hilfe gut zu sein scheint - ungern nur hätte ich meine Arbeit sonst übergeben.

Fein, wir dürfen wieder fünf Frauen nach Elne schicken, zur Erholung. Ferner einen kleinen Gärtner in eine neu aufgemachte Colonie, eine Köchin und

---

[41] Siehe dazu Friedel Reiters Brief vom 21.2.1942, S. 128.

[42] Friedel Reiter hatte die Erlaubnis erhalten, zwei internierte Ärzte, einen Spanier und einen deutschen Juden, Dr. Weil, einzustellen, welche die an Mangelerscheinungen und Hungerödemen leidenden Kranken untersuchten. (M.F.-S.)

einen großen Gärtner mit zwei Kindern. Doch wieder ein Trüpplein, das in ein sonniges Leben hinaus darf.

23. Februar 1942. Montag.

Mühsame Tage. Unsere neue Arbeit für die Hungerkranken will nicht recht vorwärts. Die größten Hindernisse machen uns die Ärzte und damit, daß wir gerade da, wo es am nötigsten zu helfen wäre, nicht helfen dürfen - es ist die Baracke der Todeskandidaten. Die Ärzte haben ihre Experimente begonnen mit Medikamenten und wünschen, sie nicht aufzugeben. Daß sie Menschenleben riskieren, scheint sie nicht zu bedrücken. Für uns ist es nicht mehr zum Zusehen, besonders, da wir die Mittel und Wege zum Helfen hätten. Jeden Tag, der verloren ist, ist zu bedauern. Jede Stunde kann für den einen oder den anderen die letzte sein. Ich kann bald nicht mehr in die Baracke. Mich dünkt, mich treffen alles vorwurfsvolle Blicke - Anklagen "Warum helft ihr uns nicht? Warum laßt ihr uns verhungern?" Heute kam ein Brief, in dem uns einer die Bitte aller mitteilt, die Bitte, sich doch ihrer anzunehmen - nicht einfach geschehen zu lassen, was mit ihnen geschieht - Dinge, die sie nicht einmal verstehen. Es muß ja schon etwas grenzenlos Entsetzliches sein, hier zu liegen, kraftlos und machtlos, jedem Geschehen ausgesetzt. Man kann beobachten, daß die, die gezwungen sind, das Bett zu hüten, denen man die Kleider wegnimmt, viel schlimmer dran sind als die, die noch etwas arbeiten und sich regen - bei der gleichen Nahrung. Jede Tätigkeit des Organismus wird eingeschläfert. Doch wozu alle Details beschreiben - dieses Lagerleben - es ist einfach so etwas Hirnverbranntes - Sinnwidriges, und man darf nicht zu sehr darüber nachdenken.

27. Februar 1942

Den heutigen Tag mit all seinen Eindrücken, ich werde ihn nie vergessen können.

Gestern war ich noch spät in den Hungerkranken-Baracken, um ihnen die neue Verpflegungsänderung anzukünden. Das ganze Lager war wieder einmal ohne Licht. Es war schon gegen 9 Uhr. So sprach ich im Dunkeln zu ihnen. Die Reaktion war unvergeßlich: "Schwester, tausend, tausend Dank!" Wieder ist es die Schweizerhilfe, die rettend einspringt. Im fahlen, durch die kleinen Fenster dringenden Mondschein, sah ich die bleichen knochigen Gesichter, und ein tiefes Erbarmen mit diesen Menschen ergriff mich.

Heute war schon beizeiten ein Betrieb in unserer Baracke. Die Gamellen (Militär-Eßgeschirr) wurden gefüllt mit heißem Kaffee - Käse - Brot - und ein

Stück Zucker - in Kisten gepackt ging es ins J. Neugierig wie Kinder öffneten die Männer die Deckel der Eßgeschirre. 11 Uhr Mittagessen - Suppe mit Erbsenbrei, Spaghetti, Gemüse, Salat - ein Viertel Liter Wein. 4 Uhr - ein halber Liter Ovomaltine, Brot.

In der 13er Baracke war große Desinfektion. Die ganze Baracke, die Bettrahmen - alles ist mit einer Lösung gewaschen worden - alle Männer saßen draußen an der Sonne. Viele können ja kaum mehr aufrecht stehen und gehen. Bevor sie herein durften, mußten sie unter der offenen Tür alle Kleider ausziehen. Alles flog auf einen Haufen hinaus zur Desinfektion. Es war ein Bild des Jammers - diese entblößten Körper - Gerippe mit schlaffer, geschrumpfter Haut überzogen. Bei jedem hieß es: Arme hoch! Von vorn und von hinten wurden sie mit der Flittspritze bespritzt, und nachher konnten sie in harte papierne Schlafsäcke kriechen. Ein Glück, daß wir mit der heißen Ovomaltine kamen, das erwärmte die von Kälte Schlotternden.

Das Hauptfest war der Reis mit Konfitüre, abends, und dazu zwei Portionen. Trotz des Elends, das ich heute sah, bin ich aus tiefem Herzen dankbar, daß wir immer noch geben dürfen.

Für Elsie war's auch ein Freudentag - ihr seit langem erwartetes 'Müeti' (Mutter) kam.

Zum Schluß machten wir Kino im Foyer B. Die Jungen sangen, daß es eine Freude war. Nun ist's still geworden in der immer belebten Baracke und um diese herum.

7. März 1942

Die Tage fliegen. Jeder Tag bringt neue Arbeit, neue Sorgen. Ilôts B und F sollen geräumt werden. Wir werden unser schönes Foyer aufgeben müssen, so ziehen wir eben nach K um und werden für die Spanier und Israeliten nur noch ein Foyer haben.

Gestern waren Dr. Weil und Dr. Zimmer hier wegen der neuen Verteilung an weitere 600. Die Hungerkranken habe ich um 10 erhöht. Mehr kann ich für den Moment nicht nehmen.

Trübe, trübe Tage: unsere Unterernährten haben trotz täglichem Reis und Suppe nicht zugenommen. Es drückt, zu schaffen, schaffen und - ohne Erfolg. Freude erlebte ich wenigstens in der 13. Hungerkranken-Baracke. Alle bis auf zwei haben 500-1500 Gramm zugenommen. Die Gesichter sind frischer, das Interesse am Leben ist wieder erwacht. Nur um mein Sorgenkind Fritz Landmann bange ich noch. Ich sah gestern seine Mutter - "Glauben Sie, daß er es überstehen wird?" Ihre Augen hingen voll Angst an meinem Gesicht. Ich machte ihr Mut und schlug ihr vor, wie sie ihm als Mutter am ehesten helfen könnte. Mir schien doch, erleichtert ging sie davon. Die Männer sind mir alle wie Freunde geworden, wenn ich nur etwas mehr Zeit für sie hätte. Das war die einzige Freude heute.

Mein guter Müllner ist gestorben. Alle Nahrung, alle Ovomaltine konnte den Tod nicht aufhalten. Es tat mir im Herz drin weh, als ich ihn heute sah - schon mit verwirrten Sinnen. Seine Frau ist zu schwach, um aus der Maternité Elne zu kommen. Leid tut mir der kleine Junge.

Ach wann, wann wird dieses Elend einmal ein Ende nehmen?

13. März 1942

Frühling wird's, fast heiß schon brennt die Sonne. Die ausgehungerten Körper kann man in ihren Fähnchen herumspringen sehen, ohne daß es einem selbst dabei frieren muß. Man spürt die neue Hoffnung, die in allen keimt. Wir hatten heute Pech mit dem Wagen des Ilôt B. So fuhr ich um 4 Uhr abends noch schnell nach Rivesaltes - es war ein Erlebnis. Die Mandeln und Pfirsiche in Blüte. Die Wiesen, die grünen und ein herrlich, beglückend blauer Himmel. Ich kam an den Fluß. Ein alter Fährmann führte mich übers Wasser. Vergoldet waren die graugelben, schmutzigen Häuser und Gassen, aber noch greller beschienen; hungrige Hunde und schlechtaussehende Menschen.

Schwer beladen kam ich zurück zum Fluß, wo schon das wenig vertrauenerweckende Boot wartete. Am anderen Ufer endlich mein Brot, sechs Essigflaschen, Pneus, Leiter auf meinem Gepäckträger, und lagerwärts ging's. Zu beiden Seiten blühten die Mandeln, summten die Bienchen. Welch ein Glück, daß es das alles noch gibt. Fast könnte man es im Lager vergessen.

Das lag auch schon wieder vor mir. Ich sehe um mich das Leben - das Blühen, ich sehe vor mir das Lager - grau, freudlos - ein langsames Dahinsiechen der Menschen. Alles scheint mir plötzlich unwahrscheinlich - ist es überhaupt wahr, dieses ganze Elend? Doppelt schwer fällt mir alles auf die Seele.

13. März 1942. Abends.

Ich war auch noch im J - drei Sterbende, Verhungernde. Der eine mit entsetzlichem Blick, der andere schon verwirrt, der dritte - ein Deutscher - auf meine Frage "Wie geht's?", lächelt er - "Gut", sagt er. Sein Blick hat das Gierige verloren. Man spürt, die leiblichen Bedürfnisse spürt er nicht mehr.

Zwei Plätze in unseren Baracken sind zu ersetzen. Ich gehe mit Herrn D'Haro (spanischer Helfer) durch die Baracken. Entsetzlich alle die Blicke, gespannt, hoffend, bittend, auf mich gerichtet - wird sie mich nehmen? - Es kann sein oder nicht sein, Leben oder Tod für sie bedeuten. Furchtbar ist dieses Wählenmüssen.

15. März 1942

Bin ich es wirklich, die hier oben auf dem Felsen sitzt? Unter mir braust das Meer. Voll blühendem Ginster leuchten die steilen, felsigen Hänge - Gärten, in denen die Pfirsiche und Mimosen blühen. Dort unten ist Spanien. Jetzt fahren zu können und mit mir alle die, denen jenes sonnige Land gehört. Cerbère (franz. Ort an der spanischen Grenze), Port Vendres, Perpignan - mein Stahlrößlein mit dem getreuen zerfetzten Schweizerfähnchen wartet. Nochmals grüße ich die weite Bläue - das Meer - dann stellen sich Felsen davor. Heimzu geht's, Stunde um Stunde ist noch zu treten. Aber in mir ist es noch hell und warm von genossenen Schönheiten und Sonne. Hinter mir verschwindet der letzte blühende Baum - da ist auch das Lager. Ein festlich gedeckter Tisch wartet - da sind auch schon alle unsere Gehilfen. Es ist ja Elsies letzter Abend vor der großen Reise. Nochmals ertönen die alten vertrauten Lieder. Hoffentlich dürfen wir bald wieder so froh alle beisammen sein, vor allem wieder mit Elsie - und dann nicht mit diesem müden Gesicht. Sie wird mir sehr fehlen. Fast unheimlich still ist es in der Baracke. Doch wie bald sind vier Wochen um. Heute kam, wie aus weiter, weiter Ferne ein Brief von Anny und Albert (Freunde).

17. März 1942

Ilôt B zieht um. So obliegt mir dennoch die Sorge um unser Foyer. Nun, eine Lösung werde ich finden. Seit drei Wochen suchen wir nun Stacheldraht, so faßte ich mir ein Herz, ging zum Kommandanten, und siehe, er gab mir 1000 Meter.

Um 12 Uhr standen, wie aus dem Boden gewachsen, Maurice (Direktor der schweizerischen Rotkreuz-Kinderhilfe) und Ellen Dubois aus Toulouse hier. Grund - Hungerkranke. Ach, was das zu reden gibt. Vielleicht werden wir doch die 2000 aus dem Ilôt J vollständig übernehmen, dafür die Zusatzverteilung an K nicht. Das Ganze liegt ja wie eine Last auf mir. Doch hoffe ich, daß es gehe. Ellen und Maurices Besuch war mir wie eine Beruhigung. Nun sind sie weg. Elsie ist bald in der Schweiz - still ist es im Haus. Groß ist die Arbeit, doch Einer wird mir helfen, mag es noch so schwer werden.

18. März 1942

Heute gab's einen neuen Stacheldraht um den Garten. Ilôt B zieht um. Ich lief den ganzen Tag um Zimmer für unsere Hilfen. Das Atelier für Bastarbeiten haben wir umgezogen. Im Schneideratelier haben wir sie einquartiert. Morgen können wir das Foyer umziehen, hoffe ich - die Bibliothek und das Holz.

Die Tage sind unglaublich schön und warm. In der Rabatte der Baracke entlang hab ich Kapuziner gesteckt. Ob sie wohl zum Blühen kommen?

Meine größte Sorge sind augenblicklich die Ratten. Gestern haben wir eine Menge (Nahrungs-)Säcke gewechselt. Nun hat's schon wieder neue angefressene. Wenn ich ins Zimmer durch's Magazin gehe, spazieren sie ganz gemütlich auf den Säcken herum. Das Gift fressen sie längst nicht mehr. Ich muß eine Katze finden. Elsies Arbeit macht mir immer mehr Freude. Das Entlassen ist das Schönste, das es gibt. Morgen geht Elvira. Ferner Freitag ein Kind nach Banyuls, eine Frau und ein Kind nach Elne. Nach Montluel (Schweizerheim bei Lyon, eingerichtet von August Bohny) kann ich einen Gärtner mit zwei Kindern schicken,[43] ferner einen Gärtnergehilfen und eine Mutter mit vier Kindern. Sehr langweilig ist die Hungerkranken-Sache. Dr. Weil erscheint alle paar Tage, läßt eine neue Liste aufstellen von Frau Kohn und geht wieder. Die Leute, denen Hoffnung gemacht worden war, kommen, fragen und klagen, und ich kann sie nur mit schlechtem Gewissen trösten. Wie hasse ich dieses Vertrösten. Entweder es geschieht etwas, und zwar sofort, oder es geschieht eben nichts, weil es nie möglich ist, aber dieses ewige Aufschieben ist zum die Geduld verlieren. Und zu sehen, wie die Menschen von Tag zu Tag elender werden.

Elsie wird in der Schweiz sein, ob sie wohl auch ein wenig an uns denkt. Ich habe immer noch das Gefühl, ich sei der Sache nicht ganz gewachsen. Der Überblick fehlt mir, auch ist mir, ich sollte mehr bei den Verteilungen sein.

19. März 1942

Es ist wieder einmal 2 Uhr morgens. Ich bin müde, aber froh. Ich hab heute 34 Kinder für die Colonie gefunden sowie 10 für Patenschaften. Das gibt ja Arbeit, Arbeit, und erst, wenn es still um mich wird, fängt so die richtige Arbeit an. Wie viele werden wieder glücklich aus dem Lager ausziehen.

---

[43] Der Gärtner, Herr Ortiz, kam nach Rivesaltes nach einer langen Flucht, die ihn von Andalusien durch ganz Frankreich führte. Er verlor dabei seine Mutter, seine Frau und einen Sohn. Friedel Reiter konnte ihn und seine Tochter ins Heim von Montluel schicken, wo er seine zweite Frau kennenlernte, die Direktorin des Heimes, Heidi Stierlin. Die Tochter, Dolores Ortiz Favier, schrieb ein Buch über ihre Erinnerungen: 'Sentier sous les amandiers fleuris', Saint-Etienne 1988. (M.F.-S.)

Die Umzieherei ist sehr langweilig. In den Kinder- und Kleinkinderabteilungen sind sie wie die Heringe, so eng. Verrückt, das ganze Lager soll in drei Ilôts zusammengepfercht werden. Die Männer sind wieder hinter Stacheldraht. Es ist nicht zu glauben. Wozu all diese Quälereien dieser Menschen?

Albert schrieb heute. Seine Lage ist auch nicht rosig.

21. März 1942

Ich radle, radle - hinter mir das Lager. Vor mir die lange Straße - Perpignan. Ich wollte doch Schuhe für unsere Kinder kaufen, doch sind wieder einmal alle Läden geschlossen. Ich war schon wieder auf der Heimfahrt, als ich eine kleine Bude entdecke. Ein kleines Hutzelmännli verkauft mir zwanzig Paare. Beglückt über den lebensmittelkartenlosen Kauf steure ich Rivesaltes zu - 200 Zwiebelsetzlinge fand ich noch. Unsere Gärten machen Fortschritte. Der Ilôt-J-Garten hat einen Stacheldrahtzaun mit Türe.

Regen, Regen - durch alle Fugen dringt er wieder ein. Dreimal kommen wir wie nasse Mäuse von der Ilôt-J-Verteilung zurück. Unsere Hungerkranken bekommen heute Sauerkraut mit Kartoffelsalat. Es war ein Fest, - "Schwester, die letzten Kartoffeln aß ich vor 1½ Jahren in Deutschland!" Ich sah, wie in manchen Erinnerungen aufstiegen.

Bei strömendem Regen haben unsere 'Chicos' *(spanische Kinder)* die 400 Karten verteilt.[44] Es muß morgen angefangen werden. Die, die 0SE übernimmt, müssen noch warten - auf was und wie lange, weiß der Himmel.

Unsere Hungerkranken nehmen zu, daß es eine Freude ist. Bis zu zwei Kilo pro Woche - man sieht es ihnen aber auch an. Montag - neue Woche, neue Arbeit - ich hoffe, allerlei zu vollenden diese Woche.

24. März 1942

Unsere Verteilung läuft. Wohl nicht so, wie ich glaubte, aber ich konnte nicht mehr abwarten und habe mit diesen begonnen. Dr. Weil sagt, auf einen Tag kommt es nicht an. Mich dünkt jede Minute verloren, die wir die Mittel im Hause haben und nicht helfen.

Der Umzug geht nur langsam voran. Ich bleibe einfach im Ilôt B4 mit dem Foyer. Sie wollen mir keine Zimmer geben - gut -, so bleib ich, wo ich bin. Juhui - meine Erbsen wachsen, auch die Rüben. Welche Freude, etwas Grünen zu sehen.

---

[44] Zum Bezug einer Ration Nahrung mußte eine Karte vorgewiesen werden. (M.F.-S.)

In den Hungerkrankenbaracken hapert es wieder einmal. Sie wollen nun wieder wechseln. Wahrhaftig, sie haben die 'Umzugs-Krankheit'. Wenn es einmal glattgeht, haben sie keine Ruhe. So ging ich hin und erklärte dem Chefarzt, daß ich es nicht wünsche, daß man wechsle. Ich mußte lachen ob meiner Kühnheit, und doch konnten sie nichts erwidern, und somit bleibt alles beim alten.

Die Spanierkinder stürmen mir die Baracke. Grund - meine schönen Holzschuhe. Das Wetter war ja auch entsprechend und viele kamen nur mit nassen Lappen um die Füße. Zwanzig Paar hatte ich zu verschenken, und jeden Tag kommen zwanzig bis dreißig Kinder.

Wie manche Mutter wartet wieder hier - trostlos - wegen der Kinder trostlos - keine Nachricht von ihrem Mann zu haben - trostlos - kein Ende zu sehen.

25. März 1942

Nach grauen Tagen kommt die Sonne wieder. Es ist direkt beglückend. Mein Gärtner macht mir wirklich Freude. Jeden Tag geht's ein gutes Stück vorwärts. Heute gab's auch um den Ilôt-K-Garten einen Stachelzaun.

Zwanzig Kisten Spielwaren sind angekommen. Gestern bis spät sortierten wir Puppen, Autos, Hunde und hatten unsere kindliche Freude. Sobald die Umzieherei vorbei ist, geht's ans Verteilen. Ich freu mich auf das Fest. Den ganzen Morgen lief ich nach Zimmer, Foyer, Bibliothek. Erst beim Kommandanten erreichte ich, was ich wünschte.

Wie viel Grobheit, wie viel Bitteres muß jetzt wieder geschluckt werden von den Internierten. Im Ilôt B (ein Ilôt, wo die Juden konzentriert waren) werden allen die Kleider und Bettwäsche zum Desinfizieren weggenommen. In der Zeit müssen sie duschen. Erfolg - wer vorher keine Läuse hatte, kann sicher sein, jetzt welche zu erwischen. Unsere Hilfen drücken sich, wo sie können. Begreiflich. Unsere gute Frau Schwamm lebt im Foyer B in tausend Ängsten um unser Material. Es braucht ja auch immer genug Bestimmtheit, um seine Sachen zu behalten. Sie fallen mit der Tür ins Haus und nehmen von allem Beschlag. Die Ilôt-B-Leute müssen alle Strohsäcke abgeben. Bis sie ihnen ersetzt werden, können sie auf den leeren Drahtbetten schlafen.

Oft kann ich in eine solche Wut geraten, daß man die Menschen hier so behandelt, und mit welchem Recht?

Ich gehe spät noch ins Foyer K, um einzuräumen. Daß man wenigstens morgen die Verteilung dort machen kann. Ich freue mich aufs Einrichten, sicher gibt es wieder ein ganz nettes Foyer. So habe ich heute spät noch allein Kisten geschoben und Tische geschleppt. Fräulein M. - sie ist nett, und es geht gut -, bloß lebt sie so neben mir und interessiert sich wenig um die gesamte Arbeit. In die ganze Konfusion kam heute noch Fräulein D. hereingeschneit. Nun, Fräulein M. beschäftigte sich eingehend mit ihr, und ich war froh.

Wie oft, wenn ich nachts noch schaffe, denke ich an dich - Elsie - ich spür so recht, wie es dir gewesen sein muß, die erste Zeit, allein, nichts als Schwierigkeiten.

In dieser Hinsicht muß ich ja auch wieder von vorne anfangen - es gab manche Enttäuschung - auf den Büros, bei den Chefs. Viele abschlägige Antworten. Und doch gab's immer ein gutes Ende. Es ist doch so, ein guter Stern steht über unserer Baracke. Und all die kurzen Stoßseufzer vor einer Beamtentüre, zwischen der Arbeit - sie blieben nicht unerhört.

Ich glaube, ich habe drei Tage keinen Gedanken für Daheim gehabt. Nur heute morgen. Ich fuhr vom Ilôt B ins Ilôt A - in unbeschreiblicher Reinheit die Pyrenäen. Es ging wie eine Lichtwelle über mich ... "von den Bergen, von welchen dir Hilfe kommt...". So stark und groß ist dieses Empfinden, daß mir alle Last hier klein erscheint, und zuversichtlich erledigte ich alle Arbeit, alles Unangenehme - alles Kleine wie Große, und siehe, es wurde auch wieder Abend. Jedem, der fragend und bittend zu mir kam, ich fand ihm eine Antwort, und nun ist's wieder spät, und ich bin müde, müde.

Der größte Kummer sind mir die Ratten, die immer fleißiger erscheinen - ich muß eine Katze haben.

27. März 1942[45]

Arbeit - Arbeit - doch ist es nicht herrlich, dieses Schaffen und Durchstehen? Es wäre herrlich, wenn es nicht mit meiner Helferin oft so schwer wäre.[46] Sie fürchtet den Schmutz, sie fürchtet die Krankheit und ist, glaube ich, oft eifersüchtig auf meine Mütter und Kinder, die ich eben lieb habe.

Gestern war ich noch spät allein im Foyer K und habe nach Herzenslust Kisten geleert, nachher war mir leichter, viel, viel gibt's im Foyer K zu tun, aber schön wird es werden.

---

[45] Siehe dazu Friedel Reiters Brief vom 27.3.1942, S. 129; dies ist der letzte, hier abgedruckte Brief; das Tagebuch endet mit dem Eintrag vom 24.11.1942.

[46] Es handelte sich um eine Rotkreuz-Krankenschwester, die absolut alles sterilisierte, die Türgriffe nur mit einem Zipfel ihrer Schürze berührte und keine Kinder auf ihre Knie nahm. (M.F.-S.)

27. März 1942
Ich hatte Glück, einen Lastwagen vom Transport zu erwischen, so lud ich im Foyer B auf, was ich konnte und fuhr ins Ilôt K. Die Jungen halfen tapfer mit. Juan hämmerte und arbeitete mit Zement. Frau Schwamm machte die Innendekoration - Vorhänge, Bastlampenschirme. Heute abend soll die Bibliothek eingerichtet werden.

Ich hatte einen gefüllten Morgen mit 'Tanti' (Spitzname der Rotkreuzschwester, Fräulein M.). Ich füge mich und schweige. Ich kann keine Auseinandersetzungen mit Menschen in unserer Schweizerbaracke haben. Hier, wo alles in Frieden lebt. Elsie schrieb nur kurz und schickte mir neue Arbeit - Rapport - ach, lieber Himmel, es muß wohl sein.

Emmy, Milly - alle schreiben, und alle denken an unsere Unglücklichen. Und Frau Fagioli - ob ich nach Florenz für ihre zwei Kinder käme? Was, ach was antworten?

28. März 1942
Und wieder ist's Abend geworden – ein 'struber' (unruhiger), ein schöner Tag. Regen in Strömen - ich raste beständig zwischen Baracke 12 und 67 hin und her - dort arbeiteten die Schreiner. Enrique malt. Gestern hatte ich eine Blitzidee - ich malte das Foyer frisch, das heißt, ließ es malen. Um 5½ Uhr hatte ich den Einfall, um 6½ Uhr war ich zurück aus Rivesaltes. Um ein Käsli ließ sich eine Malersfrau bestechen, mir von dem raren Artikel Farbe zu geben, nach langen vorherigen Reden und Verweigerungen.

Heute wurde geschafft, daß es eine Freude war. Die Hilfen sind rührend. Alles tun sie mir zuliebe. Frau Schwamm fegt Tische und Bänke, und wie ich abends nochmals komme, ist alles fertig, alles sauber. Meine Leute strahlen, und ich mit ihnen. Morgen feiern wir Einweihung, und es soll Schweizer Spielwaren geben. Eines wünsche ich mir, Elsie wäre dabei.

Die Stimmung im Lager ist etwas trüb. Die Internierten in zwei Ilôts gepfercht, beklagen sich. Doch, was hilft's ihnen? Sie sind ja nicht freie Menschen, sie haben kein Recht. Der Kommandant hat heute für immer das Lager verlassen. Merkwürdig.

Meine Gedanken sind heute oft, oft weit über dem Meer.

29. März 1942
Palmsonntag - sonnig stieg er herauf, vergoldete die Baracken und grauen steinigen Wege. Kurz nur schweiften die Gedanken zurück, dann war ich schon wieder drin, in der Arbeit - Menüs - Hungerkranke. Ich sortierte die vielen

Spielsachen und ließ um 3 Uhr die Kinder kommen. Schon um 2 Uhr trippelte es vor der Baracke. Singend, zwei und zwei, füllten sie unser Foyer. Kaum konnten sie warten, bis ich zu Ende gesprochen, um ihre Spielzeuge zu bekommen. Sie können sittsam sein, verliert man aber einen Augenblick die Macht, so ist man verloren. Wie eine Horde stürzen sie alle auf die bunte Ausstellung. Ich schrie mich heiser und erreichte nur mit Mühe, daß sie in Reih und Glied standen und ordentlich kamen.

Sie können einem ja schon zu schaffen machen, und doch hab ich sie alle lieb - muß man sie nicht alle lieb haben? Es tut einem bloß leid, daß sie hier im Lager nichts lernen, als 'se débrouiller' (schlau zu sein), etwas zu erwischen, sei's zum Essen, sei's zum Anziehen.

Morgen geht auch für die Großen unser Foyer auf.

Morgens die Hungerkranken - abends die Teeleute.

In zwei Wochen kommt Elsie wieder, ich freu mich mächtig. Merkwürdig, die Arbeit übergeb ich nicht so ganz ohne Bedauern. Es ist ein großzügiges Schaffen, d.h. wenn man will und Ausdauer hat, kann man viel erreichen.

Nun soll noch die 13er Baracke außen schön werden - der Gartenhag - Stacheldraht. Dem Gemüseplatz noch eine dritte Ladung Mist. Die Baracke 12 inwendig weißeln. Oh, noch eine Menge hab ich vor. Kaum Zeit, an daheim zu denken. Wo ich wohl im Herbst bin? Ob wohl Friede sein wird? Ach, wär es doch. Trostlosigkeit erfaßt mich, denk ich an die Menschen hier, denn geht's noch einen Winter, ist unsere Arbeit umsonst gewesen. Sie werden nicht mehr durchhalten. Alle ziehen sie in langen endlosen Reihen an mir vorbei - ausgehungerte Gesichter - schlotternde Körper - geschwollene Glieder - Hunger in den Augen.

31. März 1942

Ich frage mich, was ich eigentlich heute getan habe - den ganzen Tag gelaufen - für Holzbeize, für Salz, für Wasser, das wir im Foyer K gerne hätten, für Farbe - dann kamen Miss Elms, Mrs. und Mr. Clellars (amerikanische Quäker) .

Eine Freude ist unser Foyer. Von den Schulkindern des Ilôt K kommen nur die Hälfte. Abends füllt sich das Foyer mit Kindern, die gern spielen möchten. So denke ich, morgen unsere Kästchen noch mehr mit Spielen füllen.

Die Schreiner schaffen tüchtig. Es ist eine Freude anzuordnen, und es wird gemacht. Morgen muß aber der Stacheldraht um den Garten entstehen.

Langsam kommt die Hitze, mit ihr vermehrt Wanzen und Ratten. In Küche und Haus geht's gut.

Unser Foyer ist in vollem Gang. Bloß kommen so viele, daß man nie alle eintreten lassen kann. Ich stelle Gutscheine aus, damit nur dreißig kommen können. Das Resultat war, daß die Ausgeschlossenen eine wahre Revolution machten. Sie rannten uns fast die Türe ein, warfen Steine und unsere schönen Vitrex-Fenster (Glasersatz) waren zerfetzt. Die arme Frau Schwamm war trostlos. Sie ist viel zu gut. Man muß hart sein mit den Spaniern, und heute muß ich die Rangen wohl strafen, so weh es mir tut. Viel Disziplin lernen sie ja nicht hier, so sollen sie es wenigstens bei uns lernen. Also heute keinen Reis.

Elsie schreibt aus Sonne und Schnee, die Glückliche. Wie froh ich mich für sie fühle.

Es ist direkt lachhaft, wenn es nicht im Grunde dennoch traurig wäre. Die Männer sind alle hinter Stacheldraht. Jeden Morgen fast heißt's - Ilôt blockiert - da stehen sie hinter den Drähten. Stundenlang. Bis es jemandem paßt, wieder zu öffnen. Oft erfaßt mich eine solche Wut, daß man diesen Menschen jedes Recht auf Freiheit nimmt, daß man mit ihnen ärger umgeht als mit Tieren.

Heute war wieder ein Gschärlein (kleine Schar) zum Frühstück vor der Fahrt in die Colonie hier, und alle Tage fahren Männer in die 'Compagnie de travailleurs'.[47]

3. April 1942

Da standen sie alle, die kleinen Sünder. Ich erzählte ihnen, daß, wenn sie so wenig denken, daß wir hier sind, ihnen zu helfen, sie uns alles kaputtmachen, in der Schweiz kein Mensch mehr etwas für sie zahlen wolle. Keiner sagte ein Wort. Mäuschenstill waren alle, um dann abzuziehen. Mir selbst tat's im Herzen weh, aber abends ging's fabelhaft. Es war eine Gruppe Mädchen. Mit Eifer flochten sie aus den farbigen Papierstreifen Girlandenblumen. Die Buben spielten Schwarzpeter. Die Kleinen malten. Ich war glücklich über den Erfolg. Bis tief in die Nacht hinein waren wir an unseren Spielkisten und zählten oder lasen. Um die Baracke tobten noch die Kinder. Zu gern hätten sie ihre Nasen hereingesteckt. Ich ließ sie zuerst meinen Hund suchen. In alle Richtungen zerstoben sie. Eine Weile war's still. Plötzlich ein Geschrei: "El perro, el perro!" (Der Hund, der Hund!) Fünfzehn standen vor der Tür. Sie erhielten ihre Schweizer Apfelschnitze und zogen endlich ab.

---

[47] Im Herbst 1940 wurden vom Vichy-Regime zahlreiche Gesetze erlassen, durch die man die Ausländer und die Juden aus der Gesellschaft stoßen wollte. So konnten unter anderem die ausländischen Arbeiter gezwungen werden, in 'Arbeiterkompanien' einzutreten. (M.F.-S.) Vgl. dazu Oskar Althausen in Wiehn, a.a.O. 1990, S. 358 ff.

Karfreitag

Ich gehe den steinigen Weg vom Ilôt K ins Ilôt A. Die Luft ist voll Sonne, Wärme, Frühling. Ich spüre den Druck des Elends, doch vor mir die Freiheit, die ich so sehr für meine Schützlinge erbitte. Weit vorn das Meer, blau, weit. Die Erde zwischen den Steinen, der - wo irgend möglich - etwas Grün entsprießt. Ich mag nicht weitergehen, es kommt eine solche Sehnsucht über mich nach Frieden, nach glücklichen Menschen, nach frohen Italientagen. Gibt es das wohl wieder einmal? Für alle hier? Früher denn je ist alles in der Frühlingssonne. Ich denke an unsere Schweizerkinder. Welch Vorrecht an grünumrandeten Bächlein, Blumen suchen zu dürfen, und doch ist's fabelhaft, daß die Lagerkinder mit ihren geschickten Händlein Buntheit hervorzaubern können. Ich bekam aus farbigen Papierfetzchen einen herrlichen Strauß. Sicher alles im Lager gefundene Papierchen.

"Senorita, hay...?" ("Fräulein, haben Sie...?") Wohl zwanzig Mal hab ich es heute schon gehört. Es ist ihnen allen etwas bang, ob es immer noch etwas gibt für sie.

Nun haben sie herausgefunden, daß ich für kleine Sträußchen Murmeln gebe. Alle Viertelstunde streckt mir ein Kleiner ein Sträußchen bunter Feldblümchen durch die Türe.

Über Mittag hatte ich geschlossen. Trotzdem sie an allen drei Türen ohne Erfolg geklopft hatten, begannen sie zu singen, mit großer Ausdauer, bis ich die Tür aufmachte.

Ich kenne sie immer besser, und wenn ich mit dem Rad an ihren Baracken vorbeifahre, tönt mir überall ihr fröhliches "Buenas, Senorita!" entgegen. Wie sind sie mir alle lieb geworden. Könnte ich ihnen doch mehr ersetzen von dem, was sie entbehren müssen.

7. April 1942

Es wird doch jedesmal wieder Abend, mag der Tag noch so wie ein Wirrwarr und voll Arbeit vor mir liegen, und für jedes Problem, für jede Aufgabe gab's jeweils doch eine Lösung. Schwer ist es für mich, wenn es im Haus nicht ganz klappt. In der Küche sind alle treu, bloß keines selbständig. Sorge machen mir die Jungen in der Schreinerei. Sie wachsen meinem jungen Schreiner über den Kopf, und die Arbeit geht nicht vorwärts. Einen ertappte ich beim Apfelschnitzschmausen. Es war der, auf den ich am meisten hielt. Ich strafte und kam mir sehr hart vor. Doch schien mir, daß sie alle verstanden und neuen guten Willen hatten.

Enrique bat um Verzeihung, einen entließ ich. Es fehlt diesen Jungen ja so viel - die Mutter, der Vater, seine starke Hand. Sie leben zusammen in Baracken mit Frauen, Kindern. Sie hören viel, was nicht für ihre Kinderohren ist.

8. April 1942
Ich höre fern, fern, Räderrollen eines Zuges. Was kann da nicht alles in einem heraufsteigen. Der Zug rattert durch die Nacht - Hitze - schwitzende Reisende, italienische Laute dringen ans Ohr. Wann war das? Weit, weit liegt's zurück.

9. April 1942
Ich denke an das ganze Elend dieses Tages. Das ist also der ganze Erfolg unserer Hungerkranken-Arbeit, daß wir die Männer gerettet haben, damit sie in Arbeitsgruppen abgeführt werden können. Vor jeder Baracke wird Halt gemacht. Sie nehmen die, die sich einigermaßen aufrechthalten können, ohne lang zu wählen. Alles von 16 bis 55 Jahren, auch Mädchen und Frauen. Wie geht man mit den Menschen um? Man sperrt sie drei Jahre lang ein, läßt sie leiden, um sie nun zum Frondienst abzuschleppen. Unsere Gehilfinnen waren entrüstet. Lieber zurück nach Spanien, erschossen werden, als in Arbeitsgruppen. Womit kann man sie trösten? Es war eine Mutter bei mir, ich fand keine Lösung für ihren Fall. Machtlos saß ich hinter meinem Tisch, während mir die Tränen herunterliefen. Wann wird dies ein Ende nehmen - warum all das?

Was mich noch hält, ist die Arbeit. Wir haben heute noch die Baracke geweißelt - nun ist es wieder 1 Uhr.

13. April 1942. Sonntag.
Während ich durch den strahlenden Tag hineinfahre - Kilometer um Kilometer - kommen die Gedanken mit klareren Umrissen, als drin in der Arbeit.

In Elne, gottlob, da steht sie, unsere Frauen- und Kinderklinik, sicher und schützend, in der grünen Fülle des keimenden Gartens. Vor dem Haus steht Maurice Dubois. Ich stelle mein Rad hin, und wir wandern hinauf zu der herrlichen Kathedrale. Alles erzählend und beratend wird mein Sorgenpäcklein etwas kleiner.

Menschen, die draußen hinter uns stehen, mit uns schaffen, wenn sie auch manchmal enttäuscht werden, sie sind uns eine große Hilfe. Noch einige frohe Stunden bei unseren Kindern, denen es gut geht. Und durch Frühlingswiesen und Äcker geht's wieder ins Lager.

15. April 1942
Im Lager hört man nichts anderes sprechen als von Kommission. Hart kommen sie wieder, um Frauen und Mädchen zu holen. Wir stehen hier, machtlos. Auf uns allen liegt ein Druck. Weil man nicht weiß, ist es ein Glück oder ein Unglück. Die Situation wird ja immer schlechter. Brot gibt's nur noch 200 Gramm, Milch für Alte und Kinder überhaupt keine, für Kranke einen halben Liter.

Gestern - Besuch eines Schweizers. Es gibt jedesmal einen Freudenblick, wenn wieder einer dasteht.

15. April 1942. Abends.

Und wenn die Welt voll Teufel wär
und wollt uns gar verschlingen,
so fürchten wir uns nicht so sehr,
Gott hilft,
es soll gelingen.
(Luther)

15. April 1942. Nachts.

Alles ist in großer Aufregung. Alle die Männer, Frauen, Mädchen, die fortkommen zum Landarbeiten. Es nützt kein Verstecken, sie werden alle gefunden. Unsere Jungen in der Schreinerei setzten sich in die leeren Olivenfässer, und als die Wächter kamen, war die Bude leer.

Es hat auch keine Art, die Wächter fallen in die Baracken, treiben die Leute zusammen wie eine Herde Vieh. Viele sind glücklich über die Lösung, endlich außerhalb der Stacheldrähte zu kommen. Ob das, was ihnen wartet, ihren Erwartungen entspricht, ist eine andere Frage. Viele freilich sagen - niemals - dann lieber erschossen werden - zurück nach Spanien. Bis jetzt ließ man unsere Leute in Ruhe.

Frau D'Haro (spanische Helferin) hat keine Nerven mehr. Ist es anders möglich, nach all den Schocks, die die Leute hinter sich haben? Morgen fahren auch viele aus unseren drei Baracken. Mir ist sehr schwer, denn mich dünkt, ich hätte noch mehr tun sollen, ihnen noch mehr sein sollen.

18. April 1942
Es wird doch immer wieder Abend. Die Franzosen verlieren immer mehr an Sympathie. Ihre Nachlässigkeit ist je länger, je unerträglicher. Für alle Entlassungen, für alles heißt es warten. Unsere Montluel-Leute (Personal für das

dortige Kinderheim) wären in einem halben Jahr noch hier, wenn ich nicht selbst von Büro zu Büro gelaufen wäre.

19. April 1942. Montag.
Ein so reiner neuer Morgen. Ich beginne meine Arbeit im Ilôt J wieder. 'S'Tanti' ist Samstag weggefahren.

Ich finde alle meine Mütter und Kinder wieder, ich beginne eine etwas mühsame Arbeit - mit der Aufnahme der Kleinkinder für Banyuls und Elne. Ich stoße auf unglaublich viel Widerstand. Die Mütter wollen sich nicht trennen von den Kindern. Ich brauche alle Künste, um ihnen zu erklären von der Unmöglichkeit des Aufenthaltes in der Sonnenhitze hier. Alle sprechen von Entlassungen, aber das kann Monate dauern.

Es muß ja bitter sein, seine Kinder zu geben, und doch finden wir keine andere Lösung.

Sonntag - Wir fuhren abends noch mit den Rädern über Land, hoffend, irgendwo auf einem Bauernhof eine längst erwünschte Katze zu finden. Wir gerieten in ein ganz wunderschönes Tälchen mit römischen Vasen und Schwertlilien, mauerüberwuchernden Rosen. Ach, ich konnte nichts denken als Florenz, mein Florenz. Das war vor einem Jahr. In der Ferne das Meer. Davor ein Streifen roter Dächer in harmonischem Einklang mit der blauen Ferne das Lager. Ist es möglich, daß in diesem kleinen roten Fleck soviel Elend, so viele Menschenschicksale verborgen sind? Ist es möglich, daß die Welt darum herum so unglaublich schön sein kann?

Wir fahren lagerwärts und finden dann doch noch unsere Katze auf einem Bauernhof.

Montag - Es verfolgt mich den ganzen Tag. Der Russe, gierig Spinatabfälle aus den Kehrichteimern ziehend, mit Erde und Wurzeln verschlingend - diese Augen, wie ein Tier - hungrig, die Züge deformiert.

25. April 1942
Graue, mühsame Tage. Immer Lager, immer Elend, Leid und Hunger, Schmutz und Verkommenheit, Unrecht und Betrug und kein Ausweg. Kein Lichtstrahl. Unsere Hungerkranken nehmen wohl zu, an Körpergewicht, das ist alles.

Es ist so entsetzlich, diese Härte in einem zu spüren, und man kommt nicht dagegen auf.

25. April 1942. Abends.
Meine fünfzig Coloniekinder können Donnerstag fahren. Ich freu mich wie ein Kind. Alle waren sie hier heute. Es tut auch gut zu spüren, daß die Mütter Zutrauen haben zu uns. Wie manche war beruhigt, als ich sagte, ich fahre mit.

Es gibt eine Menge Arbeit, aber es ist herrlich. Wohl unsere schönste Arbeit.

27. April 1942
Den ganzen Tag hatten wir Ärger und Kummer mit den Hungerkranken.

Ich schäme mich oft, weil ich mich oft selbst nicht mehr halten kann, und wenn mir jemand sein Elend klagt, ich selbst mitweinen muß, dabei sollten wir doch die Starken sein.

Heute abend hatte ich noch alle Mütter unserer Coloniekinder. Diese Vorfreude der Kinder steckt direkt an. Ich freue mich selbst mit wie ein Kind. Die Kinder zählen, noch drei Tage, noch dreimal schlafen.

Es war eine Freude, die mir wieder Kraft zur Arbeit für Wochen und Monate gibt.

Der Morgen unserer Abreise war grau verhangen, und doch strahlten die kleinen Gesichter vor Erwartungsfreude. Daneben standen die Mütter mit nassen Augen. Wer sollte es nicht verstehen, wenn das Liebste, das sie noch im Lager besaßen, auch von ihnen geht. Und doch muß das Lagerleben diesen Kleinen schon ganz bittere Erfahrungen gegeben haben, daß die Freude, es zu verlassen, den Trennungsschmerz von den Müttern überwiegt.

Der Lastwagen fährt gegen Rivesaltes. Kleiner und kleiner wird die Barakkenstadt. Ein Lied nach dem anderen sangen sie, irgendwie mußten sie ihrer Freude Luft machen. Dann kam eine lange, lange Reise mit Warten auf ungemütlichen Bahnhöfen in kalten Eisenbahnwagen.

Um ½1 Uhr fuhren wir in Lyon ein. Leid tat es mir, die kleinen Schläfer zu wecken. Doch es müßten keine Spanier sein, wie bald waren sie munter. Wir standen eine Stunde in einer kalten Bahnhofhalle, bis endlich unser Colonieleiter aus der Schweiz für uns eine Schlafgelegenheit fand. Zwei kalte Eisenbahnwagen nahmen uns auf. Die Nacht bis zum Morgen wird mit unvergeßlich bleiben. Ich verstaute die Kinder auf Bänken und Gepäckträgern, zudeckend mit allem, was ich auftreiben konnte. Da saßen und lagen sie, kleine Häufchen Elend, frierend und doch vor Müdigkeit gleich einschlafend. Ich pendelte beständig hin und her, da eines besser zudeckend, dort eines tröstend, das eisig war vor Kälte und nicht schlafen konnte. Und doch keine Klage. Immer waren sie sich bewußt, daß ihnen nach dieser mühsamen Reise eine neue

Sonne aufgehen müsse. Die Größten rückten eng zusammen und erzählten sich allerlei. Gegen 3 Uhr wurde eines nach dem anderen still, bis auch dem letzten die Augen zufielen. Durch die dunklen kalten Coupes tönte nur das tiefe Atmen 56 müder, an Ungemütlichkeit und Hetze gewöhnter Kinder. Durch das Wagenfenster schauten die Sterne, und eine große Zuversicht kam über mich. Die Liebe zu diesen kleinen Heimatlosen, ich konnte nicht anders als danken, daß ich sie herausnehmen durfte aus dem Elend, und bitten, daß ihnen eine sonnigere Zeit warte, daß sie etwas von dem sonnigen Kinderland spüren dürfen, auf das jedes Kind Berechtigung hätte. Es wurde Tag und brachte uns die Sonne. Gusti B.[48] erschien mit Milch und Schinkenbroten. Vor dem Bahnhof stand ein roter Autobus. Kein grauer Lager-Lastwagen. Montluel - immer wieder werde ich das große Eisenportal sehen, in das die Kinder wie in ein kleines Paradies traten, und ich höre Gusti (Bohny) sagen - "Jetzt gehört all das euch! Das ist euer Daheim, der Garten gehört euch!" - Und ich sehe 56 ungläubige Kinderaugenpaare. Im Haus wartete die Schweizer Schwester. Da waren unsere Spanierhilfen aus dem Lager. Groß war die Wiedersehensfreude der Senora Diaz mit ihren Kindern, des Gärtners mit seinen zwei Mädchen.

An drei langen Tischen saßen die Kinder und tranken die herrliche Schokolade, Gusti ließ die Größeren ins Freie, die Kleinen steckten wir ins Bett. Wohlig streckten sie sich in den weichen, weißen Betten aus und holten die schlaflosen Nachtstunden nach.

Ich ging mit Gusti durch das ganze Haus, durch den herrlichen Garten mit den alten hohen Bäumen. Wir standen still und lauschten den Vögeln. Ich war wie im Traum. Kann die Welt noch so schön sein? So friedlich? Ich dachte nicht an Lager und Elend, ich sah nur die Gegenwart, das Glück unserer Kinder und mit einem tiefen Dank im Herzen nahm ich Abschied von Montluel, von unseren Kindern und Hilfen, und in mir spürte ich wieder die Kraft und Notwendigkeit zum Helfen. Und auch, daß unsere kleinste Arbeit an diesen Kindern großen Sinn hat. Trotz allem.

2. Mai 1942

Die Ruhe, die grüne keimende Natur, sie übt eine große Beruhigung auf mich aus. Ich sehe und fühle, es gibt noch anderes als Lagerleid, Lagerungerechtigkeit. Das Herz, das schwach war von so viel gehörtem Leid, es ist so leicht empfänglich für eine herrliche sonnige Frühlingswelt. Ich denke zurück an die vergangenen Arbeitsmonate und sehe ein, daß ich manches hätte besser ma-

---

[48] Direktor der Colonie und zukünftiger Gatte von Friedel Reiter. (M.F.-S.) – Dazu August Bohny, Unvergessene Geschichten. Konstanz 2009; siehe Foto S. 144.

chen können, daß ich zu wenig auf *Den* vertraute, in dessen Hand wir trotzdem alle stehen, der immer wieder gutzumachen sucht, was wir Menschen in Blindheit schlecht machen, dessen Liebe dennoch in der Welt herrscht und dessen Liebe ich mehr hätte weitertragen sollen.

Ich denke an alle meine Lagermütter, an unsere Kinder. Ich muß sie noch viel, viel mehr liebhaben.

8. Mai 1942
Ich sitze hier oben im Kinderheim Chambon-sur-Lignon. Um mich sind Wälder, Wiesen, Friede, glückliche Menschen. Ich genieße jene Momente, ich trinke alle diese Schönheit. Die Sonnenstrahlen, die durchs Geäst der Tannen fallen.

9. Mai 1942
Was soll ich schreiben? Dies eine Wort, was birgt es? In mir ist es so beglückend hell, wie ich es nie kannte, und in mir ist es wie 'Heimkommen'.

Nie hätte ich geglaubt, daß ich in diesem gegenwärtigen Chaos zu einer solchen Ruhe kommen würde.

10. Mai 1942
Ich gehe - aber du gehst mit.

11. Mai 1942
Wieder Lager - es ist doch wie Heimkommen. Jede Baracke grüßt mich. Jeder Schutthaufen - Lager - der Ort des Leidens, der Sinnlosigkeit - und doch kehrte ich gern wieder zurück. Mein Herz ist so voll Dank für alles. Noch bin ich wie im Traum, noch muß ich mich erst gewöhnen an das Glücksgefühl. Daran, daß ich nicht mehr allein bin.

11. Mai 1942
Unsere Arbeit ändert sich. Wir haben wieder mehr mit Kindern zu tun. Die Hungerkranken-Baracken leeren sich. Die Verteilung hat ganz die OSE übernommen. Wir sind nun froh. Morgen verlassen uns Herr und Frau D'Haro und gehen in die Quäkercolonie Vernet-les-Bains. Wir sind ja glücklich, wenn eines ums andere der Heimatlosen ein Plätzchen findet.

15. Mai 1942
Es ist jetzt so unglaublich schön hier - der Himmel von einer Bläue, die fast gefährlich wirkt. Die Höhenzüge, die fern und blau verschwinden, und hier

stehen die Baracken, grau und fest, gebaut wie für die Ewigkeit. Nur ungern lassen sie ihre Insassen ziehen, und viele, in denen die blaue Ferne stärker war, als die Geduld auszuhalten, haben sie wieder aufgenommen.[49]

Gottlob, ich habe wieder die Freude und die Kraft, zu helfen und zuzuhören, auch zu trösten und lindern.

Wir haben ja die ganze Hungerkranken-Geschichte an die OSE übergeben und haben nun die Schulkinder. Zweimal morgens kommen sie zur Milch und abends zum Reis.

Hie und da haben wir jetzt abends doch etwas Zeit für unsere Kinder. Sie überschwemmen uns die Baracke mit Blumen, und wie gern lassen wir sie hier bei uns im Büro sitzen und plaudern. Was haben sie nicht alles zu erzählen - bis man ganz bestimmt "Gute Nacht" sagen muß.

Ich denke an die Kinder von Chambon. Was kann man nicht alles mit ihnen machen. Vielleicht bekomm ich doch nochmals ein solches Plätzchen. Was sie wohl macht, die große liebe Familie dort oben in der Ruhe der Wälder?

16. Mai 1942

Die Nächte sind heiß und lang - man erwartet mit Sehnsucht den kühlen Morgen. Es ist so gut, daß es immer wieder einen neuen Morgen gibt. Die Sonne steigt herauf, jeden Morgen golden, beglückend hell und gütig besonnt sie Würdige und Unwürdige.

16. Mai 1942

Noch seh ich sie, alle die gespannten Gesichtlein, entzückt oder entsetzt am 'Guignol' (französische Kasperlfigur) hängend. Wir gingen zusammen nach unserem Foyer. "Quièn viene? El Guignol!" (Wer kommt? Der Kasperli!) Das genügte. Schon lief's lachend aus allen Baracken, an uns hängten sich die Kleinsten. Auf Bänken und Simsen, bis zum hintersten Plätzchen standen und saßen sie.

Es war eine ganz bewegte Geschichte, die sich da vorn abspielte, und alle die Buben und Mädchen waren mit Leib und Seele dabei. Kann es etwas Schöneres geben, als so leuchtende Kinderaugen? Eines setzte sich keck auf meine Knie und legte zutraulich seine Ärmchen um meinen Hals. Sie wissen wohl nicht, daß sie uns mit ihrer Anhänglichkeit viel mehr geben, als wir ihnen, und daß sie glücklich zusehen, unsere tiefste Freude im Lager ist.

---

[49] Friedel Bohny-Reiter erzählte, daß viele ins Lager zurückkamen, weil sie draußen nicht überleben konnten - ohne Papiere, Lebensmittelkarten, usw. (M.F.-S.)

Die großen Mädchen nahmen wir mit heim. Rasch war in unserer Baracke etwas Platz gemacht, und zu den Melodien ihrer Heimat tanzten sie ihre leichten Tänze, einen nach dem anderen, sangen ihre Lieder - und wir unsere Schweizerlieder: Wie bald kannten sie den Refrain und sangen mit.

Langsam kam die Dämmerung durch die Barackenfenster. Niemand achtete es. Wir waren eine Familie, und alle waren wir fröhlich.

Weder Lager noch Baracke, weder Ilôt noch Réfectoire - keiner dieser Lagerbegriffe existierte. Ein kleines schwarzes Mädeli war auf meinen Knien eingeschlafen.

Noch lange sitzen wir beisammen, Elsbeth Kasser aus (dem Lager) Gurs, Elsie und ich, berichtend von Lagerarbeit und - leben, und alle sind wir einig, es gibt nicht leicht eine schönere Arbeit.[50]

18. Mai 1942

Es kommt wie ein Zwang über mich, und sogleich ist es wie eine Erlösung das Bedürfnis zu schreiben. Nach dem reichen Tag im Lager spüre ich, wie arm mein Geist geworden ist. Ich hungere nach jener Nahrung, die zu suchen ich hier ganz in den Hintergrund stellte.

17. Mai 1942. Brief an A. Bohny[51]

Ich habe mich so sehr über Deinen Montluel-Bericht gefreut. Vor allem, daß die Kinder durch Deinen Besuch einen Freudentag hatten.

Ein wenig sind es eben doch immer noch meine Kinder, und das Wohl und Weh der Montluel-Colonie wird für mich immer Interesse haben. Um so mehr freu ich mich, daß es auch etwas Deine Kinder werden. Wir können sie ja gar nicht genug lieb haben, denn nie werden wir ganz gut machen können, was die Menschheit an ihnen verschuldet hat und nie ganz alles erlebte Dunkle aus den jungen Gemütern wischen.

Weißt Du, Eure Franzosenkinder im Chambon konnten es noch eher wieder, dieses von sorglosem Herzen kommende Lachen.

Darum auch denk ich noch so gern an jene zwei frohen Tage und hoffe für alle unsere Lagerkinder, daß wenn die Zeit gekommen ist, auch sie das Frohsein wieder lernen.

---

[50] Vgl. in E.R. Wiehn, a.a.O. 1990, S. 567 ff. u. 573 ff.

[51] Dieser Brief und der folgende sind im Tagebuch niedergeschrieben wie die Tagesnotizen. Wir haben sie deshalb übernommen. (M.F.-S.)

Und die kleine Carmenita hast Du angenommen.[52] *Wieviel angenommene Kinder hast Du denn eigentlich schon? Aber ich freue mich ja nur über Dein weites Vaterherz.*

In unserem Lager war eine kleine musikalische Veranstaltung. Ich kehre in unsere stille Baracke zurück. Elsie ist in Nîmes, so bin ich allein, noch ganz voll Musik. Die Baracke, das Lager, alles nimmt eine andere Form für mich an, und es ist, als wüchsen mir wieder die Flügel. Alles Bedrückende, alles Erdenschwere fällt weg. Mir ist so beseligend zumute, wie als ich vor einem Jahr in Florenz vor Fra Angelicos Fresken stand. Ich weiß nicht, was es ist, dieses Gefühl, das stärker als Not und Elend ist, so daß man die Kraft spürt, gegen alles angehen zu können.

Vielleicht weißt Du es, Du konntest mir an jenem Abend so manches beim Namen nennen, wo ich die Worte nicht fand.

Daß ich Dich nicht länger (Akkordeon) spielen hören konnte bei Frau Romio, war schade.

Mit herzlichem Gruß
Deine Friedel

Wenn Dich mein Brief noch vor Deiner Schweizerfahrt erreicht, dann grüß sie mir nochmals. Ich kann vorläufig noch nicht weg. Ab Montag übernehme ich die Säuglingsabteilung des Lagers und ziehe ins Ilôt J über (Kranken- und Kinder-Ilôt). Elsie arbeitet weiter - Schulkinder und Unterernährte - ich Kleinkinder, Kranke und Alte.

Herzlich Friedel

20. Mai 1942. Brief an A. Bohny

Ich gehe zurück bis dort, wo Du für mich im Bahnhof Chambon verschwandest und mein Zug mich ins Dunkle führte. Es war ja wirklich die Dunkelheit für mich damals. Du bliebst zurück, und ich wehrte mich mit aller Kraft gegen das Einsamkeitsgefühl, das stärker in mir war, als je zuvor. Erst jetzt spürte ich das Schöne und Wertvolle jener Stunden mit Dir, und wenn ich noch so oft in meinem Leben gehen mußte, wo ich gern geblieben wäre, so habe ich es doch noch nicht ganz gelernt, das leicht

[52] Gusti Bohny hatte das Mädchen nicht legal adoptiert, aber kümmerte sich besonders um sein Wohlergehen. Es war mit seinem Bruder aus dem Lager gekommen, wo die beiden sich ohne Eltern befanden. Carmenita war erst vier Jahre alt; damit sie in Begleitung ihres Bruders nach Montluel konnte, hatte Friedel aus ihr ein sechsjähriges Mädchen gemacht, d.h. das Geburtsdatum falsch angegeben. (M.F.-S.)

über etwas Hinweggehen. Und gerade diesmal, wo es für mich ein Erleben tiefer als manche Male war und ich es längst aufgegeben hatte, jemand geistig Verwandtem zu begegnen.

Hätt ich Dich früher gekannt, es wäre vielleicht manches weniger bitter gewesen, aber vielleicht muß es auch so sein, daß wir um so manche Erkenntnis allein kämpfen müssen, um zu der erlebten Wahrheit zu gelangen.

Eines ist sicher, daß ich seit meinem Chambon-Aufenthalt wieder mehr in mich schaue und so auch die Umgebung wieder mit anderen Augen sehe. Es war ja nötig, denn wie leicht kommt man in eine enge Bahn, schaut weder rechts noch links, sondern geradeaus, einer Idee nach, die man sich selbst gebildet hat.

Ich wünsche Dir eines, daß jenes Gefühl der Leere, das auch Du empfandest, nun ausgefüllt ist, Gedanken hin- und herzuschicken und auszutauschen. Ich weiß nicht, wie es Dir ging, aber anderntags auf der Weiterfahrt warst Du wieder für mich da, und ich spürte Deine Gedanken und seither noch manches Mal. Vielleicht ist uns der Zufall wieder einmal günstig, und wir können über all das reden, was sich in der Zeit gestaut hat.

Mit herzlichem Gruß
Deine Friedel

31. Mai 1942

Da sitze ich im Spital von Perpignan. Im Lager wartet Arbeit, aber hier liegt diese Frau so hilflos, daß man trotzdem Mitleid mit ihr haben muß, obschon wir gestern ernstlich böse waren. Man kommt aus der Schweiz, um diesen armen Menschen hier zu helfen, wird selber krank, und da wir beide (Elsie Ruth und Friedel Reiter) im Lager die Verantwortung für sie nicht auf uns nehmen können, müssen wir sie hierher bringen.

Tränen, Szenen - sie will nicht fort. Es kostet uns alle Geduld, und letzten Endes geht es mit Gewalt. Nach neuen Tränenströmen wollen wir uns von ihr verabschieden. Unser Taxi ist noch nicht abgefahren, als uns gemeldet wird, unser Patient habe sich geflüchtet. Wir finden sie im Park im Nachthemd und Pantoffeln. Wir beginnen entsetzt, an ihrer geistigen Klarheit zu zweifeln. Mit Mühe bringen wir sie in ihr Bett zurück. Neue Szenen. Elsie geht, ich bleibe. Herrschaft, daß es noch solche Menschen gibt, - so kindische. Und diese fahren ins Interniertenlager, um anderen zu helfen. Jammern vor Hunger, weil sie einen Tag nichts gegessen haben.

Nun Schluß mit dieser wirklich blöden Geschichte. Ich warte mit Ungeduld, bis ich ins Lager zurück kann.

Weiß ich doch, Elsie hat Arbeit über Arbeit. Hundert Gedanken gehen mir durch den Kopf. Komisch, wie außerhalb des Lagers alles eine andere Perspektive annimmt.

Vor dem Spitalfenster wiegen sich Mimosenbäumchen im Winde. In feinem Rhythmus schwingen die feinen Zweige im klaren Himmelsblau. Es kommt mir die ganze unermeßliche Schönheit einer ganzen Welt zum Bewußtsein - so groß steht das vor mir, so reich macht mich dieses Wissen, daß es wie ein unverlierbares Glück durch mich geht. An was für anderen Ballast hängen wir so oft unser Herz, an Unnützigkeiten, an unberechenbare Menschen. Und doch, wir haben den Wunsch in uns nach einem sicheren Pol zu suchen, etwas, das unveränderlich besteht. Die Menschen enttäuschen uns immer wieder, eben darum, weil sie sich ändern, und doch suchen wir sie immer wieder, nehmen die glücklichen Stunden, die daraus erwachsen, auf uns und müssen immer wieder aufs Neue die darauffolgenden Enttäuschungen tragen.

Heute Nacht im Traum, wo war ich bloß? Da war Chambon, da waren Gusti und seine Kinder, wie merkwürdig und schön war das.

31. Mai 1942

Und wie ich heimkam, war ein Brief von ihm da, also auch er erlebt in der Arbeit Undank, Enttäuschung, daß es doch nie ohne das gehen kann.

31. Mai 1942

Heute flogen wir mit den Rädern ans Meer. Herrlich war's. Hinter uns die Baracken, vor uns die Weite, die Bläue, das Meer.

Die Woche darauf - Arbeit, herrliche Arbeit. Wir können für alle Lagerkinder Paten annehmen.[53] Von morgens bis abends steht eine kleine Schlange vor unseren Bürotüren.

Schon am Morgen um ½7 Uhr rücken sie an. Am Samstag machten wir die Verteilung der ersten hundert Paten-Pakete. Das war ein Jubel.

Freitag stehen plötzlich Maurice und Ellen (Dubois) in der Baracke. Es ist immer für uns ein Fest. Wie fester, zuversichtlicher steht man nachher wieder in der Arbeit. Das Resultat ihres Besuches ist, daß - ach, mir fällt's wie ein Stein aufs Herz - Elsie soll das Patenschaftsbüro in Toulouse übernehmen und ich Elsies Arbeit hier im Lager. Werde ich überhaupt im Stande sein?

---

[53] Schweizerinnen und Schweizer stellten sich für Lagerkinder als sogenannte 'Paten' zur Verfügung und bezahlten einen Betrag für ein Lebensmittelpaket für jeweils ein Kind. (F.B.-R.)

Für Elsie tut es mir eigentlich auch leid. Wie wird sie, die Freie, immer das Bürositzen ertragen?

Unser schönes Zusammenleben, es soll zu Ende sein. Doch bei dem Gedanken dürfen wir nicht stillstehen. Wir sind hier für die Arbeit und nicht für uns. Also, mit Mut dahinter.

Ich werde schaffen, schaffen und darauf freue ich mich. Noch kann ich den Gedanken nicht fassen, daß Elsie einmal für immer gehen soll. Freitagabend - in unserer Stube gibt's einen gemütlichen Abend. Wir singen unsere lieben Schweizerlieder.

Ein herrlicher Morgen steigt anderntags herauf. Maurice schlägt mir vor, noch Ferien in der Schweiz zu machen. Es kommt alles so rasch. Dreimal fahre ich samstags auf die Präfektur, abends um 6 Uhr hab ich mein Visum. Noch ein Sonntag der Arbeit, dann geht's gegen Rivesaltes. Noch kann man die Baracken sehen. Merkwürdig, wie sie grüßen - ihr grauen Stätten des Leidens, werd ich euch je vergessen können? Am Ende muß ich euch doch noch lieben, ihr, die ihr dennoch Schutz den Gehetzten bietet.

Nun zieht doch übermächtig die Freude in mir ein.

10. Juni 1942

Kilchberg - daheim. Mir ist ganz komisch zumute. Daß es das alles noch gibt. Abgesehen vom Materiellen, solche Menschen, glücklich, frohe Gesichter. Kinder, deren Augen so sorglos und froh blicken, die nichts wissen von Haß, von Ungerechtigkeit und Kummer. Diese Kinder zu sehen, es tut mir wohl und zu wissen, daß es das noch gibt. Und es schmerzt mich zugleich, denke ich an unsere Lagerkinder. An mich persönlich mag ich gar nicht denken. In mir ist es einsam, einsamer denn je. Was will ich eigentlich hier. Ich glaube, ich pakke bald mein Bündelchen und gehe in die Berge. Ich weiß, daß ich undankbar bin, denn alle sind sie lieb zu mir, aber warum sind sie mir alle bloß so fremd?

Ach, bloß wieder arbeiten können, vergessen. Gusti - er ist mir mit Elsie noch der Nächste, und doch ist er auch weit, weit, weit weg.

11. Juni 1942

Warum sträube ich mich so gegen die Einsamkeit? Warum sich wehren gegen das, was uns heilsam sein soll? Ich wählte es ja selbst und jetzt? Warum werde ich klein und schwach? Statt zu schöpfen aus der Tiefe und der Kraft, die einem die Einsamkeit bietet?

12. Juni 1942

Ich verlebe herrliche Stunden in meiner Bude. Wie könnte es anders sein als herrlich, wo es nach Terpentinöl riecht und Farbe. Meine Spanierin erhielt zwar ein ungewollt schmerzverzerrtes Gesicht. Ich weiß nicht, ob alles so in mich hineingegangen ist, daß meine Bilder einfach alle schwer werden? Aber es ist trotzdem wie eine Erlösung, malen zu können, mich in Bilder, Farben, Formen zu vertiefen. Ich schaue die Madonnenbilder Leonardos, Michelangelos - welch wohltuender Friede, welche Harmonie in den Zügen. Diese Art Menschen, sie werden heute nicht mehr geboren.

Nun ich mich wieder gefunden habe, ist es wieder schön. Die Einsamkeit, sie ist mir nicht mehr Qual. Ich bin ihr dankbar. Ich fühle die Kraft, die von ihr ausgeht. Warum lauf ich immer wieder zu den Menschen? Warum such ich, wo es nichts zu finden gibt? Nach einem langen herrlichen Regentag weicht das graue dichte Gewölk, und ich habe meinen blauen Zürichseehimmel. Ich las heute beim Morgengrauen Platons 'Gastmahl'.

23. Juni 1942

Und wieder Rivesaltes. Als schönste Erinnerung nahm ich die Sustenpaßwanderung mit über die Grenze. Dann konnte ich ja den Tag der Abreise kaum erwarten - um - dann doch einen Tag zu spät nach Montluel zu kommen.

Ein wenig mit Herzklopfen traf ich den so gut bekannten Monluelgarten. Da stand das liebe große Haus. Durch die mächtigen Bäume tönten Kinderstimmen. Da kamen sie auch schon, die Kinder - Gusti - da waren all die anderen lieben Bekannten aus Colonien und Lagern. In mir ging die Sonne auf. Ich war wieder daheim - Arbeit und bei den Kindern - mit Elsie.

Nun sind wir wieder im Lager. Heiß brennt die Sonne. Elend erscheinen mir die Menschen. Aber wie ein schöner Traum leben noch die Tage unter den alten hohen Bäumen Montluels. Und von ihnen, von den dort vereinigten Menschen geht eine Kraft aus, die anspornt und froh macht. Nur in kurzen Momenten geht ein großes Heimweh durch mich, daß ich glaube, nie davon frei werden zu können, und ich könne das lange Alleinsein nicht ertragen, aber Gott sei Dank, da ist wieder die Arbeit - und genug.

Im Lager ist es drückend heiß. Die Wanzen- und Mückenplage läßt einen nächtelang ohne Schlaf. Ich sollte ja noch arbeiten. Ich sitze hier im Büro, die Kleider kleben mir am Leib, und wenn ich zehn Minuten geschrieben habe, schlafe ich ein. Die Kinder kommen mit tropfenden Gesichtchen, roten Köpfen und haben eine halbe Stunde länger, um ihren Reis zu essen.

Ich war zum ersten Mal heute im Ilôt J und spürte so recht, wie das Elend wieder beginnt. Die Kinder voll Fliegen. Doch werden viele entlassen. Man spricht, daß (die Internierten von) Gurs hierher kommen soll(en).

Oft in der Arbeit, in Hitze und Sorge durchfährt es mich wie ein Glücksstrom. Haben wir nicht die Schönste aller Arbeiten?

24. Juni 1942

Ich kann noch nicht schlafen. Erstens wegen der ganz verrückten Hitze und dann, daß Elsie bei uns im Lager bleibt. Ob wohl jemand ermessen kann, was das mir bedeutet? Den ganzen Tag lag es wie ein Druck auf mir und nun heute dieser Bericht. Erst nach und nach konnten wir uns an diesen Gedanken gewöhnen. Und wie wir heute abend zusammen durch die Gegend fuhren, da brach voll und ganz die Freude durch. Wir machten neue Pläne. Im Garten wird angepflanzt - im Großen. Alles ist herrlich, leben, schaffen, helfen. Und wenn ich morgen erst nach Chambon darf? So nun Schluß mit dieser Schreiberei. Es hat mich wirklich ganz aus der Bahn geworfen oder in die Bahn geworfen? Ich weiß es nicht. Auf alle Fälle will ich arbeiten und vernünftig sein. Lächerlich, als ob ich je vernünftig werden könnte.

30. Juni 1942

Nun endlich wieder Arbeit, regelmäßiges Schaffen. Allerdings nach herrlichen Tagen. Gestern mit all unseren Hilfen am Meer. Heute ist Elsie in Elne, dann kommt morgen noch Maurice. Aus meiner Freude, um wieder mal tüchtig und nur allein für unsere Lagerleute da zu sein, ist wieder nichts geworden. So voll Freude war ich gestern. Ich suchte Leute für Entlassungen, acht Kinder fand ich für nach Elne. Da tauchte Elsie auf, mit einem Kummergesicht. In Elne geht es nicht. Du mußt hin. Kranke Kinder, im Haus gespannte Stimmung. Ich sträube mich. Herrschaft, daß es das unter uns Schweizern hier noch gibt. Haben wir nicht Gescheiteres zu tun, als uns gegenseitig mit Kleinigkeiten zu quälen? Am anderen Morgen sitze ich dann doch auf dem Rad, und nun pflege ich den kleinen Todkranken. Hoffentlich kann ich hier ein klein wenig nützen und helfen.

3. Juli 1942. Elne

Rein und blau, so beglückend blau hebt sich der Canigou aus der fruchtbaren grünen Ebene, diese in die Höhe ragenden Gipfel. Wie viel Kraft kommt einem von ihnen. Hier inmitten so viel unendlicher Schönheit arbeiten zu dürfen, ist wie ein Geschenk für mich. Die Gedanken gehen einen Moment zurück ins Lager - vor einer Woche.

4. Juli 1942. Elne
Der neue Tag fängt an zu grauen. Noch lebt in mir das Geschehen der Nacht. Das Kindlein, das ich zur Welt kommen sah. Wie oft war ich dabei, und noch nie war mir alles so groß.

5. Juli 1942. Elne
Es gibt nichts Beglückenderes im Leben, als wenn man dort angelangt ist, daß man spürt - "nichts wie ich will, sondern wie Du" - gleichsam seinen Willen nicht aufgeben, sondern übergeben und von da an, wo wir ihn übergeben, kommt doppelte Kraft auf uns zurück - die Kraft des Einen, des Beständigen, des Ganzen.

In mir ist eine fast unbezähmbare Sehnsucht nach Farben, Malen. Diese Van-Gogh-Bilder, sie wirken so stark auf mich, daß ich fast krank werde. Wenn ich weiter schaffen soll, muß ich sie von den Wänden nehmen. Für mich ist in ihnen alles, was ich ersehne, Gestaltung des Lebens.

6. Juli 1942. Elne
Elsie war schnell hier aus dem Lager. Es war für mich wie ein Heimkommen. Ich freue mich so sehr aufs Heimkommen. Ich brach hier mein Zelt wieder ab. Trotz durcharbeiteter Nächte war es für mich wie Ausruhen. Die Kinder liebhaben zu dürfen, fern von Not und Elend.

8. Juli 1942. Lager
Wie ein Alpdruck legt sich alles auf mich. Ich treffe eine Menge neuer Gesichter, elendere, ausgehungertere als je. Junge Krüppel, verwahrloste Alte und Kinder, eine ungeduldige, ewig bettelnde Masse. Elsie ging gestern und läßt mich mit dem ganzen Berg Elend und Arbeit allein. Mir ist, ich könnte nie wieder froh werden. Als müsse ich alle die Unglücklichen mein Leben lang vor mir sehen und stehe hier und kann so wenig helfen.

Alle meine mir nahen Menschen sind weg, nicht einer, der mir mehr folgt und der mir etwas sein könnte.

All die Stunden mit Gusti, sie waren wie in einer anderen Welt erlebt. Es ist nicht möglich, daß es dieselbe Erde ist, daß es unter demselben Himmel solches Glück und solches Leid geben kann.

12. Juli 1942
Es ist etwas Merkwürdiges um Träume, besonders um glückliche. Wenn ich morgens erwache, ist das Glücksgefühl in mir viel stärker, als wenn ich in Wirklichkeit das Erlebnis gehabt hätte. Heute ist Sonntag, und ich erwachte mit einem rechten Sonntagsgefühl.

16. Juli 1942
Dort, wo die Hügel in ferner Bläue verlaufen, liegt das Gold der sinkenden Sonne. Auch über dem Lager liegt es noch und alles hat ein froheres Gesicht. Im Gärtlein vor dem Haus ist frisch gegossen und frisch und grün stehen die Bohnen. Neben mir schaut 'Cispa' mit philosophischen Augen in den Abend hinaus und der kleine 'Viana' spielt neben mir im Sand.[54] All das gibt ein friedliches Bild und mildert die harten Eindrücke des Tages.

Heute waren die schwarzen Autos im Lager - deutsche Kommission.[55] Wer von den deutschen Vertriebenen zurück will, hat freie Wahl, entweder Glauben oder Nationalsozialismus. Selten jemand, und doch muß es eine Versuchung sein, in geregeltes Leben zurückzukehren.

Wir freuen uns wie Kinder. Morgen haben wir Zigeunerfest.

19. Juli 1942. Sonntag
Diese Nacht kamen 1000 Zigeuner an. Was wird mit ihnen geschehen?

Zigeuner, merkwürdiges Volk. Diese Primitivität, schmutzig, unästhetisch - und doch, woher diese Feinheiten? Die Kinder, liebe, feine Gesichtchen, die Frauen, schön gewachsen, stolze Gestalten. Ein Bettelvolk und doch frei und stolz, verstoßen und trotzig.

Köstlich war das kleine Festchen. Zuerst bekamen sie ihre Schuhe, dann zogen wir auf die große Wiese.

Wir setzten uns auf die Erde, die herrliche bloße Erde, mit der sie alle so verbunden sind. Wir sangen. Es tönte nicht fein, die ungeschulten Stimmen, aber die vielen schwarzen Augen glänzten dabei so froh und glücklich, daß man sich einmal nur ausschließlich mit ihnen beschäftigt.

---

[54] Cispa und Viana sind Friedel Reiters Hunde. (M.F.-S.)

[55] Am 4. Juli 1942 gab das Vichy-Regime den Deutschen die Zusage, die ausländischen Juden aus der Südzone zu deportieren. Theodor Dannecker, Verantwortlicher des Sonderbüros für jüdische Angelegenheiten der deutschen Polizei, unternahm in der Folge eine Inspektionsreise durch die verschiedenen Lager, um die Zahl der zu deportierenden Juden festzulegen. Friedel Reiter wußte natürlich damals nicht, wie wichtig diese Kommission war und welches Ziel sie verfolgte. (M.F.-S.)

Sonntag. Leer und still ist es im Ilôt K 12. Noch nie hab ich die Einsamkeit so beglückend empfunden. Ich sitze hier und halte fast den Atem an, um diese herrliche Stille zu genießen. Es ist das, wohin mir niemand folgen kann, wo ich nichts anderes sein muß, als ich bin, wo sich niemand über mich ärgert, noch Gedanken macht, noch mich beneidet noch bewundert. Da sind die grauen Wände, die mir so teuer sind wie Freunde, die mich schützend umschließen gegen Geschwätz von außen - und die schweigen.

22. Juli 1942

Schwer sind die Tage, an denen der Himmel schon in der Frühe schwül über dem Lager liegt. Schwer liegen die Gedanken des vergangenen Tages und schwer die Arbeit des neuen Tages vor mir. Es sind dies die Tage, an denen ich wie ein hilfloses Kind hier stehe, um Hilfe bittend, angesichts meines Unvermögens. Welch ein Glück, bitten zu können, bitten zu dürfen, - gib uns Kraft - gib sie auch denen, die nicht darum bitten können.

23. Juli 1942

Es ist ein grauer Tag heute. Diese Masse, das Elend, die Menschen hier, immer mehr sinkend. Sie erwecken in mir eine tiefe Mutlosigkeit. Was geben wir ihnen schon mit einem Teller Erbsbrei? Elsie telephonierte und kommt noch lange nicht - es ist recht bitter.

Es ist doch wieder heller, Gott sei Dank. All das Graue, Schwere - ich glaubte nie, daß ich es wieder einmal durchdringen könnte. Das Elend scheint ja tatsächlich immer schlimmer zu werden. Oder scheint es nur so? Jeden Morgen, wenn ich die lange, lange Reihe der Wartenden sehe, so viele sich streitende, sich beschimpfende Menschen, ohne Liebe, ohne an das andere etwas denkend, wird mir bange.

"Wegen unserer Hungersuppe hätte er schon längst verenden können!" Einen Moment stieg es bitter in mir auf, und lange war er noch da, der bittere Geschmack. Dann zogen all die vielen Spanier an mir vorbei, die mir dankbar die Hände drückten, denen wir helfen durften.

Wir liegen draußen vor der Baracke. Glänzendes Mondlicht liegt über dem Lager. Fern und winzig klein sind die Sterne. Ich verstehe so gut jenen verzweifelten Ruf der kleinen Sternseherin - "Sterne, Sterne, seid ihr nicht mehr da?"

Ich saß in der 3er Baracke. Graue Wände, Holzbänke, ein zusammengewürfeltes Publikum. Es berührt einen eigenartig, die Künstler auf den Brettern stehen zu sehen, in abgetragenen Kleidern, zerfetzten Schuhen, flüchtig geflickt.

Und doch bricht bei diesen Menschen wieder etwas von dem durch, was sie früher gewesen sein müssen. Dieses Starre, Gequälte fällt weg. Beethoven ich war wie in einer anderen Welt.

Sonntag - ach Sonntag, es ist wie Rettung. Durch das hochgelegene Fenster der Baracke dringt eine Stimme - ein Lied, so voll Freude und Überzeugung gesungen, daß man meint, es komme aus der beglückenden Freiheit, von der Höhe eines Berges. Wo hab ich bloß diese Stimme schon gehört. Diesen Metallklang, dieses Naturhafte - richtig, Italien, Positano, oben auf dem Felsen, beim Kreuz, noch so genau erinnere ich mich, selbst der Gedanken, die mich dort durchzogen. Ich war so frei, so losgelöst und doch so erdverbunden und so über alle Maßen glücklich.

Und in mir zieht die Freude ein. Ich kann an alles Traurige, alles Bittere, das zu schlucken war, die vergangene Zeit, denken - und die Freude läßt sich nicht unterdrücken. Selbst das Gefühl, daß meine Leute mich alle ausnahmslos vergessen haben. Das Glück der Einsamen.

27. Juli 1942

Der Morgen war so trüb heute, da sah ich im Vorbeigehen die keimenden Spitzchen des frischgepflanzten Mais. Wie ein Freudenstrom, ein Kraftstrom ging das durch mich und gibt mir Mut zur Arbeit.

28. Juli 1942

Wir sitzen in unserem kleinen Büro und 'örgelen' *(spielen mit der Mundharmonika)*. Komisch, es gibt uns wieder die Ruhe, die man fast daran ist zu verlieren. Abgesehen von den Gerüchten, die über das Bevorstehende, Ungewisse, dunkle Etwas umgehen. Aus der besetzten Zone sind neue israelitische Flüchtlingsfrauen und Kinder angekommen.[56] Man ließ sie nach Rivesaltes fahren, nahm ihnen dann im Lager Papiere und Nahrungskarten ab "und hier sind sie". Die Unglücklichen haben noch nicht begriffen, daß sie in einem Konzentrationslager sind und sind ganz verstört.

Alles kommt zu mir. "Schwester, was halten Sie von der Sache?" Was soll ich ihnen schon sagen, den armen Gehetzten. Über ihr Los kann ich nicht bestimmen. Ich versuche, ruhig zu sein und sie so zu beeinflussen. Mich ergreift ja der ganze Jammer, das ganze Verhängnis, das über diesem Volk liegt. Ich

---

[56] Am 16. und 17. Juli 1942 wurde in Paris und in der ganzen besetzten Zone eine massive Verhaftungswelle aller ausländischen Juden gestartet. Sicherlich versuchten viele, in die unbesetzte Zone zu gelangen und wurden beim Überschreiten der Grenze festgenommen. (M.F.-S.)

habe alle Mühe mit unseren deutschen Hilfen. Auch sie kommen mit verstörten Gesichtern zu uns. Das Gemeinste ihrer Rabbiner ist bloß, daß sie heute fluchtartig das Lager verlassen haben. Ist es möglich, einer der sagte - "ich will meine Glaubensbrüder lehren, daß sie aus jedem Leid etwas lernen."

Heute floh der Rabbiner Bloch. Morgen soll Mobilbewachung[57] ankommen. Die Juden sind morgens 5 Uhr *(in ein anderes Ilôt)* verlegt worden.

Wir sind in voller Erwartung auf Elsie - rüsten auf den 1. August, es soll ein richtiges Fest geben. Da, am 30.VII. schon ein Telegramm, eine Stunde später steht Elsie im Lager zum Abschiednehmen von Rivesaltes für immer. Es ist ein Schlag, und ich bin in recht wehmütiger Stimmung. Aber dann kommen die Kinder, fröhlich wie immer. Ich will keine Trauerstimmung aufkommen lassen. Ich sag ihnen, Elsie gehe für immer. Eines stimmt an "Espana, patria mia". Unsere Coloniekinder sitzen beim 'Z'vieri' (Vieruhr-Essen). Sie singen mit einer Begeisterung, welche die Baracke zu sprengen droht. Ein Lied nach dem anderen. Die Baracke ist voll Jubel. Ich sehe mit Rührung die braunen, teils runden Gesichtlein, deren Gesundheit wir bis zu einem Teil erhalten durften, deren Frohsinn wir durch manches Festchen schüren durften, damit dieses Köstliche, der Frohsinn dieser Kinder nicht im Grau des Barackenlebens untergehe. Immer werde ich diese Baracke voll mit singenden Kindern vor mir sehen.

Zum letzten Mal saßen wir mit Elsie und all unseren Hilfen in unserer Ecke und waren nochmals von ganzem Herzen fröhlich. Wir sangen. Alle Ehemaligen wurden mit Karten bedacht. Dann gab es einen raschen Abschied. Unsere Räder rollten gegen Rivesaltes. Wie oft, bei Tag, bei Nacht, in überschäumender Arbeitsfreude, in gedrückter Stimmung haben wir den Weg gemacht. Ich fuhr mit bis Narbonne und war um 1 Uhr nachts im Lager. Nun heißt's fest stehen.

1. August - es wurde nicht, was wir geplant hatten, weil wir alle zu sehr im Abschied drin waren. Abends war Kino für die Kinder, leider mit Hindernissen, aber doch ist das Zusammensein mit ihnen froh. Es ist so etwas Herrliches, sie unbeschränkt gern haben zu dürfen, ohne einen Hintergedanken hinter ihrer Zuneigung spüren zu müssen.

Heute "Gespräch aus der Schweiz". Ich saß in meiner Baracke und telephonierte mit Emmy und Albert.[58] Mir war es wie ein Wunder.

---

[57] Eine spezielle Polizeitruppe, die der Armee unterstand. (M.F.-S.)

[58] Die Schwester von Friedel Reiter und ihr Bruder, der in Lyon wohnte. (M.F.-S.)

1. August 1942
Als lieber Gruß vom Chambon kamen herrlich duftende Heidelbeeren.

3. August 1942
Halb 4 Uhr morgens. Ich sitze hinter Rechnungen und Büchern und rechne, rechne. In mir lebt noch das ganze Erleben des Tages. Schon abends gingen düstere Gerüchte um. Die Mobilgarde ist auch angekommen. Früh morgens fahre ich schnell ins Ilôt J. Alles steht in Reih und Glied vor den Baracken, mit verstörten Gesichtern. Alle bewacht. Herr Littaz (Direktor des Lagers) macht Appelle. Überall, wo ich hinkomme, verstörte Gesichter. "Schwester, wo kommen wir hin?" Das Schreckgespenst ist Polen. Was soll ich ihnen sagen? Was weiß ich? Ich tröste sie. "Seid tapfer, Schlimmeres kann euer ja nicht warten!" Plötzlich muß ich staunen. Wie sie alle stehen, warten, wohl mit angstvollen Augen, aber keiner lehnt sich auf. Mir ist, ich müßte schreien "Was glaubt ihr eigentlich, wir seien eine Viehherde? Ich geh nicht, und ich geh nicht!" Aber keiner rührt sich. Sind sie schon alle so stumpf geworden, sich in das Los der Ausgestoßenen zu ergeben?

Ich fahre zurück in unsere Baracke. Meine Bürofrau erscheint nicht - ist in der Nacht geflohen - mit ihrem Mann. Alles Gepäck ließen sie in der Baracke zurück. Frau Dr. Schwamm erzählte: "Um 2 Uhr klopften sie an unser Fenster, lange sah ich ihnen nach, den zwei eilig über die Felder fliehenden Gestalten. Es goß in Strömen. Hie und da erhellten grelle Blitze die Ebene, dann sah ich die zwei Eilenden hell beleuchtet, und ich zitterte für sie."

"Ihre Papiere, bitte", in der Türe meiner Baracke stehen drei Wächter. Frau Dr. Schwamm wird bleich - "nun, Schwester, sind wir doch so weit?!" Die Wache hat meine Deutschen bald gefunden. Ich gebe mir krampfhaft Mühe, gerade zu stehen. Die Arme hängen mir schwer am Körper. Nur mit Mühe kann ich ihnen fest in die Augen sehen, dann gehen sie, den Wächtern voran, aus der Baracke.

Ich habe keine Ruhe daheim. Mit dem Rad fahre ich in ihre Baracken. Ich finde sie alle am überstürzten Packen. In einer halben Stunde ist Appell. Dann sehe ich sie in kleinen Zügen, ihre Habe nachschleppend, ins Ilôt F ziehen - 600. Wir bringen rasch noch jedem etwas Proviant. Der Lagerchef sagt mir, daß alles vorläufig im Ilôt F bleibt. Niemand weiß, was geschieht, wohin es geht. Wir bringen ihnen unsere Suppe abends um 7 Uhr. Sie stürzen sich heißhungriger denn je darauf, reißen sich um den leeren Kessel. Ekel überfällt mich. Frau Schwamm sieht zu und meint: "In einigen Wochen werden wir, die wir von der Schweizerhilfe verwöhnt waren, auch wieder soweit sein - ausgehungert. Entsetzlich! Womit haben wir das verdient?"

Ich gehe durch die Baracken. "Vive la Suisse!", ruft einer, als er uns mit der Suppe kommen sieht. Bei vielen ist die Sorge um das Essen wieder die größte. Niemand, der wegen der Aufregung nicht essen könnte.

Die alten Frauen aus den Erholungsbaracken liegen auf ihren Strohsäcken. Entsetzliche Unordnung überall. Dazwischen immer wieder apathische, verzweifelte, angsterfüllte Gesichter.

Ich setze mich ein Weilchen zu unseren Leuten. Bertel, die Arme, hat immer die Augen voll Tränen. Ich war beim Lagerchef, vielleicht, daß ich eine behalten kann.

Was wird uns der nächste Tag bringen? Wer wird schlafen diese Nacht? Es rückt gegen 5 Uhr morgens. Mich fröstelt. Um die Baracke tobt der Sturm. Die Hitze ist gewichen. In mir ist eine Leere, eine Hilflosigkeit, nun da ich den Menschen nicht mehr viel helfen kann. Warum es ein anderer nicht tut?

6. August 1942

Wir fuhren früh ins Ilôt F hinunter. Es war uns angst, die Leute könnten plötzlich in der Frühe transportiert werden. Wir trafen sie alle in ganz mieser Stimmung. Zerschlagen die einen, gereizt von der quälenden Wartezeit die anderen. Selbstmordversuche. Die Menschen schlucken, was sie gerade haben. Ganze Schachteln Schlafpillen.

Ich komme ins Ilôt A. Neuangekommene aus Paris und Lyon. Auf dem Lastwagen verzweifelt weinende Frauen.

7. August 1942. Abends

Die Situation der Leute wird immer entsetzlicher. Immer wieder werden sie aufgerufen. Zitternd stehen sie in langen Reihen vor der Baracke der Kommission.[59] Unsere Chefs sind sehr nett. Man spürt, wie es ihnen schwerfällt, und wo sie nur einen Anhaltspunkt finden, um einen zu streichen, so tun sie es.

Am Mittwoch in der Nacht kommt Maurice (Dubois). Mir ist es wie eine Erlösung.

---

[59] Die Aufgabe der Kommission war es, gemäß den Anweisungen der 'Police nationale', der französischen Polizei, vom 4. August 1942, die Liste der zu deportierenden Juden aufzustellen. Es handelte sich hauptsächlich um von den Nationalsozialisten vertriebene Juden, die nach 1936 nach Frankreich flüchteten. (M.F.-S.)

8. August 1942

Frau Salomon[60] kommt. Sie war im Lager Gurs. Dort dasselbe. 1000 Personen wurden verfrachtet in geschlossenen Eisenbahnwagen, ohne Krankenpersonal. Dafür 200 Wächter. Wir rüsten für den Reiseproviant - 500 Pakete.

Man sieht, ich schlief schon halb, gestern. Was bringt uns der neue Tag? Die Leute hoffen wieder etwas. Jetzt, da die Abreise wieder verschoben zu sein scheint. Die Ärmsten, einmal wird es doch kommen. In den Lagern Récébédou, Vernet, les Milles geht dasselbe vor.

Heute kam Frau Doktor (Schwamm) zurück. Welch ein Wiedersehen![61] Aus der beherrschten Frau Doktor ist ein nervöser Mensch geworden. Ihre Arme zittern, ihre Hände sind beständig in Bewegung. Erich (Frau Doktor Schwamms Sohn) hat große trotzige Augen bekommen.

Mein Leben lang kann ich dieses Ilôt F nicht vergessen. Weinende Menschen. Nichts als große, verzweifelte Augen sehe ich vor mir.

Heute abend ist alles ein wenig ruhiger. Viele sagen mir: "Wenn es sein muß, so gehen wir eben - in Gottes Namen!" Man hat gelernt, sich zu fügen, und die Hoffnung, vielleicht doch einmal wieder mit seinen Lieben beisammen sein zu können, bevor man abschließt, hält sie noch etwas aufrecht. Sonst, das Leichteste wäre ein rasches kurzes Ende. Aber es wäre wohl zu leicht.

In allen Kummer hinein erscheint Maurice. Es ist für mich wie Erlösung. Ausruhen. Ihm kann ich alles sagen, alles mit ihm besprechen und alles wird leichter.

8. August 1942

So habe ich alle meine Leute wieder hier. Sie sind sehr nervös geworden. Herr Sommer, der letzte, der entronnen ist, hat beständig Tränen. Er sagt, der Abschied aus der Baracke sei furchtbar gewesen. Zwei bis drei Jahre gemeinsames Lagerleben, und die Leute sind sicher, mit ihrer Abreise in den Tod zu gehen. Alle Lager melden dasselbe. Der Brief eines Mannes an seine Frau, geschrieben auf der Reise aus dem Lager Gurs, verkündet wenig Gutes.

Neuangekommene aus Lyon, Perpignan.

9. August 1942

Um 8 Uhr ist die Abreise. Die meisten haben sich in ihr Schicksal ergeben. Die vergangene Nacht waren bloß noch zwei Selbstmordversuche. Frau Dr.

---

[60] Mitarbeiterin der OSE, welche die Arbeit in den Lagern leitete. (M.F.-S.)

[61] Die Mitarbeiterinnen und Mitarbeiter der verschiedenen im Lager tätigen Hilfsorganisationen wurden von der Deportation dispensiert. (M.F.-S.)

Neumark holte man als letzte noch. Grund - ihr Sohn im Gefängnis in Perpignan. Die Nacht darauf schluckte sie etwas - leider zu wenig, sie bleibt am Leben, die Ärmste.

Morgen früh können sie nochmals zu ihrem Gepäck, um das Notwendigste herauszunehmen. Mehr als zwei Stück Handgepäck sind nicht erlaubt mitzunehmen.

Herr Sommer ist arg mit den Nerven herunter. Bei jeder Gelegenheit kommen ihm die Tränen.

Mittags steht er plötzlich in der Baracke. Atemlos. Fünf Wächter wollten ihn wieder holen. Da hat er Reißaus genommen. Ich heiße ihn ins Büro gehen, schließe die Türe. Auch Frau Doktor und Bertel sind hier, und die Baracke wird bis abends nicht mehr geöffnet.

Wann werden die Menschen einmal zur Ruhe kommen?

Wir waren beim Kommandanten wegen der Abreise der Israeliten. Die Verzweiflung wird immer größer. Kranke bleiben hier. Familienangehörige müssen gehen. Halblahme, Kriegsinvalide, Alte - alles muß mit. Vier Personen waren durch Irrtum heute vergessen worden. Man holte sie nachträglich noch. Eine Frau, in einer Ecke gekauert, weinte, daß man es im Ilôt B unten hören konnte. Kein Wächter konnte sie ins Ilô F bringen. Mit Gewalt ging es dann doch.

Frau Salomon war hier. Sie ist am Ende ihrer Kraft. Sie sieht nur noch diese erst von den Deutschen Vertriebenen, wieder diesen ausgesetzt, die wenigen, die noch arbeitsfähig sind, die in Frankreich bleiben werden, die anderen, die nach Polen kommen und dort umkommen werden.

Heute hatten sie noch Möglichkeit, Telegramme aufzugeben, und in manchen ist noch ein kleines Fünkchen Hoffnung. Es wird schnell genug erlöschen. Gott, wozu dies alles?

Ihr Reiseproviant für fünf Tage:

Brot 1375 gr.
Mortadella 200 gr.
Käse 500 gr.
Sardinen 3 Büchsen
Tomaten 2 kg
Früchte 1 kg
Konfitüre 250 gr.

Ich saß bei unseren dreißig Kindern und sang, als eine Frau mit einem sechsjährigen Jungen kam. Seine Mutter sollte verschickt werden, hatte Selbstmordversuche gemacht. Ihr Mann starb in Dachau. Die Mutter wurde nach Polen geschickt. Sie floh von Belgien nach Bordeaux und kam ins Lager.

Der Junge sah sich in unserer Baracke ängstlich um, aß dann, immer zutraulicher werdend, seine Suppe und begann plötzlich mitzusingen. Wie wenig braucht es, diese Unglücklichen noch froh zu machen.

18. August 1942

Die Arbeit liegt wie ein Berg auf mir. Alle Verteilungen ins Ilô J schleppen zu müssen - Marianne im Bett.[62]

19. August 1942

Heiß, bedrückend liegt es über dem Lager. Eng bedrückend auch zieht sich der Stacheldraht um Ilôt K und F. Noch hängt in der Luft der Jammer der geplagten Menschen. Ich sehe sie keuchend unter ihren Lasten in langen Reihen aus den Baracken kommen. Wächter zur Seite. Zum Appell antreten. Auf schattenlosem Feld warten, Stunde um Stunde. Dann kommen die Lastwagen, die sie hinunter führen zum Bahngleis. Zwischen zwei Reihen von Wächtern verlassen sie die Lastwagen und treten, zögernd die einen, stumpf die anderen, auch mit trotzig erhobenem Kopf, in die Viehwagen. Nach Stunden sind alle in den heißen dumpfen Wagen verstaut. Durch die Eisengitterstäbe sehe ich die bekannten Gesichter. Noch eine Bitte äußernd, einen Dank rufend. Bei jedem Eingang halten zwei Wächter Wache.

Ich betrachte die Gesichter. Bei vielen hat sich die Verzweiflung gelegt. Die Gesichter, alt, verfallen und stumpf. Aus dem letzten Wagen tönt ein "Auf Wiedersehen". Wir gehen lagerwärts.

Anderntags, noch in der Dunkelheit, sind wir unten. Langsam setzt sich der Zug in Bewegung, einem Schicksal entronnen, einem anderen entgegen. In einer Woche hat sich dies alles abgespielt. Mir scheint es ein Monat.

Man spricht schon von den Neuangekommenen. Um Ilôt K zieht sich ein dreifacher Stacheldraht. Am 20. August ist er schwarz umstanden von der 'Garde mobile'.[63]

Vom Lagerchef wird uns mitgeteilt, daß uns ausländischen Hilfswerken die Zirkulation im Lager verboten sei.

---

[62] Marianne Sartorius, Krankenschwester aus Basel. (M.F.-S.)

[63] Diese speziellen Polizeitruppen tragen schwarze Uniformen, auch heute noch. (M.F.-S.).

Schweren Herzens entschließe ich mich, das Ilôt K zu verlassen. Im Ilôt J 39 eine Küche einzurichten.

Marianne bleibt für die 'Durchgangs-Kinder' (diejenigen, die nicht im Lager bleiben) im Ilôt K 12.

Verrückte Arbeit - die Hälfte umzuziehen. Doch meine Leute sind tapfer und unermüdlich.

Abends war ich schnell im Ilôt K 11. "Keine Möglichkeit, jemanden zu befreien." Man ist machtlos gegen die Anordnungen von außen.

J 39 - wir sind schon ganz gut eingerichtet. Meine gute Benita hat heute mit zwei Kochkesseln die ganze Kocherei gemacht. Meine Leute schaffen bewundernswürdig.

Alle Deutschen werden wieder zusammengesucht. So mancher, der dem Schicksal entkommen zu sein glaubte, steht wieder vor dem nämlichen Schrecklichen.

Marianne war schnell hier. Sie findet immer den Weg durch den Polizeiposten. Mich ließen sie auch schnell hinein heute. Mir war, ich durfte in ein verbotenes Paradies. Vor dem Haus blühen die Sonnenblumen. Wie sorglos waren wir noch vor einer Woche.

Daß ich so glücklich sein darf, fast wage ich es nicht zu sein, in all dem Leid.

26. August 1942

Es fängt schon wieder am frühen Morgen an. Alle Spanier und Zigeuner: Appell draußen vor den Baracken. Ich stehe wieder einmal allein in der Küche, doch man gewöhnt sich an alles. Heute werden 200 von den Massenverhaftungen erwartet.[64]

26. August 1942

Anstatt 200 kommen 600 Menschen. Lastwagen um Lastwagen kommt an. Das Ilôt K füllt sich wieder. Und wie ich durch das Ilôt gehe, lauter bekannte Gesichter. Leute, die wir entlassen haben, die einige glückliche Monate in der Freiheit verbracht haben. Menschen, die wir im Winter dem Hungertod entrissen, die wir glücklich das Lager verlassen sahen. Allen blüht dasselbe.

---

[64] In den Nächten vom 26. bis zum 28. August wurden auch in der unbesetzten Zone Massenverhaftungen durchgeführt. Mehrere Kinder, Jugendliche und jüdische Hilfen wurden in den Heimen der Schweizerischen Kinderhilfe verhaftet. Die Geschichte des Heimes 'La Hille' wird im Buch von Anne-Marie 'Im Hof-Piguet, La Filière. En France occupée 1942-1944', Yverdon-les-Bains 1985, eindrücklich geschildert. (M.F.-S.)

Heute abend kommt ein ganzer Zug an. Sechzehn Wagen. In Tragbahren werden sie zum Teil herausgetragen. An Krücken kommen sie. Eine lange Prozession Unglücklicher, Ausgestoßener. Um Mitternacht wird ein zweiter Zug erwartet, 5 Uhr morgens ein dritter.

27. August. 2 1/2 Uhr.
Mir ist der vergangene Tag wie ein unwahrer böser Traum. Ich sehe nichts als Menschen - eine lange Reihe - endlos - Vertriebene - Gehetzte - Ausgestoßene. Es kann ja nicht wahr sein. Wo sollen sie hin? Kann niemand dieses langsame Morden aufhalten?

Sie sind entsetzlich für mich, diese Augenblicke, wo ich überlege, wo mir der ganze Jammer zum Bewußtsein kommt. Tagsüber geht man unter in Zahlen, Verteilungen. Gottlob - man würde es ja nicht ertragen.

Samstag
Trotz Hitze, trotz Arbeit, dennoch wurde es Abend. Gusti schreibt so fleißig, und seine Briefe und Gedanken halten mich.

31. August 1942
Ich bin traurig und wütend. Traurig, weil alle Kinder aus den Heimen geholt werden müssen. Wie viel neues Leid. Wie manche Mutter kam heute schluchzend zu mir - "Wir wollen tapfer hier weggehen, wir wollen unsere Kinder zurücklassen, daß es ihnen wenigstens gut gehe, mit uns kann geschehen was will - wir verlangen nichts mehr vom Leben."[65]

Und nun zwingt man sie, ihre Kinder mitzunehmen. Alle über zwei Jahre. Man fragte uns über die Colonien. Ich sah die Liste. Von unseren Colonien waren zwei aufgeschrieben, und ich wußte von keiner anderen.

Reden ist Silber, Schweigen ist Gold. Gusti schrieb. Wie gut tun mir seine Briefe. Bei ihnen geht es ja auch nicht besser. Heute abend, Neuangekommene.

2. September 1942
Kann es etwas Traurigeres geben, als diese Kinder zu sehen und zu wissen, man kann nichts für sie tun, sie müssen mit, ausgeliefert werden?

---

[65] Das Vichy-Regime beschloß eigenwillig, daß auch die Kinder deportiert werden sollten, mit oder ohne Eltern. Im Jahre 1942 nahmen 1.032 Kinder unter sechs Jahren den Weg der Deportation, 2.557 zwischen sechs und zwölf, 2.464 von zwölf bis siebzehn; vgl. Serge Klarsfeld, 'Vichy-Auschwitz, Le rôle de Vichy dans la solution finale de la question juive en France, 1942', Paris 1983. (M.F.-S.)

Heute kommt ein Telegramm aus Toulouse (von der Schweizerischen Kinderhilfe). Unsere Kinder und 'Angestellten' seien frei. Ich rase auf die Präfektur. Man verspricht mir die Antwort auf morgen. Also nochmals eine Nacht. Zu Hause kommt mir glückstrahlend Frau Schwarzschild entgegen. Sie bekam ich frei mit ihren Kindern. Sie ist schon nach Ilôt J umgezogen. Wohl muß ihr Mann mit. Da höre ich zufällig, der Transport gehe morgen früh. Und unsere Leute, für die ich noch keine Papiere, nichts habe? Ich kenne das Leben genug hier, um zu wissen, daß man ohne greifbaren Beweis nichts erreicht.

Ich erwische den Kommandanten. "Nein, nein, nein, sie werden mitgehen." Ich erkläre ihm - nichts zu wollen. "Bringen Sie mir ein Papier von der Präfektur." Plötzlich überlegt er, geht zum Apparat. Ich höre ihn die Präfektur verlangen. Ich bin wie auf Nadeln. Endlich. Unsere Leute und Kinder dürfen bleiben. Am liebsten wäre ich ihm um den Hals gefallen. Aber ich begnügte mich, ihm eine Zigarette anzubieten.

Das Glück unserer Leute ist nicht zu beschreiben.

Da kommen mir unsere zwei Kinder aus Pringy entgegen. Die Reaktion, daß ich für sie nichts tun konnte, war furchtbar - müßten sie wirklich gehen? Ich telephonierte nach Toulouse. Niemand wollte mir mehr die Verbindung herstellen, bis ich sie dann doch bekam. Ich hoffe, es komme morgen früh noch von Vichy eine positive Antwort.

2 Uhr morgens

Es kam noch ein Transport von 20 Kindern. Ich konnte kaum mitansehen, wie die Mütter ihre Kinder suchten. Zwei, deren Eltern unauffindbar waren, schlafen bei Marianne. Alles liebe Kinder, man darf nicht denken, was aus ihnen wird.

6 Uhr morgens

Alle 1.200 Menschen sind schon mit Gepäck beim Appell. Fünf Kinder aus unseren Colonien finde ich darunter. Vier Stunden hänge ich am Telefon, bis ich Maurices (Dubois) Stimme höre. Er verspricht mir, alles zu tun in Vichy. Ohne Papier und Beweis wird man mir die Kinder schwerlich geben. Ich sehe sie schon beim Appell stehen, bleich und verstört. Sie müssen frei werden! Da stand das Auto vom Kommandanten. Ich setzte nochmals an. "Gut", sagt er, "nehmen Sie sie, und bringen Sie sie in Ihre Baracke, bis ihr Papier da ist!"

Am Mittag war die Abreise. Car um Car füllte sich. Endlos der Zug, der sie aufnahm - 800 Personen - 70 Kinder.

Ein Glück, daß man zu laufen hatte. Mit Tee, Milch für die Kinder, Früchte, Käse. Jedes, das noch ein Wort mitzugeben hatte für Zurückbleibende. Heiß brannte die Sonne auf uns nieder. Immer neue Lastwagen fuhren an. Wagen um Wagen füllte sich. Jetzt, da sie vor der Gewißheit standen, waren die meisten gefaßt und ruhig. Da waren auch unsere Jungen aus den Hungerkranken-Baracken. Wie sind wir im Winter für sie gelaufen. Wir hatten sie vor dem Hungertod gerettet. Wir sahen sie zunehmen, wieder Pläne schmieden für die Zukunft. Sie kamen, uns Lebewohl zu sagen, um hinauszufahren zur Arbeit - strahlend - voll Hoffnung und nun? Ich sehe sie noch vor mir, im Stroh des Wagens sitzend mit leerem hoffnungslosem Blick.

12 ½Uhr
Das Ilôt K ist voll Leben. Da sind sie alle, unsere Ilôt-B-Kinder vom Winter, die Sonntag für Sonntag mit mir und Elsbeth in die Krankenabteilungen zum Singen zogen. Ich sehe sie noch beim Frühstück vor ihrer Abreise, seinerzeit in die Colonie. Alle strahlen - und nun? Ach, nicht denken - schaffen - laufen. "Wer will noch Tee?" - "Da, Ihre Zeitungen", und so fort. Die Sonne sinkt. Der letzte Strahl beleuchtet verhärmte und entmutigte Gesichter. Alle verlassen nach und nach den Platz. Einsam auf weiter Ebene steht da ein schwarzer Junge.

Wie ich morgens dort vorbeikomme, erzählt mir noch die zerstampfte dürre Fläche vom traurigen Geschehen des Vortages.

Zwei Lastwagen fuhren heute mit Glücklichen weg - Befreite.

25 OSE-Kinder wurden frei. Unsere Leute sind ins Ilôt J zurückgekehrt. Endlich, endgültig. Der Tag liegt so schwer vor mir. Warum, weiß ich eigentlich nicht. Bloß ein heller, ach so beglückend heller Punkt ist da - Gusti.

8. September 1942
Gottlob, unsere Kinder sind frei. Heute abend fahren sie zurück in ihre Colonien.

9. September 1942
Ein herrlich, goldener Morgen. Es ist so herrlich, sich wieder freuen zu können, wieder Kraft in sich zu spüren. Unsere Kinder werden mir noch lange in Erinnerung bleiben. Ihr froher Abschied aus dem Lager. Das Kleinste, das mir sein schönstes Anhängerchen schenkte. Die Liebe, ihren Dank, den ich spürte. Es gibt nichts Aufrichtigeres als Kinderdank.

10. September 1942
Ein neuer herrlicher Tag steigt herauf. Die reine Luft war schon vor Tagesgrauen erfüllt mit Gestampf marschierender Garde mobile, die ankam. Dann rollende Wagen - Menschen - eine weinende Frau. Um die Kinder zu befreien hat man immer mehr Leichtigkeit. Gottlob. Spricht man von Kindern ohne Eltern, dann wird das Herz der gestrengen Herren gleich butterweich. Man erwartet neue Ankünfte aus Gurs.

13. September 1942
Ich lese über Sterne. So sind die Gedanken Gottes, ob wir in Trübsal oder in Verwirrung verloren sind, sie sind und währen ewig. Ein Trost für diesen Sonntagmorgen, wo schon wieder 600 zur Unglücksfahrt bereitstehen. Wir haben große Ankünfte von (den Lagern) Noe, Vernet, Gurs. Les Milles soll leer sein. Alles kommt. Eine Menge Alte und Kranke. Drei junge Tuberkulöse, auch das schützt sie nicht.

2 Uhr morgens
Ich komme zurück aus dem Ilôt K. 80 Leute sind angekommen. Zum Glück nur fünf Kinder.

In der Baracke wartet mein Nachtlager. Es sollen ja noch mehr Leute kommen. So schlüpfe ich schnell halbangezogen hinein, neben mir lehnt das Fahrrad - bereit an der Wand.

13. September 1942
Halb 1 Uhr ist es. Wir kommen erst zurück vom Bahnhofsquai. Von 3 Uhr mittags waren wir unten. Es war eine entsetzliche Sache heute. Schon im Ilôt. Szenen, Ohnmachten. Von 7 Uhr morgens bis 11 Uhr standen die Leute draußen beim Appell, an glühender Sonne. Noch liegt mir das Schreien der Frauen in den Ohren. Einer Mutter kann ich die Kinder noch freibekommen. Wie ich sie fortführe, reißt sie sie an sich. Ich löse die Kinder aus ihren Armen und führe sie in unser Foyer. Wie sich die Frau weigert, in den Camion zu steigen, wird sie von den Wächtern hinaufgetragen.

Ich verlasse das Ilôt. Marianne ist beim Appell und schaut, daß die Kinder, die wir freibekommen haben, nicht doch mitverladen werden. Ich gehe in die Baracke zurück, um Tee, Suppe und Reiseproviant zu richten. Um 3 Uhr fährt mir der Lastwagen alles hinunter auf den Bahnsteig.

Eben kommt dort das Auto mit den ersten Fahrenden gefüllt. Wagen um Wagen füllt sich. Noch sind zwei Wagen leer. Wir warten, warten. Es ist 8 Uhr, 9 Uhr, 10 Uhr. Das Gerücht von zwanzig Geflohenen geht um sowie von fünfzig, um die man sich verzählt hat. Ich fahre zurück ins K. In der Dunkelheit sehe ich den Rest der übrigen 600 Zurückgebliebenen. Man suchte unter diesen und in den leeren Baracken die Versteckten. Einen Teil fand man. Die übrigen wurden wahllos ersetzt. Ich sehe noch die Wächter, welche die sich Sträubenden zu den Lastwagen schleppten. Eine Belgierin, sie war mit zwei Kindern hierher gekommen, um noch ihren Mann zu suchen, wurde festgenommen, und als letzte sollte sie die fehlende Zahl ergänzen. Es war furchtbar, ihre Hilfeschreie in der Nacht. Noch vor dem Eisenbahnwagen klammerte sie sich an die Wache. Doch es half ihr nichts. Die Eisentüre schloß sich, und ihr Weinen tönte nur noch durch die Eisenstäbe, anklagend für die ganze Menschheit. Oft befällt mich ein plötzlicher Schreck, die wir hier sind und fast noch mithelfen bei diesem Menschenhandel.

Auf dem Heimweg begegne ich einer alten, halbblinden Frau. Sie mußte aus dem Bett heraus zum Appell. Jetzt kann sie in der Dunkelheit ihre Baracke nicht mehr finden.

Am anderen Morgen ist wieder alles wie sonst, wäre nicht in einem ein schweres, bitteres Gefühl.

20. September 1942

Die Tage ziehen sich dahin. Lange Nächte, lange Stunden, die mich alle Geduld kosten.

Nun sind es sechs Tage, daß ich krank bin. Und heute liegt auch Marianne im Bett, die Arme, mit Fieber. Wenn ich nur mein Rad hier hätte, ich führe trotz Furunkel (an den Armen und Beinen) zu ihr. An die eigenen Sorgen darf man ja nicht denken und doch, in den langen Nächten, wo einem der Schmerz nicht schlafen läßt, kommen die Gedanken ungerufen.

Ach, es ist nichts so wahr wie: "Es ist kein Wissen, kein Können so gut, als daß man alles Schwere alleine tut."

23. September 1942

Was war das für ein Tag? In allem Leid - welche Freude. Dr. Schwamm ist frei, wirklich frei, befreit vom Lager. Ach, ich habe mich gefreut, wie schon lange nicht mehr. Heute hörte ich Frau Schwamm ein Wienerlied singen im Magazin. Die Freude, glückliche Menschen zu sehen, wiegt sie nicht alle Mühe auf? Heute kamen Schmieds - auch frei. Sie fahren morgen. Sommers auch frei. Ich war fast überglücklich.

Heute wieder auf den Beinen, nach einer Woche Bettarrest, es war auch herrlich. Leider bekam es mir nicht gut, und morgen heißt's von neuem im

Bett liegen. Doch abends kommt ja Gusti, ein für mich noch unfaßbares Glück. Warum geht's mir auch immer so gut?

Marianne, die Arme, ist nicht gut dran - so bald wie möglich muß sie in die Schweiz. (Sie hatte einen Abszeß im Nacken.)

2. Oktober 1942

Es ist etwas ungemein Großes zu spüren, die Anwesenheit Gottes, in all dem Elend, in all dem Gestürm und in all meinem Glück.

15. Oktober 1942

Mein Buch, es ist kein Tagebuch mehr. Ach, wie kurz ist die freie Zeit, und diese gehört ja Gusti. Ich las heute früh über Künstler. Wie viel verdanken wir ihnen eigentlich, all die positiven Strömungen, gehen sie doch durch Jahrhunderte durch die Welt, durch einzelne Menschen und spornen sie an zum Guten.

21. Oktober 1942

Wie viel Freude erlebe ich mit meinen Kindern, die alle nun bei uns essen. Daß ich ihnen endlich ganz helfen kann. Tagelang bin ich gelaufen um Teller, Löffel, Tische, leere Baracken. Nun sitzen sie in unserem heimeligen Eßsaal mit den g'hüsleten (karierten) Vorhängen. Leid tut mir, daß mir der Chefarzt die Zigeunerlein nicht geben will. Und wenn ich durchs Ilôt gehe, kommen sie gelaufen: "Schwester, wenn dörfet mer zu Ihne cho ässe?", und es gibt mir jedesmal einen Stich, und ich schäme mich.

Heute schaute der Kommandant bei uns herein, sah alle unsere Spanier und fragte, ob ich nicht auch die 200 Zigeuner dazu nähme. Ich sage mit Freuden zu. Er gab mir einen ganzen Aufenthaltsraum ('réféctoire') für alle Kinder, so gilt's nochmals ausziehen und einräumen.

Nun läuft es auch ganz gut mit den Zigeunerlein. Aber eine wilde Bande ist es schon. Oft kann ich abends kein Wort mehr sprechen. In der Baracke ist es aber auch immer lustig, wenn die Zigeuner mit rotgeschrubbten Gesichtern und Händen kommen.

22. Oktober 1942

Es ist schlimm. Die Arbeit hat mich plötzlich losgelassen. In mir ist eine Sehnsucht nach Frieden, Ruhe, Farben - Malen. Ich fahre nach Rivesaltes. Heimwärts ziehen die Bauern. Einer hinter dem anderen auf ihren kleinen Karren. Über Rivesaltes liegt ein feines Räuchlein. Blau und fern sind die Berge - ach so fern. Ich möchte über ihre Höhen wandern, unbeschwert froh sein. Ich komme an den Bahnhof. Ein Zug steht für den Abtransport bereit. Verstörte, verweinte Gesichter an den Wagenfenstern. Es ist nicht zum Ansehen. Ich kann es nicht mehr ertragen. Die Stimmung im Lager ist auch mies. Man ist müde von dieser schrecklichen Arbeit. Doch was bleibt unserer Administration schon anderes übrig?

Gusti telefoniert. Ich soll nach Nîmes kommen. 'Stürme!' Mitten aus aller Arbeit heraus, und es ist schlimm um mich bestellt. Ich geh noch so gern. Fahr ich beide Nächte durch, wird es gehen. Montag früh bin ich wieder an der Arbeit.

1. November 1942

Die Wochen fliegen. Die Arbeit füllt mich ganz aus. Mir ist, ich könne nicht mehr, meine Kraft sei aufgebraucht. Überall Leid, überall Anstöße, überall Mißverständnisse. Dann scheint mir im Augenblick die Arbeit über den Kopf zu wachsen.

Heute war es auch schlimm mit den Kindern. Sie wollen keine Disziplin annehmen, und ich finde es unendlich schwer mit 350 aufs Mal fertig zu werden. Und doch, sie müssen lernen, ordentlich zu essen. Ich strafe, erkläre, im Scherz, im Ernst, oft ohne Erfolg, wie mir scheint. Ich strafe, und nachher tut es mir leid. Gestern, keine Kastanien. Eine kleine Revolution. Doch nur scheinbar. Die Spanier verstehen noch schnell, was man will. Bloß im Moment brennt ihnen rasch das Temperament durch. Ich strafte, indem ich weniger gab; daraufhin flogen mir eine Handvoll Kastanien an den Kopf. Ich verstand so gut und kenne diese Empörung, die sich Luft schaffen muß, aber Strafe muß sein. Nun, ich sprach dann mit ihm, und wir sind seither gute Freunde.

Die Zigeuner machen Freude. Ich spüre, wie sie auftauen. Gesundheitlich sind sie schlechter dran.

Die Spanier haben fast alle keine körperlichen Nachteile. Doch ist ein durchschnittlicher Wachstumsrückstand bis zu 10 cm festzustellen. Die Kindergartenkinder sind die einzigen, die Untergewicht aufweisen. Ob wir ihnen doch zu wenig gaben? Wir hielten immer zurück, weil sie ein Milchsupplement haben. Vielleicht war es doch einseitig?

Die Stimmung im Lager ist eher besser. Aus dem Ilôt K kommen viele nach Ilôt J.[66] Auf den 15. November wartet man auf neue günstige Entscheidungen -

---

[66] Im Oktober wurden die Deportationen der Juden plötzlich unterbrochen. Im November wurden nur noch vier Transporte organisiert, im September waren es dreizehn. Die Historiker Marrus und Paxton schreiben dies in ihrem Werk 'Vichy et les Juifs' den Schwierigkeiten des

Befreiungen. Die OSE war wieder hier und sprach vom Befreien aller Kinder. Phrasen - für die Spanierkinder ein Ding der Unmöglichkeit.[67] Ich bereite mich dennoch auf einen Rivesaltes-Winter vor.

Gusti rechnet so, daß ich bald komme. Ob mich Maurice (Dubois) hier so bald wegläßt?? Noch könnte ich auch gar nicht. Die Arbeit soll laufen und zwar flott.

Es ist ein rechter Kampf mit den Kindern. Sie sollen und müssen lernen, anständig, ruhig zu essen. Und ich gebe nicht nach. Ich strafe, belohne. Ich lasse nicht locker. Mit den Zigeunern geht alles viel leichter. Mit ihnen ist es so herrlich, die Verbindung zu spüren, die schwarzen, glänzenden und stolzen Augen. Kleine Schönheiten darunter.

9. November 1942

Lautes Diskutieren weckte mich heute früh. In der Mitte der Küche stand Chario und übersetzte die Zeitung. Alles glänzende Augen - neue hoffnungsvolle Gesichter. Auch meine Deutschen. Hoffen wir. Wenn ich dies erleben dürfte - meine Spanier in die Heimat zurückziehen sehen. Das wäre wohl der schönste Abschluß meiner Arbeit hier.

Die Amerikaner in Afrika.[68] Große Aufregung im Lager. Die politischen Flüchtlinge fürchten für ihre Haut. Alles will befreit werden. Im Militär-Ilôt (ein Rest des Militärlagers des Vorkrieges) sind sie komplett verrückt. Um 6 Uhr tönt es schon: "Marechal, nous voilà!"[69]

11. November 1942[70]

Ich suchte, Toulouse telefonisch zu erreichen - unmöglich. In Perpignan ist die Präfektur von den Deutschen besetzt. Die Lagerleute sind sehr unruhig. Man spürt die wahnsinnige Angst vor den Deutschen.

Eisenbahnverkehrs zu. Massive Verhaftungen und Deportationen wurden im Februar 1943 wieder aufgenommen. (M.F.-S.)

[67] Die OSE wurde 1940 zwangsweise in die 'Union générale des Israélites' eingegliedert. Dieser Vereinigung, die 1940 vom Vichy-Regime den Juden aufgezwungen wurde, mußten alle Juden, Franzosen und Ausländer, angehören. Die OSE konnte sich demzufolge nur um jüdische Kinder kümmern. (M.F.-S.)

[68] Am 8. November landeten die englischen und amerikanischen Alliierten an der nordafrikanischen Küste. (M.F.-S.)

[69] Ein Lied, das dem Marechal Petain gewidmet war. (M.F.-S)

[70] Als Antwort auf die Landung der Alliierten in Nordafrika besetzte die deutsche Armee am 11. November ebenfalls die Südzone. (M.F.-S.)

11. November 1942
Abends Versammlung der Hilfswerke beim Lagerchef mit dem Präfekt. Er bittet uns, die Lagerleute zu beruhigen. Befreiungen sind unmöglich.

Kurt Löb kam noch 'Lebewohl' zu sagen. Er geht nach Chambon, ach, nach Chambon! Ich schrieb noch schnell ein Wort für Gusti. Ob er überhaupt hinaufkommt? Das Gerücht geht, die Züge gehen nur bis Narbonne. Nun sie sollen selbst zurechtkommen. Trudel ist gestern mit ihrem Mann abgehauen. Ich vermute über die spanische Grenze. Sie sprach einmal von England.

Hedy (Mitarbeiterin der Kinderhilfe) ist mit Kindern nach Toulouse und nicht zurückgekommen. Zu dumm, wo sie für ihre Leute so nötig wäre. Ich schicke Heidi morgen ins Ilôt K 12.

Ich denke an all die kleinen Leben in der großen Welt. Da ist die Trudel, der Kurt, die fünf Jungen, die ins Ungewisse hinauswandern. Kurt, der dumme Junge, sich noch in mich zu verlieben. Vielleicht war es auch bloß ein bißchen Wehmut, ein bißchen Angst, wieder ins Ungewisse zu ziehen. Er möchte nachher in die Schweiz, wenn es ihm gelingt.

13. November 1942
Über das Lager surrt es, Flugzeug über Flugzeug. Auf der Straße nach Narbonne rattert es, Wagen an Wagen. Die Verbindungen mit der Schweiz sind aufgehoben. Telegramm ebenfalls. Aus Perpignan traf ein Trupp von fünfzig Spaniern ein, die von den Franzosen für Befestigungsarbeiten genommen wurden.

Es ist sehr schwer, die Ruhe zu bewahren. Alles ist gespannt. Deutsche werden häufig befreit.[71] Mit Unruhe sieht man den Ereignissen entgegen.

15. November 1942
Ich fuhr nach Perpignan. Rivesaltes ist voll von Deutschen. Autos, Tanks, Hakenkreuze. Perpignan, dasselbe Kriegsbild. Man spricht vom Verlegen des Lagers. Viele Befreiungen.

Bloß bei uns geht es noch fröhlich weiter. Heute Sonntag, welch fröhliches Frühstück mit den Kindern.

Nun sind sie im Foyer, singen, tanzen. Die Buben zeichnen, und man wäre grad wieder bereit, einen schönen Winterbetrieb zu machen, aber es soll nicht sein.

---

[71] Keine Juden, präzisierte Friedel Bohny-Reiter in einem Gespräch. (M.F.-S.).

Gusti schrieb - ich sorge mich nicht um Dich, in den schwersten Stunden stehen wir in Gottes Hand.

22. November 1942

Also doch Umziehen. Ins Zigeunerlager, in die Lager Gurs, Vernet. Unsere Leute sind sehr unglücklich, und ich, weil ich wieder einmal am Ende bin mit meiner Hilfe. Und wieder kommt es über mich. Wer gibt den Menschen das Recht, so über die anderen zu verfügen? Über diese anderen, Ausgestoßenen, Heimatlosen?

Ich weiß nicht einmal, wo wir hingehen? Ob Gurs oder nach Vernet. Vorerst heißt es Packen und dann wahrscheinlich nach Perpignan oder Toulouse. Nun dahinter - und den Mut nicht verlieren.

23. November 1942. Montag

Wir sollen morgen schon das Lager räumen. Ich hatte deutschen Besuch. Sie wollten sehr viel wissen und äußerten sich anerkennend. Ich schaute mir die Leute etwas kritisch an. Ganz ernst schien es ihnen nicht zu sein. Herr Littaz, der Lagerkommandant, war sehr nervös. "Was haben Sie für Angestellte? Spanische oder deutsche?" Ich hatte noch die Geistesgegenwart zu sagen - "spanische". Ich sah, wie Frau Dr. (Schwamm) zitterte und im Magazin verschwand.

Nun haben wir die ganze Nacht gepackt.[72] Wir waren fast übermütig. Abends geht's bis Perpignan.

25. November 1942

Die Gemütlichkeit hört so langsam auf. Die Baracke - leer - kalt. Wir machten ein kleines Feuer und zogen unsere Schlafsäcke zwischen die Kochkessel am Boden, wo wir nach einem langen, stürmischen Tag schliefen.

Wir hatten eben für uns heute das Mittagessen fertig, als zum Appell gepfiffen wurde. Da waren sie wieder, die Wächter. "Schnell, schnell!" Ohne Essen mußten sie alles stehen und liegen lassen.[73] Da waren die offenen Lastwagen. 20 kg Gepäck waren erlaubt mitzunehmen. Ich stand bei unseren Leuten. Wir konnten nichts mehr sprechen. Unserer guten Benita liefen ständig die Tränen herunter.

---

[72] Friedel Bohny-Reiter erzählte in einem Gespräch, daß ihnen die Deutschen nur 48 Stunden gegeben hätten, um fortzugehen. Alles, was sie nicht mitnehmen konnten, wurde beschlagnahmt. (M.F.-S.)

[73] Friedel Bohny-Reiter sagt, daß es damals im Lager nur noch Spanier und Zigeuner gab. (M.F.-S.)

Das war das Ende von allen gehegten Hoffnungen. Ich konnte nichts mehr für sie tun. Eisig pfiff der Wind übers Lager. Er riß an allem. Nachts waren wir nochmals auf dem Quai. Als wir den Zug, der endlos lang auf dem freien Felde stand, betraten, gab es einen Sturm. "La Senorita, la Senorita!" Ich wurde fast erdrückt. Dann fand ich auch all unsere Leute. Wir saßen noch eine Weile beisammen. Mir war unglaublich weh ums Herz. Als ich die Kinder nochmals singen hörte, kamen mir die Tränen. Was konnte ich noch helfen? Heimatlos muß ich sie lassen, verstoßen. Von einem Lager ins andere abgeschoben. Aber ihr Dank, ihre Freude taten mir dennoch gut, und es ist mir eine große Beruhigung ist, daß Elsbeth Kasser sich im Lager Gurs befindet.

Wir fuhren zurück ins Lager. Ein eisiger Wind machte uns das Radfahren direkt unmöglich. Wie oft hatte ich den Weg gemacht vom Militärbahnhof ins Lager. Wie oft traurig durch die Eindrücke vom Elend der unglücklichen Israeliten. Aber so schwer war mir das Herz noch nie. Ich sehe sie noch alle vor ihren Baracken stehen, auf den Lastwagen wartend. Keine Klagen, aber Trotz und Traurigkeit in den Gesichtern. Meine stolzen Spanier. Da sie nun weg sind, ist mir unfaßbar, daß es nicht mehr meine Leute sind, die für uns schafften, die mich liebten und mir jeden Wunsch von den Augen ablasen. Ich hatte die Verantwortung für sie, für ihr Essen, und plötzlich sollten sie nicht mehr zu mir gehören.

Eine kalte, tote Baracke empfing uns. Gestern um diese Zeit sangen wir noch - "Espana, partria mia". Wir zündeten rasch ein Feuer an, zogen unsere Schlafsäcke über die Ohren und schliefen todmüde ein. Am Morgen weckte uns die Kälte und die unheimliche Stille. Wir packten den Rest unserer Sachen.

Im Ilôt J wurde vom 'Service français' fieberhaft geräumt. Die Deutschen sollen am Freitag kommen. Ich sah noch rasch den Kommandanten. Müde, gealtert saß er vor mir. Unfähig, viele Worte zu machen. So war nichts mehr hier, das mich hielt. Die grauen Baracken ohne Kinderlärm waren trostlos. Selbst, die mir so lieben Hügel hatten dasselbe Grau. Der Mont Canigou war fern und kalt. Unsere Rucksäcke warteten. Ich schloß die Türen, aus Gewohnheit. Sie könnten ebenso gut offenbleiben. Und ging. Es war so merkwürdig, das zu verlassen, was mich sonst so viel kostete, weil die ganze Verantwortung auf mir lag.

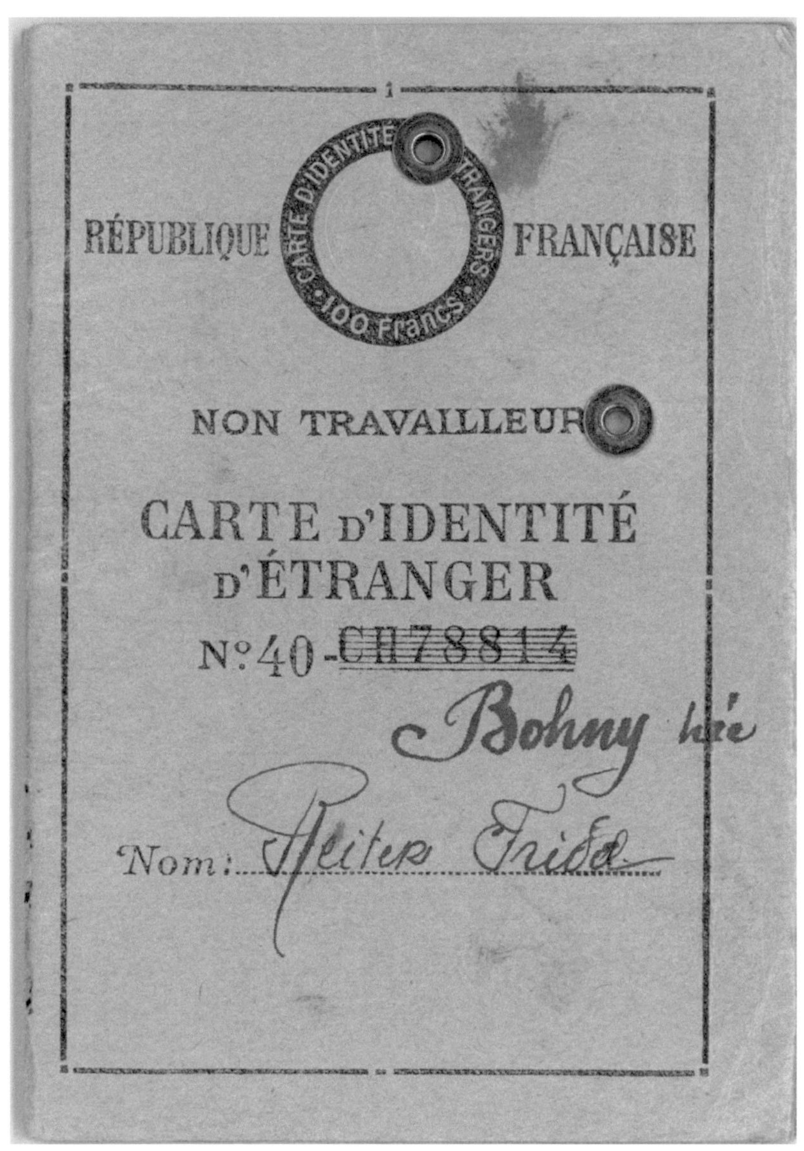

RÉPUBLIQUE FRANÇAISE

CARTE D'IDENTITÉ ÉTRANGERS · 100 Francs ·

NON TRAVAILLEUR

CARTE D'IDENTITÉ D'ÉTRANGER

N° 40-~~CH78814~~

Bohny née

Nom: Reiter Frieda

Identitätskarte von Friedel Reiter für die "freie Zone" 1942 (Nachlass F. Bohny-Reiter, AfZ)

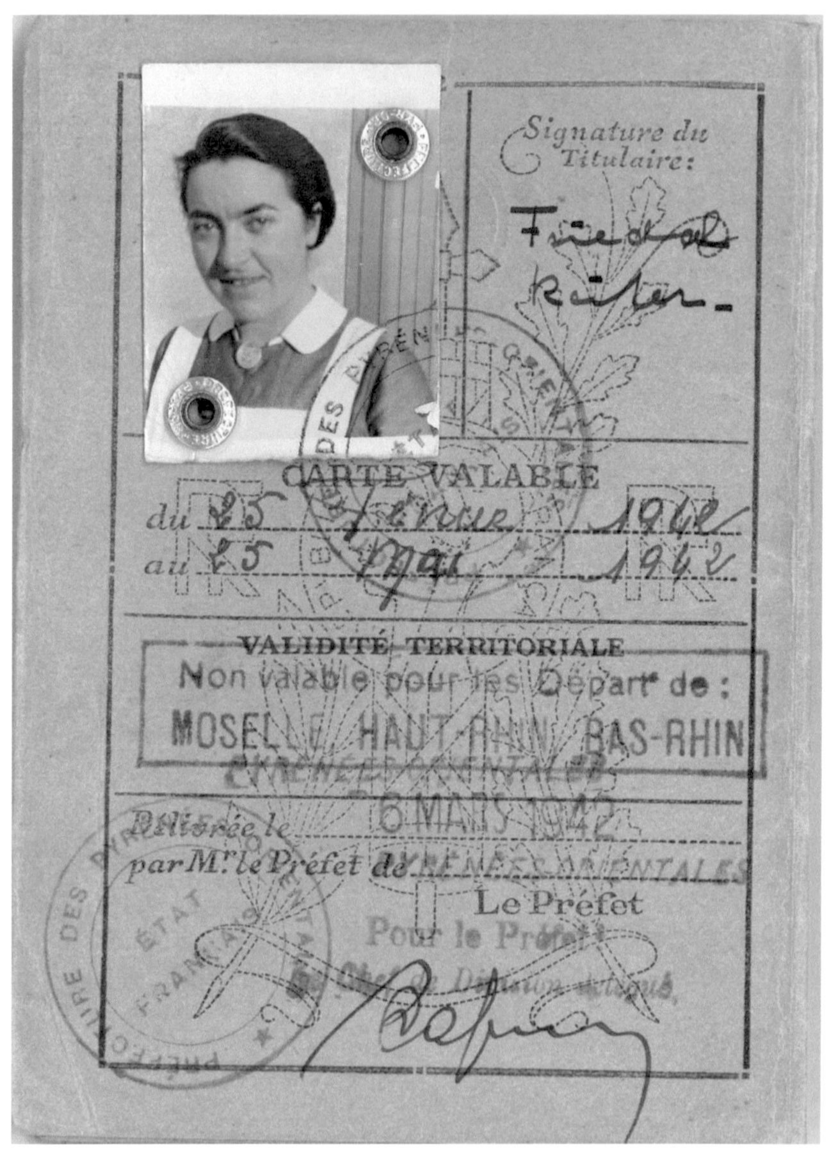

Signature du Titulaire: Friedel Reiter

CARTE VALABLE
du 25 Février 1942
au 25 Mai 1942

VALIDITÉ TERRITORIALE
Non valable pour les Départ^s de :
MOSELLE, HAUT-RHIN, BAS-RHIN

Délivrée le 6 MARS 1942
par Mr le Préfet de PYRÉNÉES ORIENTALES
Le Préfet
Pour le Préfet
Le Chef de Division délégué

Innenseite der Identitätskarte von Friedel Reiter für die "freie Zone" 1942 (Nachlass F. Bohny-Reiter, AfZ)

Briefe Friedel Reiters aus dem Lager Rivesaltes an ihre Familie in Kilchberg 14.11.1941 - 27.3.1942

Camp (Lager) Rivesaltes, 14.11.41

Meine Lieben,

endlich finde ich einen freien Augenblick zu schreiben. Ich habe, seit ich Euch verließ, so viel hinter mir, daß ich nicht weiß, wo beginnen.

Einmal, die Reise ging gut - Zoll glänzend - auch mein kleiner Spanier überstand die 28-stündige Reise gut. Schon in Bern sagte mir Olgiati, daß ich eventuell woanders hinkäme. So fuhr ich ziemlich ins Ungewisse, d.h. vorerst trotzdem nach Elne.

Wunderschön ist die Landschaft, der Ort ein Kaff. Die Maternité aus ganz primitiven Mitteln ist gut eingerichtet. Wie viel unendliche Mühe liegt in dieser Arbeit. Sämtliche Möbel sind aus Kisten gemacht, sogar Kästen und mein Feldbett, in dem ich eine Nacht prima schlief. Die ca. 20 Neugeborenen liegen in ovalen Zeinli.[74] *Die Atmosphäre im Haus ist recht fröhlich. Man findet hier wieder den glücklichen südlichen Schlag, der genügsam den Augenblick genießt. Gern wäre ich natürlich geblieben, aber ich hatte mir vorgenommen, dort zu helfen, wo man mich braucht, und das ist nun eben im Lager von Rivesaltes.*

So packte ich am Mittwoch das Nötigste in meinen Rucksack und fuhr mit der Leiterin mit dem Auto die ¾-stündige Strecke hierher. So einfach, wie ich's schreibe, ging es natürlich nicht. Bis der Karren lief, mußten wir tüchtig stoßen und so bei jedem Halt - über Bahnübergänge und Brücken. Aber doch rascher als zu Fuß erreichten wir das Lager, das sich weit in öder Landschaft, nahe am Meer, erstreckt. Bloß die schon verschneiten Berge der Pyrenäen leuchten weiß herüber und erinnern an die Heimat. Sonst ist es sehr, sehr grau - um so blauer dünkt einem der Himmel. Besonders nachts, wenn der Wind um die Baracken fegt und die Sterne groß und leuchtend über uns stehen, so hat dies etwas ungemein Beruhigendes für mich.

In der Schweizerbaracke, die mitten unter den anderen steht, arbeiten Sr. Elsie (von Zürich), eine Kindergärtnerin und ich; Sr. Elsie arbeitet hier seit Juli 1941. Ich schlafe in der Baracke nebenan, in einem kleinen Schlag, einem jener 'Zimmerche' in Regensburg ähnlich; vielleicht haben sie dort noch etwas mehr Komfort, doch schon nach dem ersten Tag hier sah ich, daß wir 3 Schweizerinnen es noch am schönsten haben hier. Ich schlief auch ganz präch-

---

[74] Kleine Weidenkörbe. (F.B.-R.)

tig in dem von unserem Schreiner gezimmerten Bett (ein Holzrahmen, 4 Klötze an den Ecken und einige gespannte Drähte mit einer Matratze). Die erste Nacht drückten die Drähte etwas, nun bin ich's gewöhnt, denn der Tag ist gut ausgefüllt, so daß ich abends todmüde bin - und glücklich meine stille Klause genieße.

Meine Arbeit ist sehr vielseitig, oft mit viel Schwierigkeiten verbunden, und es liegt ganz an mir, den Menschen hier etwas helfen zu können. Ich besuche täglich Frauen, Männer und Kinder in ihren Behausungen, abends kommen sie zu Sr. Elsie und mir in die Sprechstunde mit allerlei Anliegen, zu mir die Mütter mit Ernährungsfragen. Zum Glück haben wir Mittel und Vorräte zum Helfen. Französische Ärzte schaffen und helfen ja auch.

Die Kleiderfrage ist mir noch eine Sorge. Ich habe immer auf meinen Lagergängen meine grüne Reisetasche mit geschenkten Kleidern bei mir, doch sind wir damit leider schneller am Ende. - Heute habe ich von meiner grauen Pulloverwolle Finkli (kleine Wollpantoffel) angefangen und mein angefangener Pullover muß wohl auch dran glauben. Ich hab ihn ja nicht so nötig, aber Finkli muß ich haben.

Drei Tage bin ich nun hier, mich dünkt es drei Wochen, denn so unglaublich viel an Eindrücken ist auf mich eingestürmt. - Trotz allem bin ich glücklich hier, denn meine Arbeit ist die schönste meines Lebens bis jetzt. Wir drei haben ein schönes Zusammenschaffen. Wirtschaftlich geht's uns auch ganz gut. Auch jetzt sitzen wir in unserer kleinen Stube (durch eine Bretterwand von der Barackenküche getrennt) und besprechen Erlebnisse und neue Hilfsmöglichkeiten.

Ich habe wenig Zeit, an Euch und an die Heimat zu denken, - aber wenn es geschieht, so geschieht es von Herzen und mit tiefer Dankbarkeit für eine Heimat.

Nun b'hüet i Gott und blibet gsund und zfriede. Von ganzem Herzen grüßt Euch Eure F.

Rivesaltes, 4. Dez. 41

Meine Lieben Alle,

lieben Dank für Euren Brief, den ersehnten. Hier unten wartet man ja noch viel mehr als irgendwo anders auf Nachrichten von seinen Lieben.

Nun ist's sicher auch bei Euch Winter geworden wie hier, nur äußert es sich hier anders. - Wir hatten vergangene Woche Regen, aber Regen, wie ich ihn nie erlebte. Das Camp (Lager) glich einem See. Ihr könnt Euch vorstellen, un-

sere Leute mit ihrem schlechten oder ohne Schuhwerk. Als ich am 1. Adventssonntag erwachte, mußte ich zuerst in die Skischuhe stehen, denn das Wasser drang zu Fenster und Tür herein. Wir mußten alle paar Stunden ausschöpfen. Trotzdem zogen meine 2 treuen Spaniergehilfen mir den Reiswagen von Baracke zu Baracke, wo wir mit Jubel der Kinder, die uns bei dem Sturm nicht erwarteten, empfangen wurden.

Am Abend feierten wir drei in einer trockenen Ecke unserer Baracke um unseren Strahler sitzend trotzdem fröhlich Advent.

Wirtschaftlich wird für uns drei wirklich gut gesorgt, da braucht Ihr keine Angst zu haben. Wir essen 2 mal am Tag, aber reichlich. - In unserer Arbeit sind wir alle drei restlos glücklich. Man gibt sich Mühe, das Bedrückende nicht sehr in sich hineingehen zu lassen, das lähmt einem die Kräfte, und die brauchen wir zum Helfen. Zum Glück erlebt man ja täglich so viel Dankbarkeit nur allein von den Kindern, die ihre Blechgeschirre mit Reis gefüllt bekommen. Wir haben eben eine neue Sendung Lebensmittel vom Roten Kreuz zum Verteilen bekommen, das hilft wieder manchem etwas auf.

5.12.

Ich komme eben aus den Krankenbaracken, wo wir auch täglich den Reis verteilen. Da komme ich immer am wenigsten heraus: "Schwester, kommen Sie dann noch zu mir? - Hätten Sie nicht...? - Würden Sie mir...?", so tönt's gewöhnlich von allen Seiten. Vielen kann ich leider auch nicht helfen, als ihnen einige ermunternde Worte geben. Gerne wäre ich heute bei einem im Sterben liegenden alten Mütterchen geblieben, denn niemand kümmerte sich um es, doch mußte ich weiter. Morgen wird sein Bett wohl leer sein, und hier darf man nicht trauern.

Das Wetter hat umgeschlagen; herrlich weiß leuchten die Berge der Pyrenäen herüber, und schwarzblau ist das Meer; doch haben wir einen wahnsinnigen Wind - Velofahren unmöglich. Gestern warf er uns den Wagen mit den Reiskesseln darin um - zum Glück waren sie leer. Ich habe das Wärmste von meinen Sachen an, und in den Baracken liegen sie in Mänteln und Überröcken (so sie haben) in den Betten.

Wir erwarten in diesen Tagen Besuch von Frau Dr. Kägi aus Zürich und freuen uns sehr auf jemanden aus der Heimat.

Ich muß an meine Arbeit: für 250 Kinder Oliven richten und den Reis (6 ½ Uhr am Morgen).

Unsere Baracke ist am Morgen schon voll frohem Kinderlachen: 10 Glückliche, die in ein Kinderheim dürfen und die vor ihrer Abreise bei uns noch eine

Tasse Schweizermilch bekommen. Aber immer sind noch ca. 1.500 Kinder im Lager. Unsere Kindergärtnerin schafft zwar tüchtig. Neben ihrem Kindergarten hat sie zwei 'Foyers' eingerichtet, wo sich Kinder tagsüber, Schulkinder über Samstag und Sonntag, aufhalten können. Da gibt's Spiele, Malbücher und sonstige Bücher und auch einen Z'Vieri (Nachmittagsverpflegung) natürlich.

Ich muß aufhören, meine Finger sind kalt und steif - und ich will an die Arbeit, so bekomm ich warm.

Viele herzliche Grüße immer Eure F.

Rivesaltes, 11.12.41

Meine Lieben,

ich erhalte eben Eure lieben Zeilen, herzlichen Dank für die beiden Briefe; inzwischen wird auch mein Brief Euch erreicht haben. Ich bin froh, daß es gut geht bei Euch. Es ist schon so, ich habe Arbeit - Arbeit. Sr. Elsie ist für eine Woche nach Toulouse, und so bin ich ganz allein, denn Elsbeth Grauer ist in ihrem Kindergarten im Ilôt B, wo sie auch schläft.

Aber ich habe unseren Hund in der Baracke nachts, denn so ganz allein mit unserem großen Lebensmittelvorrat ist nicht so ratsam. Wir haben sehr kalt, und nachts ins Bett zieht man sich schon eher an als aus. Tagsüber kommt die Sonne und im Handumdrehen ist's wieder warm.

Gesundheitlich geht's uns allen sehr gut, und sonst ist es gut, daß man hier sehr viel Arbeit hat und keine Zeit zum vielen Nachdenken. - Wir arbeiten für Weihnachten, um doch ein wenig Stimmung in die Baracken zu bringen. Auch errichten wir einen Raum für eine Schneiderei und Schusterei mit Lagerinsassen.

Nun muß ich heute Mittag um einen Ofen aus(schauen), ferner um Tische und Bänke. Zwei Lagerinsassen haben uns bereits eine Baracke 'geweißt' und durch Bretterwände geteilt. Ofenrohre muß ich nach Elne verschicken und dann hier in unserer Küche bei der Reiskocherei nachschauen. Um 5 Uhr kommen die Mütter, und nachts gibt's die schriftliche Arbeit zu tun. So gehen die Tage im Flug um, kaum denkt man, wie gemütlich es jetzt viele im Schweizerländli haben, weil einem der Kopf zu voll ist davon, wie man hier denen, die frieren und darben, helfen kann.

Mit liebem herzlichem Gruß - in Eile - immer Eure F.

Weihnachten 1941 in Rivesaltes

Meine Lieben daheim,

meine Weihnachtsgrüße kommen wohl zu spät, doch sind die Gedanken diese Tage viel, viel bei Euch. Ich wünsche und hoffe, daß Euer Fest daheim ein frohes sei. Ich weiß ja, daß Ihr trotz des Kummers, der auch Euch in vergangener Zeit nicht erspart blieb, anerkennt, wie unglaubbar gut wir es noch haben im Vergleich zu den vielen, vielen vom Weltgeschehen Geschädigten.

Auch wir drei - alle Abend in unserer gemütlichen Ecke um den Strahler sitzend - müssen uns sagen, wie gut haben auch wir es noch. Weder in Italien, noch je früher wußte ich, was es ist, eine Heimat zu haben, erst jetzt, wo ich weiß, was es ist, keine Heimat mehr zu haben, verstehe ich es.

Das Herz ist mir heute schwer, denn es war so viel Freude und Leid auf einmal wieder - wie so oft. Da war eine kleine Kindergartenfeier von Elsbeths Kindern, so viele strahlende Augen, obwohl der Wind durchs Gebälk blies und sie in ihren Mänteln und Umtüchern sitzen mußten.

Dann war ich bei einer Mutter, deren 13-monatiges Kind in der Nacht gestorben war. Gestern noch fröhlich mit einer Erkältung, und am Morgen lag es kalt in seinem Kistenbettchen. Ich war heute zweimal bei der Mutter. Sie liegt auf ihrem Bett und weint. Neben ihr sind noch andere Frauen, Kinder spielen, lachen und schreien, das Essen wird verteilt und inmitten liegt noch die kleine Tote und schläft den Schlaf der Ewigkeit.

Wir verteilten den Reis in den Krankenbaracken der Frauen. Die Infirmière macht mich aufmerksam auf eine Schwerkranke: Sie hat in der Nacht eine ganze Flasche mit tödlich wirkender Läusetinktur getrunken. Sie hat große Schmerzen und verzweifelte Augen. Ich gehe zurück in unsere Baracke, und mir ist, als sei unsere Arbeit ein Tropfen auf einen heißen Stein. Und doch ich denke an die runden Kinder in der Maternité von Elne und an alle, die uns schon dankend die Hände gedrückt haben, und man nimmt die Arbeit wieder auf mit neuer Kraft.

So wünsche ich Euch ein frohes Hinübergehen ins neue Jahr; ich werde an Euch alle denken. Nun bleibt gesund und seid herzlich gegrüßt von Eurer F.

Rivesaltes, 3.1.42

Meine Lieben,

herzlichen Dank für Euren langen Brief. Emmy's heimeliges Erzählen ist für mich immer eine herzliche Freude, und es ist mir jeweilen, als höre *ich es berichten. Diese Tage ist man ja noch mehr als sonst in Gedanken verbunden.*

S'Leneli muß halt etwas Geduld haben mit seiner Gotte - einmal wird sie auch genug haben vom Weltenbummeln. Aber weißt, hier ist es schon nötig, daß ich bleibe und zu den vielen armen Kindlein schaue.

Wir hatten für mich unvergeßliche Weihnachten. Da gab's manch Päckli zu machen, aber am Weihnachtsmorgen lagen doch 1.050 Säckli in Kisten bereit. Im Bett waren wir jene Nacht nicht. Die Freude der Kinder hättet Ihr sehen sollen. Wir hatten eine ganze Baracke zur Verfügung. Da saßen sie mit kalten Füßen, aber strahlenden Augen. Vom Camp wurden sie auch beschenkt, und von Rivesaltes ließen sie ein kleines spanisches Orchester kommen. Wir fanden es gar nicht für Weihnachten passend. Doch als die Kinder die Melodien ihrer sonnigen Heimat hörten, brach ein solcher Jubel los. Sie waren nicht mehr zu halten, sie sangen vom ersten bis zum letzten Stück mit. Und wir selbst konnten nichts als uns mitfreuen.

Am 2. Weihnachtstag veranstalteten wir ein Festchen für 14-20-jährige, denn die sind nicht bei den 1.050 Kindern, dann eines für die alten Leutchen über 50 Jahre. Das ist immer etwas Rührendes, sie in großer Zahl beisammen zu sehen. Neben leidgefurchten Gesichtern sah man viele gleichgültige, abgestumpfte - und das zu sehen, tut noch mehr weh. Wir konnten noch etwas guten Wein auftreiben und etwas Konfekt-Ähnliches - da lebten sie auf. Besonders die alten Spanier sangen fast alle mit, als einige Knaben das Spanierlied "Asturia, patria querida" anstimmten. "Viva l'Espana!", rief Elsie, und "Viva la Suiza!" tönte es prompt von allen zurück.

Wir feierten dann noch mit den über 50-jährigen Israeliten, den israelitischen Schulkindern und mit den Kindergartenpflichtigen. - Gestern hatte ich noch mit meinen Müttern und den Kindern von 0-3 Jahren das letzte Festchen. Ich war ganz allein mit den ca. 160 Müttern und ebenso vielen Kleinen. Die letzten Restchen er so raren Kerzchen hatte ich nochmals angezündet, und zum Verschenken hatte ich für jede Mutter ein Päckchen Seifenpulver, für die Kinder ein Kässchächtelchen, das ich mit einigen dürren Apfelstückli, Biscuits und Halfa gefüllt hatte, und ein Spielzeug. Schweizer Schulkinder haben uns doch 12 Kisten selbstgesammelte Spielsachen geschickt. Das gab noch ein Fest für sich. Sie durften alle kommen, und vor ihren Augen wurden die Kisten geöffnet. Den Jubel hättet Ihr sehen sollen.

Alle unsere 'Festchen' hätte man in der Schweiz kaum 'Fest' genannt, denn es gab keine großartige Unterhaltung. Am Abend vorher gewöhnlich sagten Elsie oder ich: "Du, wir könnten morgen dies oder das veranstalten!" Etwas Eßbares haben wir bald gerichtet, denn zum Glück haben wir noch Vorräte. Ein geheizter Raum - einige Knaben, die singen - einige Mädchen, die tanzen -

sind immer bald gefunden unter den Spaniern. Sie unterhalten sich auch sehr gut selbst. Nie feierte ich schönere Weihnachtsfeste als hier.

Die Schweizer Kinder machen uns viel Freude hier mit ihren Sendungen. Einige Säcke Dörräpfel, von ihnen gesammelt, sind wieder im Anzug. Briefchen fliegen hin und her von Schulklassen, die Patenkinder haben, und mit den Spielsachen kamen auch Briefe und wurden mit viel Freude empfangen, wenngleich sie einander nicht kennen. Die Schweizerkinder erzählen vom Schul-, die Lagerkinder vom Camp-Leben. Räben(-lichter, ausgehöhlte Rüben mit Kerzen)-Umzugserlebnisse waren beiderseits vielbeschriebene Begebenheiten, denn auch hier veranstaltete Elsbeth Grauer einen, wäre dabei aber um ein Haar mit sämtlichen Kindern ins Gefängnis gewandert, da sie nicht den Chef du Camp um Erlaubnis gefragt hatte. Es gab eine kleine Aufregung unter den Wächtern, als der Liechtli-Zug so kühn durchs Barackendorf zog.

Leider begann das neue Jahr für uns mit einer großen Sorge. Elsbeth, die Kindergärtnerin mußten wir mit einer schweren Diphtherie in das Spital nach Perpignan bringen, in der Neujahrsnacht. So bin ich allein mit einem Haufen Arbeit, denn Elsie ging mit. Nun ist aber die größte Gefahr vorüber - ein Wunder, daß wir nichts erwischt haben. Ich bin nicht einmal geimpft. Wir haben überhaupt in vielem ein besonderes Glück. Letzthin hatten wir kein Holz mehr, schon den Schulkindern hatten wir anstatt Reis gedörrte Apfelstückli geben müssen. Der Campchef sagte uns, daß es selbst für die Campküchen knapp sei. Traurig saßen wir abends vor unseren kalten Herden. 1.280 Kinder, 60 Arbeitende, 120 Kranke sollten morgen keinen heißen Reis bekommen. - Wir wollten schon ins Bett, da fuhr draußen ein Lastwagen an: "Holz!", schrieen wir beide. Ohne Müdigkeit schichteten wir mit Hilfe unserer beiden 12-jährigen Spanier die 1.400 kg Holz in unsere Baracke - und dankbaren Herzens gingen wir dann zu Bett.

Wirtschaftlich geht es uns sehr gut, und ich habe bestimmt nicht abgenommen, bin auch trotz Kälte und Wind von jeglichen Rheumatismen verschont geblieben. Seit Elsbeth und Elsie fort sind, bin ich auch in unser etwas heizbares 'Büro' umgezogen, wo ich auf zwei Bänken und einem Grassack prächtig schlafe.

Wir haben das neue Jahr mit unserem 16 Spaniergehilfen und -gehilfinnen angefangen - und trotz allem mit viel Zuversicht. Einmal muß ja wieder Friede werden! Ich wünsch Euch fürs neue Jahr das, was ich für Euch alle Tage erbitte, Gesundheit und den Frieden und bin mit lieben Grüßen

immer Eure F.

Rivesaltes, 21.2.42
Meine Lieben,
meine Karte wird angekommen sein. Das Paket war eine mächtige Freude, am 19. kam noch eines von Albert, ich war ganz gerührt von so viel Verwöhntwerden. Die Schokolade und Gutzeli ißt man fast mit schlechtem Gewissen, inmitten der vielen Hungernden.

Gestern kam Emmys Brief, lieben Dank: Du wirst ja eine ganz dichterisch veranlagte Briefschreiberin, das hab ich gar nicht gewußt. Wie Du unseren verschneiten Garten beschriebst, fast hätte es Tränen gegeben. Oft ist es mir wie ein Traum, daß ich noch ein Daheim habe und was für eines, und daß das alles auf mich wartet, wenn ich es auch dieses Jahr wieder nur für kurze Zeit genieße, so gehört es doch noch zu mir.

Du fragst, wie lange ich gedenke, in Rivesaltes zu bleiben. Gestern kam eine Schweizerhilfe hier an, die meine Arbeit übernimmt. Ich werde Elsies Arbeit machen, damit es endlich, endlich für einen Monat aussetzen kann. Voraussichtlich werde ich im Mai meine Ferien nehmen, um auf die große Hitze wieder hier zu sein, denn so lange Krieg ist und wir Arbeit haben, schaffen wir mit, wo es auch sei. Kinder kommen ja immer mehr und mehr fort, nun sind es noch 800. Dafür haben wir von Tag zu Tag mehr Erwachsenen-Verteilungen. Ab 25.2. übernehmen wir die vollständige Verpflegung der 75 schwersten Cachétique-Fälle (Menschen mit schweren Hungerödemen). Wir freuen uns schon heute auf die neue Arbeit. Wir sind ja so dankbar, daß wir immer wieder Mittel haben zu helfen. Ihr glaubt gar nicht, was hier der Name 'Suiza' (Schweiz) bedeutet.

Sonntagmorgen
Nun scheint doch der Frühling zu kommen. Vor mir blüht im Wasserglas ein Mandelzweig. Auch die Kälte hat nachgelassen. Ich habe heute die erste Begegnung mit einer Wanze gemacht. Mit der Wärme wird das Ungeziefer nun wieder kommen.

Bei Euch muß es ja jetzt ganz, ganz herrlich sein! Daß Ernst den Frühling ersehnt, glaube ich. Ist man gesundheitlich nicht ganz auf der Höhe, ist die Kälte schwerer zu ertragen. Und doch staune ich, wie viele hier mit geschwächten Nerven und Körperkraft sich tapfer durch den Winter schlugen. Unsere Köchin z.B. - sie verlor im Spanienkrieg den Mann und 3 Kinder (3 Tage saß sie mit dem kleinsten toten Kind im Arm in einem Keller). Sie arbeitet in unserer Baracke unermüdlich und einige Male hab ich sie sogar ein Liedchen singen hören. Ich fragte sie: "Esta contenta?" - "Haique perder nun-

ca la speranza" (man darf nie die Hoffnung verlieren), ist ihre Antwort. Im April hofft sie, mit dem einzig übriggebliebenen Kind nach Spanien zurückzukehren - in die Heimat und doch ins Ungewisse.

Leider muß ich meine Korrespondenz auf ein Minimum beschränken, so sehr ich mich über jeden Gruß freue. Nun 'guete Sunntig'. In herzlicher Liebe

immer Eure F.

Rivesaltes, 27.3.42

Meine Lieben,

gestern das herrliche Päckchen, heute Emmys Brief, ganz lieben Dank. Das gab ein kleines Fest. Schön muß der Schweizer Frühling sein, nach dem grimmigen Winter!

Elsie wollte mich durchaus noch einen Tag zum Camp hinaus haben vor seiner Abreise, so zog ich am Sonntag, 15.3., mit dem Velo los, der Küste entlang bis vor Cerbère (Grenzort France - Espagne). Ich war nach all den Campwochen wie frisch erwacht; daß es solche Schönheit gibt! - Das Meer blau und weit die steilen Hügel voll blühender Pfirsiche, Mimosen und Mandelbäume und - freie Menschen.

Am 16.3. verließ uns Elsie. Augenblicklich hab ich wohl die trübste Zeit hier. Unsere welsche Schweizerhilfe ist wohl tüchtig in ihrer Arbeit - doch leben wir nicht mit-, sondern nebeneinander. Sie findet es "degoutant", kleine Spanierkinder auf den Arm zu nehmen und hilflose Kranke zu berühren und aufzusetzen. Natürlich haben sie alle Ungeziefer, aber das ist doch kein Grund!

Mit der Wärme kommen nun auch die Wanzen und was mir mehr Kummer macht, die vielen Ratten. Wir haben ein großes Magazin, und wenn sie mir alle Reissäcke anfressen, ist es nicht lustig. Wenn ich in meinen kleinen Schlafraum gehe, springen mir immer einige über den Weg. Ich war heute auf der Suche nach einer Katze in Rivesaltes - erfolglos - ein zu rarer Artikel bei der Fleischknappheit!

Am Montag habe ich die Erbsbreiverteilung an 350 unterernährte Erwachsene angefangen. So geben wir pro Woche 12.000 Portionen Reis und Suppe aus. 50 Koloniekinder für eine neue Schweizerkolonie durfte ich suchen (Montluel bei Lyon), ferner 30 Patenkinder. Fein, daß man die Arbeit noch vergrößern darf. - Gottlob nimmt die Kinderzahl ab, 1.500 im November, jetzt 850. Israelitenkinder können viele nach Amerika.

Dann haben wir große Umzüge: Ilôts müssen geräumt werden. Unser schönes Foyer im Ilôt B hieß es auch räumen, mit meinen Wandkohlezeichnungen. Es hieß, eine neue Baracke suchen; bis man endlich die Erlaubnis vom Chef de Camp hatte, hieß es laufen. Dann ein Lastwagen zum Transport von Tischen, Bänken, Ofen, Herd, usw. Dann Bretter für unseren Schreiner für eine séparation, denn die Baracke ist ein Raum, und ich möchte 'Foyer, Teeküche und Bibliothek' (wir haben 800 Schweizer Bücher), dann Nägel, Glühbirnen, Vitrex (zum Ersetzen von Scheiben) vom Chef du matériel. Ich sauste heute schnell nach Rivesaltes für Farbe und Beize. Mit einem Stückchen Käse konnte ich einen Maler bestechen (es sind ja alles unverkäufliche Artikel jetzt). Wir haben auch rot-weiß-g'hüsleti Vorhänge, Bastlampenschirme und unsere schöne Schweizer Fahne darin. Ich freu mich schon, bis alles eingerichtet ist und unsere 200 alten Leutchen abends um 5 Uhr zum Tee kommen können und die Kinder zum Spielen.

Ganz mächtige Freude erlebe ich an unseren Gärten. Mein Spanierbauer, seit er bei uns etwas herausgefüttert ist, schafft mit zwei Jungen tüchtig. Der eine Garten ist fertig, mit dichtem Stacheldraht (ich war fünfmal beim Materialchef, bis ich's bekam) umzäunt. Die Rüebli kommen und die 'petits pois vert' sind 20 cm hoch. Hier im Ilôt K haben sie heute Mist hinuntergegraben und Zwiebeln gesetzt. Es war eine Arbeit, bis man auf Erde kam, hieß es immer 15 - 20 cm Steine aufpickeln und wegtragen. Aber doppelt groß ist die Freude, wenn etwas wächst.

So ist meine Arbeit weniger in den Baracken als unterwegs für die Verpflegung' hinter den Kochkesseln, im Magazin und Büro. Bloß abends von 5-7½ sitze ich an meinem Plätzchen hier, um eins nach dem anderen, die dichtgedrängt vor der Türe stehen, anzuhören. Es ist eine schöne und zugleich ermüdende Arbeit, denn ich kann ja nicht allen helfen, die kommen. Ach, könnt ich's doch!

Viele kleine Freuden erlebt man da: Kinder, die einem ein Sträußlein Unkrautblümlein bringen, eine kleine Zeichnung, ein Brieflein oder auch nur ein fröhliches "buonas tardes, Seniorita" haben. Oder sie kommen zum letzten Z'Morge vor der großen Reise, sei es zurück in die Heimat oder in die Kolonie.

Wir sind unserem Schweizerländli so tief dankbar, jedem einzelnen in der Heimat, daß wir hier immer noch geben dürfen. Könnten doch alle etwas spüren von den vielen dankbaren Herzen, die es nicht nur sind den draußen Schaffenden gegenüber, sondern vor allem dem schenkenden Lande.

So - nun fallen mir wirklich die Augen zu - es rückt gegen 2 Uhr.

Es grüßt Euch herzlich Eure F.

P.S.: Namen, die in den Briefen erwähnt sind
Emmy - meine Schwester; Ernst - ihr Mann; Lenely - ihre Tochter, mein Patenkind; Albert - mein Bruder.
F. - abgekürzt für 'Friedel'

*

P.S.: Ein Erlebnis, von dem zu erzählen ich mich in meinem Bericht gescheut habe, möchte ich nun doch noch erwähnen.

Aufgebrachte Stimmen vor unserer Baracke ließen uns eines Morgens aufhorchen - es war im unruhigen Sommer 1942. - Wir waren gerade am Kochen der Mahlzeiten, und die Baracke war bis zur Essensverteilung geschlossen. Ich öffnete die Türe und verstand einige Sätze der aufgebrachten Menge - es müssen einige Dutzend gewesen sein: "Voilà la Suisse, comme elle aide les réfugies, comme elle refoule les femmes et les enfants!", und schon kamen Steine gegen die Barackenwände geflogen. Erschrocken schloß ich die Türe. Als es draußen etwas ruhiger geworden war, kamen zwei jüdische Männer, klopften an und meinten - sichtlich verlegen: "Ach, Schwester, es tut uns so leid, auch Sie sind ja machtlos, aber Sie müssen verstehen, unter den gestern Nacht Angekommenen waren Frauen und Kinder, welche versucht hatten, sich in die Schweiz zu retten, zurückgeschickt (refoules) und anschließend in Frankreich aufgegriffen und ins Lager zurückgeschickt worden waren." Ein Gefühl der Ohnmacht befiel mich, wie immer wieder. Im übernächsten Transport fuhren auch diese Leute ostwärts ihrem Schicksal entgegen.

Daß die Schweiz ihre Grenzen für Flüchtlinge geschlossen hatte, erfuhr ich erst später.

SCHWEIZERISCHE ARBEITSGEMEINSCHAFT FUER KRIEGSGESCHAEDIGTE KINDER
Zentralsekretariat: BERN, Kesslergasse 13. Telephon: 2.60.70.

(NICHT FUER DIE PRESSE!)

Aus unserer Arbeit im Lager von Rivesaltes.

Seit einiger Zeit werden immer zahlreichere ausländische Flüchtlinge (Frauen und Kinder), die sich in verschiedenen französischen Flüchtlingslagern befanden, nach dem neu eröffneten Lager in Rivesaltes (in der Nähe von Perpignan) gebracht. Die meisten Insassen des Lagers in Argelès kamen dorthin und auch ein Teil derjenigen aus Gurs.- Nach grossen Schwierigkeiten ist es unseren Delegierten gelungen, die Erlaubnis zu erhalten, eine Vertreterin zu dauerndem Aufenthalt in das Lager zu senden. Wir geben hier aus dem ersten Brief vom 5. Aug. 1941 unserer Vertreterin, Schwester Elsa Ruth, einen ersten Bericht über das begonnene Hilfswerk.

.... "Genau 14 Tage sind es her, seitdem wir endlich die Erlaubnis erhielten, hier zu arbeiten. Inzwischen habe ich gar viel gesehen und erlebt. Das Lager kennst Du, glaube ich; man glaubt sich in der Wüste. Das Gelände ist ganz flach. In der grossen Barackenstadt (das Lager kann bis 20'000 Insassen fassen) gibt es drei Feigenbäume, die jedoch nur noch einige Blätter haben, da die unreifen Früchte bereits von den Beherbergten - wie man so schön sagt - gepflückt wurden. Zwischen den grossen Steinbaracken mit ihren heissen, roten Ziegeldächern wachsen garstige Disteln und verdorrtes Gras. Wirklich öde ist die Gegend! Das Lager wurde scheints für die Senegalesen am Anfang des Krieges gebaut, damit sie sich hier an die europäischen Verhältnisse und das europäische Klima gewöhnen sollten. Mir scheint es wäre geeigneter um Europäer auf "afrikanisches Leben" vorzubereiten!

Die ersten Tage verstrichen mit offiziellen Demarchen und Studieren des Lagerlebens und der Organisation unserer Hilfe. Da das Lager sehr ausgedehnt ist und die Zahl der Kinder derart hoch, sah ich gleich ein, dass es unmöglich wäre eine einzige Kantine im Zentrum des Lagers zu haben. Ich besuchte all die bereits bestehenden Organisationen und kam zu dem Schluss, dass das beste eine Verteilung eines Z'Vieris in den Schulen sei. Ich habe deshalb um eine Baracke in des Lagers Mittelpunkt gebeten, von wo aus wir seit 1. August ein goûter an alle Kinder des Lagers, gesunde und kranke, von 3 - 14 Jahren verteilen etwa 2'000 im Ganzen. Da die Küche noch nicht fertig eingerichtet ist, geben wir den Kindern momentan Feigenbrot oder Käse oder Halva; auch frische Früchte, für die uns auch die OSE einen monatlichen Kredit von ffrs. 2'000.- gemacht hat. Uebermorgen werden wir mit der Reiskocherei beginnen können und den Kindern zu dem Reisbrei tägl. Obst, Konfitüre oder Oliven geben können.- Die Säuglinge (0 - 3 J) erhalten von unserer Milch. Wir haben die Oberaufsicht über die Milchverteilung, 900 lt pro Tag, Pulvermilch und Frischmilch. Ausser den Kindern bis zu 6 Jahren bekommen kranke und alte Leute über 60 Jahre Milch. Den eventuellen Rest brauchen wir für unsern Reis. -

Wie ein Blitz ging die Nachricht:"die Schweizerschwester ist da!" durch das Lager und hunderte von Müttern kamen gleich in den ersten Tagen zu mir, um für die langersehnte Hilfe zu bitten. Von gar viel Kummer und Sorgen, von Elend und Hunger habe ich in diesen Tagen gehört, von Verzweiflung und Mutlosigkeit .. und alle, alle hier sind so dankbar, dass wir doch noch gekommen sind.-

Theoretisch ist das Lager gut organisiert; praktisch aber klappt es gar nicht und traurig ist, dass die Kinder in dem Masse unter den bestehenden Misständen leiden müssen. Was momentan uns besonders beschäftigt ist die Ernährungsfrage. Traurig ist, dass trotzdem wahrscheinlich die zur Ernährung des Lagers nötigen Lebensmittel beschafft werden könnten. Sie gehen jedoch durch so viele Hände, dass schliesslich der Flüchtling nurmehr eine ganz ungenügend grosse Ration erhält. Die Kinder sind ausnahmslos unterernährt. Dazu hat das beinahe tropische Klima noch einen sehr schlechten Einfluss auf sie. Bevor wir kamen, wurde schlechte Pulvermilch verwandt, die ganz kleinen sind deswegen und infolge der Hitze und ganz mangelhaften hyg. und sanitären Einrichtung der Infirmerie in grosser Zahl gestorben. Wir haben alles getan, um einige zu retten. Morgen werden wir den dritten Transport nach Banyuls machen.-

Ich muss leider schliessen. Bald mehr. Erwarte jedoch bitte im Moment keine grossen Rapporte, da es fürchterlich heiss ist und wir augenblicklich sehr unter Flöhen und hauptsächlich unter Wanzen leiden. Ratten gibts etwas weniger; dafür hat man andere Erlebnisse. In der zweiten Nacht schon stieg eine Garde zu mir ins Zimmer. Ich glaube kaum, dass ich sie sehr sanft angesprochen habe, da sie gleich rechts um kehrt machte und zum Fenster hinaus sprang. In der Baracke erlebte ich auch schon am ersten Abend einen Schreck. 12 Std. nachdem die ersten Lebensmittel im Magazin waren, hatten die Kinder bereits einen Schlüssel zu einer Türe fabriziert - und eingebrochen. Glücklicherweise konnte man die Schlingel erwischen. Hierauf habe ich natürlich gleich mein Lager zwischen Olivenfässern, Konfitüre, Reissäcken und Milchkisten aufgeschlagen!"- ....

Wir freuen uns, dass nun neben dem Lager in Gurs auch Rivelaltes seine eigene Schweizerhilfe bekommen hat. Die zur Verteilung gelangende Milch wurde von unserer Arbeitsgemeinschaft aus der Schweiz geliefert; der Reis wurde unserer Vertreterin von den amerikanischen Quäkern zur Verteilung anvertraut, und die übrigen Lebensmittel (Konfitüre, Feigenbrot, Oliven und Halva, eine sehr nahrhafte, fetthaltige Fruchtpaste) wurden aus dem speziellen Fonds bezahlt, der auf einen besondern Appell zugunsten der französischen Flüchtlingslager hin in den letzten Monaten geöffnet wurde.

Wir bitten ausdrücklich, diesen Bericht nicht für die Presse zu verwenden. Die französischen Behörden erleichtern unsern Delegierten wo immer möglich ihre Arbeit. Wenn trotz allem von mancher Seite gezeigten guten Willen die Verhältnisse vielerorts furchtbar sind, so sind sie hauptsächlich auf die immer schwieriger werdende allgemeine Lage Frankreichs zurückzuführen. Eine Veröffentlichung dieses Berichtes in der Presse würde von den französischen Behörden mit Recht als Rückenschuss empfunden werden und hätte zur Folge, dass die unseren Helferinnen in den Lagern eingeräumten Erleichterungen hinfällig würden, was auch für ihre Schützlinge verhängnisvoll wäre.

Bericht der Zentralstelle der *Schweizerischen Arbeitsgemeinschaft für kriegsgeschädigte Kinder* (*SAK*) mit den Auszügen aus dem ersten Brief von Elsie Ruth aus dem Lager Rivesaltes vom 5.8.1941 (Nachlass F. Bohny-Reiter, AfZ)

Schweiz. Arbeitsgemeinschaft für kriegsgeschädigte Kinder
Cartel Suisse de Secours aux Enfants Victimes de la Guerre
Associazione Svizzera di Soccorso ai Bambini Vittime della Guerra

Zentralsekretariat: Bern, Kesslergasse 26 - Telephon 2 60 70 - Postcheck III 4945

Berne, 30 octobre 1941. Mi

P O U V O I R

Le CARTEL SUISSE DE SECOURS AUX ENFANTS VICTIMES DE LA GUERRE certifie que

Mademoiselle Friedel REITER

née en 1912, citoyenne suisse, infirmière, est une collaboratrice à l'action de secours entreprise en France par notre Cartel et en faveur des enfants victimes de la guerre.

Elle est autorisée à présenter cette lettre à tout représentant de l'Autorité civile ou militaire dont elle pourrait être amenée à solliciter l'appui dans l'accomplissement de sa mission. Nous sommes particulièrement reconnaissants par avance de l'aide et de la sollicitude dont elle pourrait être objet.

Pour le CARTEL SUISSE DE SECOURS AUX ENFANTS VICTIMES DE LA GUERRE:

Le Secrétaire Général:

R. Olgiati

Rodolfo Olgiati

Vu Au consulat de France à Zürich

Zürich le 5 novembre I94I

CONSULAT DE FRANCE ZÜRICH

Begleitschreiben für Friedel Reiter über ihre Anstellung bei der *SAK*, mit einer Bestätigung des Französischen Konsulats in Zürich, vom 30.10.1941 (Nachlass F. Bohny-Reiter, AfZ)

C o p i e .

SECOURS SUISSE AUX ENFANTS.
Délégation pour la France non occupée
71, Rue du Taur,
Toulouse.

Rivesaltes, am 25. November 1941.

An den Schweizerischen
BUNDESPRAESIDENTEN,
B e r n .

Sehr geehrter Herr Bundespräsident,

Warscheinlich finden Sie es kühn, dass drei ganz unbekannte Schweizerinnen sich wagen, mit einer grossen Bitte an Sie zu gelangen. Aber da wir inmitten von unendlich viel Not und Elend leben und Sie, Herr Bundespräsident, der einzige Schweizer sind, der uns in dieser Angelegenheit helfen kann, haben wir uns entschlossen, direkt an Sie zu schreiben, hoffend, dass Sie uns entschuldigen und verstehen werden.

Von der Tätigkeit der Schweizerischen Arbeitsgemeinschaft für Kriegsgeschädigte Kinder in den Interniertenlagern von Südfrankreich haben Sie bestimmt schon gehört. Seit August 1941 hat dieses Hilfswerk im Lager von Rivesaltes direkt sein Zelt aufgeschlagen. Tausende von Flüchtlingen, davon gegen 2000 Kinder wohnen hier in diesem grauen Barackendorf. Man kennt ja im grossen ganzen das traurige Los dieser Menschen, deren erster, grosser Schmerz es war, ihre Heimat, meist auch ihr ganzes Hab und Gut zu verlassen, um nun hier unter den primitivsten Verhältnissen die Lösung des Völkerzwistes abzuwarten. 1 - 2 1/2 Jahre sind alle diese Familien bereits interniert, sodass sich zum Heimweh die schwere Sorge um Gesundheit und Kleidung eingestellt hat. Im letzten Winter reichten Kräfte- und Kleiderreserven noch aus zur Ueberstehung der kalten Monate. Jetzt jedoch, wo hier am Meer seit Wochen fast ununterbrochen ein heftiger, kalter Wind übers Land fegt, leiden gar viele Menschen bitterlich, da ihre fadenscheinigen Kleider sie nur kümmerlich vor dem Unbill der Witterung zu schützen vermögen. Wir halfen, soviel wir helfen konnten. Doch ist nun leider unser Kleidervorrat gänzlich erschöpft.

Die Schweiz hat den Flüchtlingen bereits unendlich viel geholfen. Die vorletzten Sommer zu deren Gunsten veranstaltete Kleidersammlung war ein grosser Erfolg. Ein Teil dieser Sache wurde uns zugeschickt und von uns unter sie verteilt. Leider legten sich dann die Verhältnisse hindernd dazwischen, indem die Schweiz ihre Grenzen aus gut zu verstehenden Gründen schliessen musste. Viele Zentner dieser

./.

Kleiderspende liegen somit noch in Bulle (Gruyère) eingelagert ohne je an ihren Bestimmungsort gelangt zu sein, aber auch ohne jemandem in der Schweiz zu helfen. Es handelt sich dabei nicht um neue, sondern getragene meist so altmodische Kleider, die in der Schweiz von den wenigsten getragen würden, hier aber ein unschätzbarer Reichtum wären. Es kommen täglich Menschen in unsere Schweizerbaracke in Lumpen gekleidet, ohne Unterwäsche, ohne Mäntel, ohne Strümpfe und viel ohne Schuhe. Es ist schwer, diese Not mitanzusehen und nicht helfen zu können.

Wenn wir drei Schweizerinnen hier im Lager immer noch unsere Arbeit tun können, so ist es zum grossen Teil, weil wir den Gedanken an unsere liebe Heimat, die uns erhalten bleiben durfte, in uns tragen dürfen. Und wir wagen zu hoffen, dass uns unsere Heimat helfen wird, die bittere Not hier ein wenig zu lindern. Wie viele Mitmenschen könnten sich mit dieser noch verbleibenden Kleiderspende vor der harten Winterkälte schützen. Gleichzeitig könnten wir durch diese Hilfe wieder einen kleinen Hoffnungsschimmer in ihr dunkles, sorgenschweres Leben bringen.

Wir schliessen mit der Hoffnung, dass Sie, sehr geehrter Herr Bundespräsident, uns die Erlaubnis zum Export der in der Schweiz nutzlos liegenden und für die Flüchtlinge hier bestimmten Kleider werden geben können, um uns zu ermöglichen, gar viele Menschen vor Kälte und Krankheit zu schützen.

Mit vorzüglicher Hochachtung grüssen Sie

ELSA RUTH sig. Elsa Ruth
FRIEDA REITER Frieda Reiter
ELSBETH GRAUER Elsbeth Grauer.

Brief von den Krankenschwestern Elsie Ruth, Friedel Reiter und Elsbeth Grauer aus dem Lager Rivesaltes an den Schweizerischen Bundespräsidenten in Bern, 25.11.1941 (Nachlass F. Bohny-Reiter, AfZ)

Marcel Dubois (oben), Leiter der Schweizer Kinderhilfe in Südfrankreich - Elisabeth (Bethli) Eidenbenz, Leiterin der Maternité in Elne, mit dem spanischen Mädchen Esperanza; Fotoreportage von Paul Senn, in: Schweizer Illustrierte Zeitung, Nr. 9, 25.2.1942 (Nachlass F. Bohny-Reiter, AfZ)

Ansichtskarte der Burg in Perpignan, die Friedel Reiter an ihre Familie in Küsnacht (ZH) im Februar 1942 geschrieben hat (Nachlass F. Bohny-Reiter, AfZ)

Elsie Ruth verteilt Zusatzmahlzeiten. Eine Fotoreportage von Paul Senn, in: Schweizer Illustrierte Zeitung, Nr. 9, 25.2.1942, Titelseite (Nachlass F. Bohny-Reiter, AfZ)

Barackenlager in Rivesaltes. *Fotos: Paul Senn*

Schweizer Baracke in Rivesaltes (Foto Paul Senn, Nachlass F. Bohny-Reiter, AfZ) - Friedel Reiter (oben) mit ihren Gehilfen verteilt Zusatzportionen Reis (Foto Paul Senn, Schweizer Illustrierte Zeitung, Nr. 9, 25.2.1942, Nachlass F. Bohny-Reiter AfZ)

Les enfants qui partent à Montluel 33

dernier jour au camp

à la gare de Rivesaltes avant le départ pour la colonie de Montluel

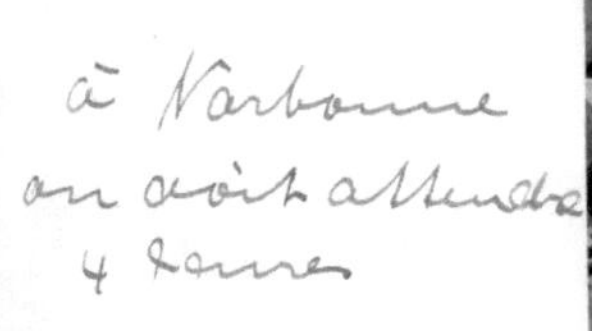

Transport der Kinder von Rivesaltes in die neue Kolonie in Montluel, den Friedel Reiter begleitete. August Bohny hatte diese Kolonie eingerichtet, sie trafen sich zum erstenmal auf dem Bahnhof in Lyon am 30.4.1942 (Archiv F. Bohny-Reiter, AfZ)

55

Réunion à Montluel
21, 22 mai 1942

Mitarbeitertreffen der *Kinderhilfe* in Montluel, 21.-22. Mai 1942 (1. Seite, Bild 1: Reihe 1, 2. von links Friedel Reiter. Bild 2: von rechts Elsie Ruth, Emmi Ott, Rösli Näf. Bild 3: 2. von links Elsbeth Kasser. Bild 4: Mitte, 2. von links Maurice Dubois, Ellen Dubois, Rodolfo Olgaiti (Nachlass F. Bohny-Reiter, AfZ)

2 Seite, Bild 1: 1. Reihe Elsie Ruth, Rösli Näf; Bild 2: stehend 1. von links August Bohny, 3. Annemarie Paur, sitzend, 1. Reihe, 2. von links Friedel Reiter, 3. Ellen Dubois; stehend 4. von rechts Rodolfo Olgiati. (Nachlass F. Bohny-Reiter, AfZ)

Der erste Besuch von August Bohny bei Friedel Reiter im Lager Rivesaltes im Mai 1942 (oben; Archiv F. Bohny-Reiter, AfZ) - Jüdische und spanische Kinder ,vor der Schweizer Baracke im Lager Rivesaltes 1942 (Archiv F. und A. Bohny-Reiter, Basel)

Friedel Reiter, Sintimädchen im Lager Rivesaltes (Aquarell 25 x 25), Mai 1942 (Archiv F. und A. Bohny-Reiter, Basel)

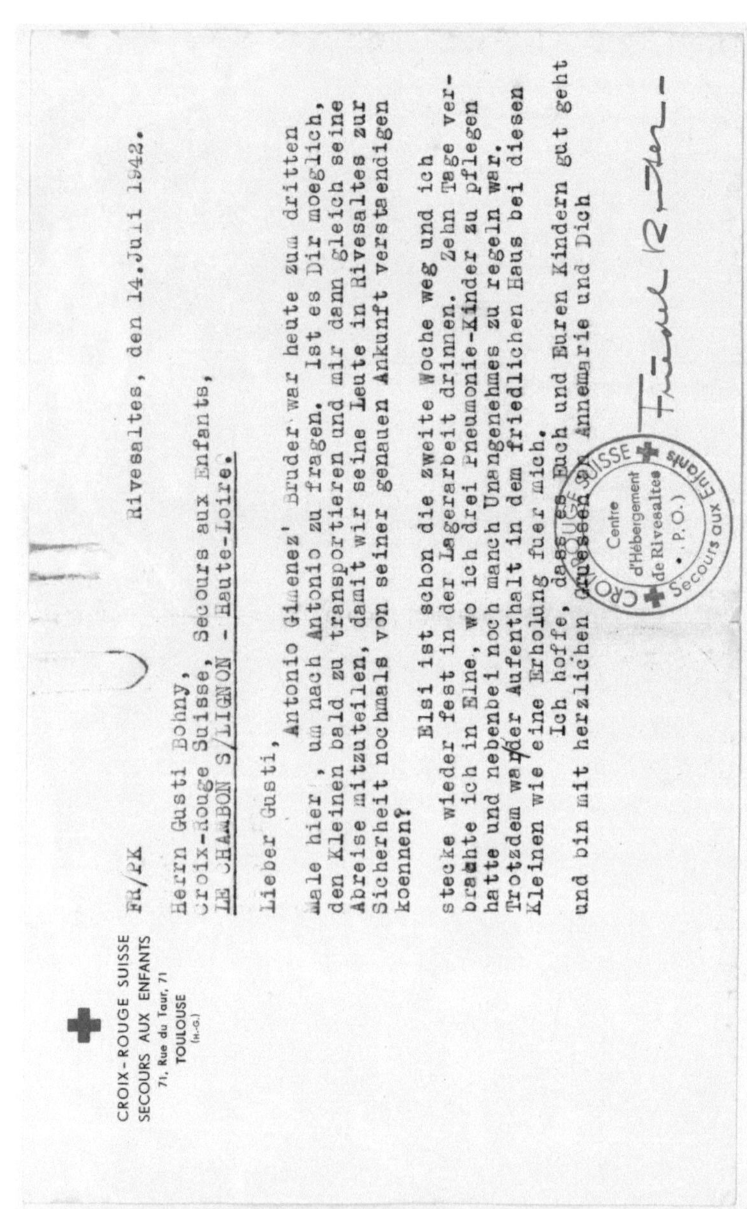

CROIX-ROUGE SUISSE
SECOURS AUX ENFANTS
71, Rue du Taur, 71
TOULOUSE
(H.-G.)

FR/PK

Rivesaltes, den 14.Juli 1942.

Herrn Gusti Bohny,
Croix-Rouge Suisse, Secours aux Enfants,
LE CHAMBON S/LIGNON - Haute-Loire.

Lieber Gusti,

Antonio Gimenez' Bruder war heute zum dritten Male hier , um nach Antonio zu fragen. Ist es Dir moeglich, den Kleinen bald zu transportieren und mir dann gleich seine Abreise mitzuteilen, damit wir seine Leute in Rivesaltes zur Sicherheit nochmals von seiner genauen Ankunft verstaendigen koennen?

Elsi ist schon die zweite Woche weg und ich stecke wieder fest in der Lagerarbeit drinnen. Zehn Tage verbrachte ich in Elne, wo ich drei Pneumonie-Kinder zu pflegen hatte und nebenbei noch manch Unangenehmes zu regeln war. Trotzdem war der Aufenthalt in dem friedlichen Haus bei diesen Kleinen wie eine Erholung fuer mich.

Ich hoffe, dass es Euch und Euren Kindern gut geht und bin mit herzlichen Gruessen an Annemarie und Dich

Friedel Reiter

Brief von Friedel Reiter an August Bohny vom 14.7.1942 (Nachlass F. Bohny-Reiter, AfZ)

Friedel Reiter vor der Schweizer Baracke in Rivesaltes 1942: Briefkasten an der Schweizer Baracke im Lager Rivesaltes für Briefe an die Pateneltern, Gönner und Kinder in der Schweiz 1942 (Archiv F. und A. Bohny-Reiter, Basel)

Elsbeth Kasser (oben links) bei einem Besuch im Lager Rivesaltes vor der Schweizer Baracke im Sommer 1942 (Archiv F. und A. Bohny-Reiter, Basel) - Elsie Ruth (unten), die erste Leiterin der Schweizer Baracke im Lager Rivesaltes, und Friedel Reiter mit den spanischen und jüdischen Kindern 1942 (Archiv F. und A. Bohny-Reiter, Basel)

Kleinkinder in Rivesaltes (oben) mit den frisch eingetroffenen Paketen aus der Schweiz 1942 (Nachlass F. Bohny-Reiter, AfZ) – Kinder im Lager Rivesaltes freuen sich über die Pakete aus der Schweiz 1942 (Archiv F. und A. Bohny-Reiter, Basel)

Das Personal der Schweizer Baracke im Lager Rivesaltes mit den jüdischen und spanischen Helferinnen und Helfern im Sommer 1942 (Archiv F. und A. Bohny-Reiter, Basel) - Die Vorbereitung der Zusatzmahlzeiten vor der Schweizer Baracke, von links: Gertrud Hörner aus Basel, Frau Dr. Schwamm aus Wien und zwei andere Helferinnen, Sommer 1942 (Archiv F. und A. Bohny-Reiter, Basel)

Zwei spanische Flüchtlingsfrauen stricken in der Werkstatt der Schweizer Baracke 1942 (Archiv F. und A. Bohny-Reiter, Basel) - Warteschlange für eine Zusatzmahlzeit vor der Schweizer Baracke im Sommer 1942 (Archiv F. und A. Bohny-Reiter, Basel)

Lager Rivesaltes 1941 (oben; Nachlass F. Bohny-Reiter, AfZ)

Friedel Bohny-Reiter, Lager Rivesaltes 1942 (Aquarell, 150,5 x 32 cm) 1997 (Archiv F. und A. Bohny-Reiter, Basel)

Drei Freunde, Rivesaltes 1942 (von links: zwei Sintiknaben und ein Spanier; Archiv F. und A. Bohny-Reiter, Basel) Foto zur Radierung rechts.

Friedel Bohny-Reiter, Drei Freunde, Rivesaltes (Radierung, 12,5 x 17,5 cm) 1981 (Archiv F. u. Friedel Bohny-Reiter, Basel)

Friedel Bohny-Reiter, Mutter und Tochter (Radierung, 6,7 x 15 cm)

In Rivesaltes 1942 (Foto Paul Senn, Nachlass F. Bohny-Reiter, AfZ)

Sintikinder aus dem Elsass 1942 (Nachlass F. Bohny-Reiter, AfZ)

Jüdische Kinder im Lager Rivesaltes (Öl, 20 x 21,6 cm), undatiert (Archiv F. und A. Bohny-Reiter, Basel)

Friedel Reiter vor der Schweizer Baracke, Rivesaltes, Sommer 1942 (Nachlass F. Bohny-Reiter, AfZ)

Friedel Reiter (oben) bewegte sich im Lager Rivesaltes mit dem Fahrrad (Foto Paul Senn, Nachlass Bohny-Reiter, AfZ) - Internierte vor der Deportation "nach Osten" 1942 (Archiv F. Bohny-Reiter, AfZ)

Hannelore und Margot Schwarzschild in Annecy 1942 (Archiv M. Wicki-Schwarzschild)

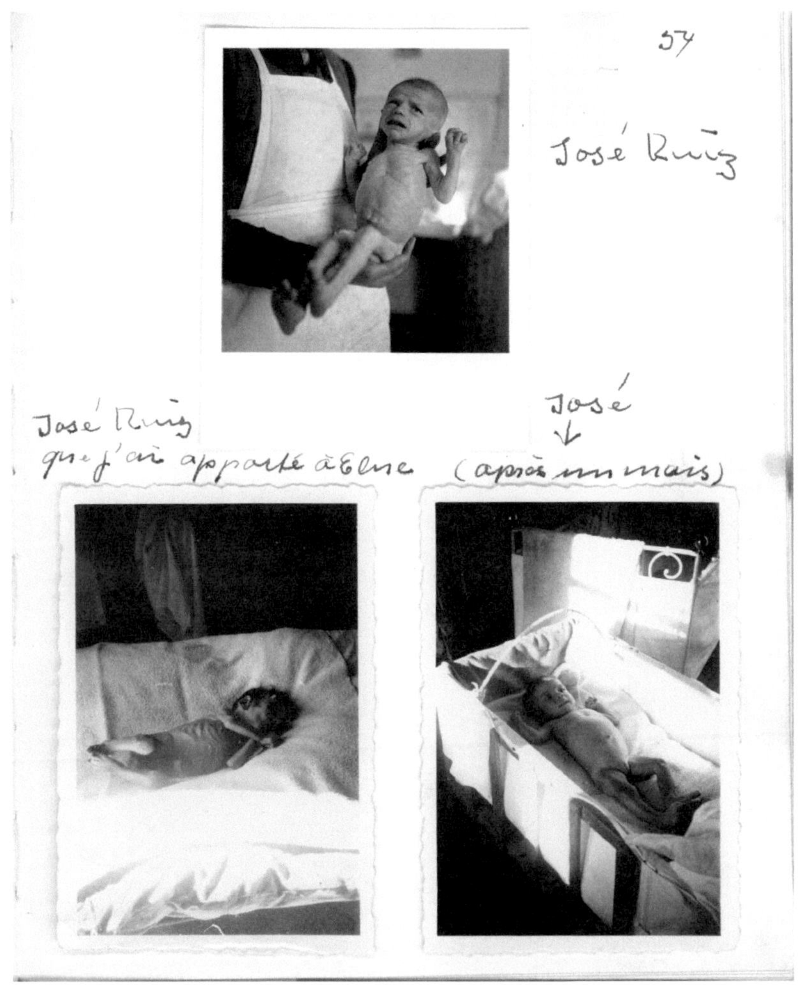

Ein unterernährtes spanisches Kind aus dem Lager Rivesaltes nach seiner Ankunft und einen Monat später in der Maternité Elne 1942 (Nachlass F. Bohny-Reiter, AfZ)

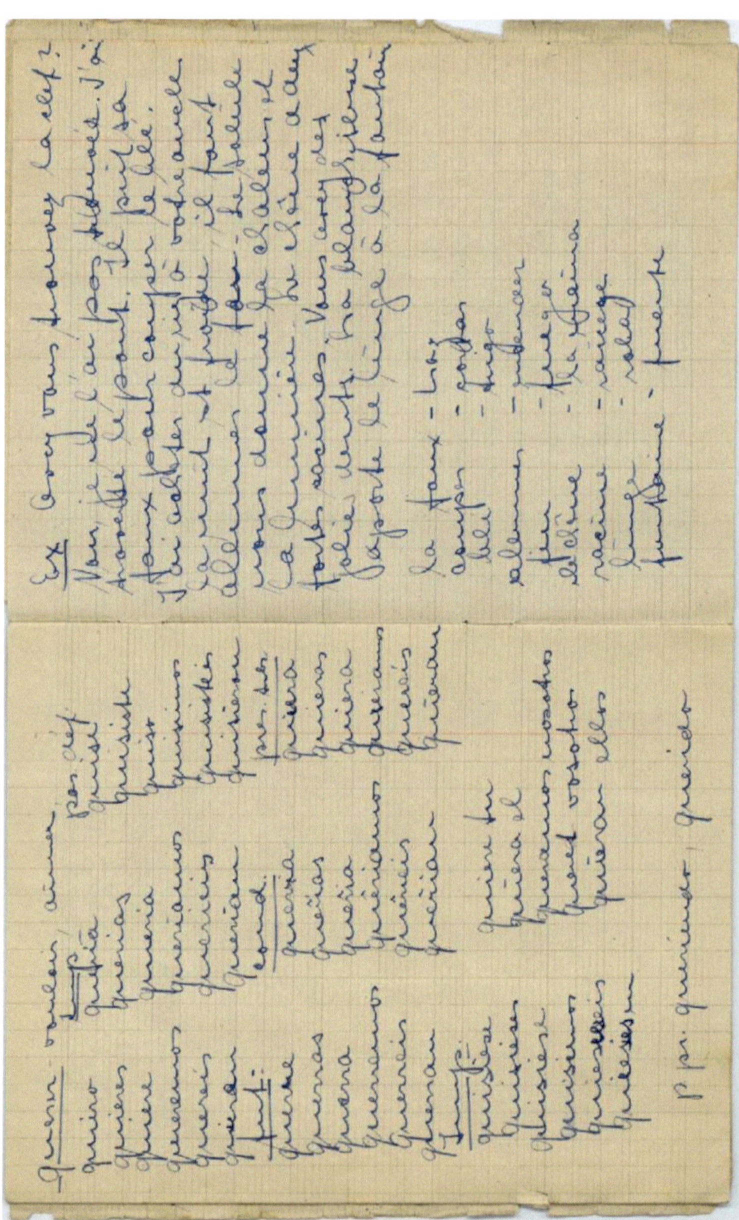

Friedel Reiter lernte in Rivesaltes spanisch, ihr Arbeitsheft 1942 (Nachlass F. Bohny-Reiter, AfZ)

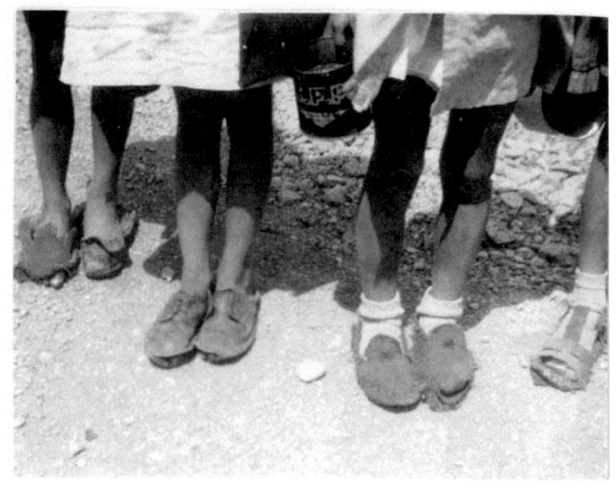

Kinder in Rivesaltes in alten und neuen Schuhen 1942 (Nachlass F. Bohny-Reiter, AfZ)

Sonntangsausflug mit Marianne Sartorius aus Basel nach Salce 1943 (Nachlass Friedel Bohny-Reiter, AfZ)

Friedel Reiter in der Kolonie La Hille 1943 (Nachlass F. Bohny-Reiter, AfZ)

ÉTRANGERS

N° de la carte : 992 MODÈLE N° 9 A-2

RÉPUBLIQUE FRANÇAISE

MINISTÈRE DE LA DÉFENSE NATIONALE

BUREAU CENTRAL MILITAIRE
DE LA CIRCULATION

Carte de circulation temporaire

Délivrée par l'Officier Cdt la S[on] de Gendarmerie d'[illegible] (1)

Valable du 1er avril, au 30 juin 194[illegible] VISAS

prorogée du ______, au ______

prorogée du ______, au ______

prorogée du ______, au ______

(1) Désignation de l'autorité militaire qui a signé le titre.

C — B. C. M. C. 1482 J

(1) M. REITER

Prénoms : Friedel

Profession : infirmière

Né le 20 Mai 1912

(1) a Vienne, (Autriche

domicilié a Chambon s/Lignon (Hte-Loire)

Pièce d'identité nº 40-C.H 78814

Nature : Carte d'identité d'étranger

délivrée le 6 mars 1942

par Préfet des Pyrénées Orientales.

Signature du titulaire :

(1) A indiquer en majuscules d'imprimerie.

Innenseite des Ausweis von Friedel Reiter im okkupierten Frankreich 1943 (Nachlass F. Bohny-Reiter, AfZ) S. CD7. NO. 49)

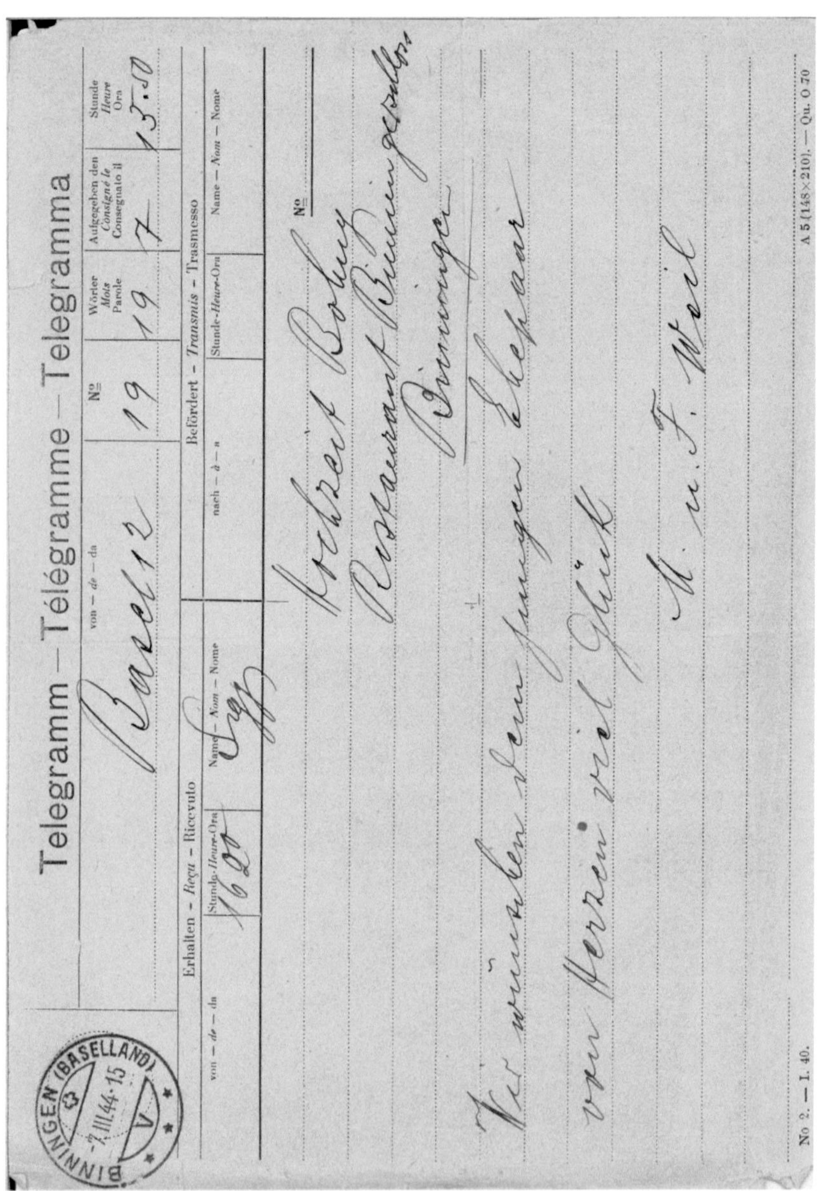

Telegramm – Télégramme – Telegramme – Telegramma

von – de – da	№	Wörter / Mots / Parole	Aufgegeben den / Consigné le / Consegnato il	Stunde / Heure / Ora
Basel 12	19	19	7	15.50

Erhalten - Reçu - Ricevuto			Befördert - Transmis - Trasmesso		
von – de – da	Stunde-Heure-Ora	Name – Nom – Nome	nach – à – a	Stunde-Heure-Ora	Name – Nom – Nome
	16 00				

№

Hochzeit Bohny
Restaurant Binningen
Binningen
Wir wünschen dem jungen Ehepaar
von Herzen viel Glück
A. u. F. Weil

No 2. — I. 40. A 5 (148×210). — Qu. O 70

BINNINGEN (BASELLAND) -7.III.44·15

Glückwunschtelegramm zur Hochzeit von Friedel und August März 1944 (Nachlass F. Bohny-Reiter, AfZ

Hochzeit von Friedel und August Bohny-Reiter am 3.3.1944 in der Pauluskirche Basel (Archiv F. und A. Bohny-Reiter, Basel)

Das Hochzeitspaar im Schloss Binningen bei Basel (Archiv F. und A. Bohny-Reiter, Basel)

Die Hochzeitsgesellschaft im Schloss Binningen (von links: Frau Lüthi, Pfarrer Walter Lüthi, die 5. von links: Annemarie Paur, enge Mitarbeiterin von A. Bohny in den Kolonien Talloires und Chambon-sur-Lignon, Mitte rechts die frisch Vermählten, Archiv F. und A. Bohny-Reiter, Basel)

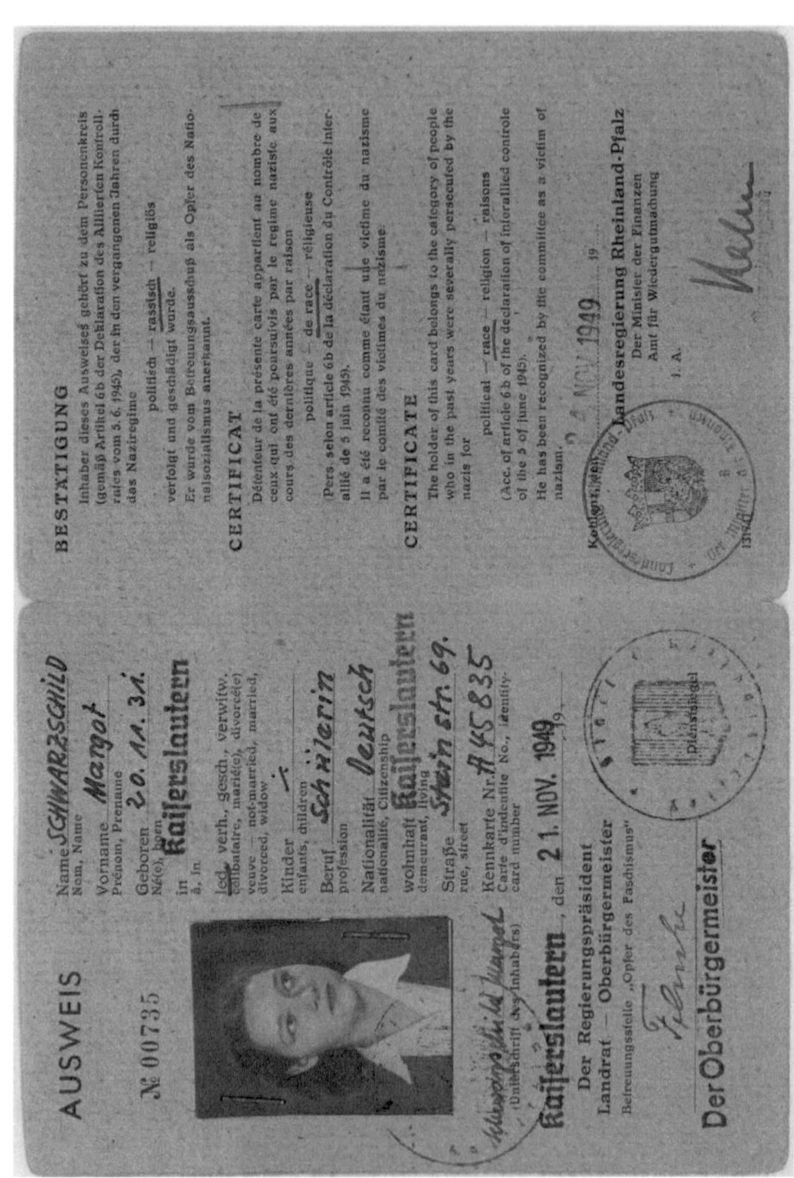

AUSWEIS

№ 00735

Name SCHWARZSCHILD
Nom, Name

Vorname Margot
Prénom, Prename

Geboren 20. 11. 31.
Né(e), born

in Kaiserslautern
à, in

ledig, verh., gesch., verwitw.
célibataire, marié(e), divorcé(e)
veuve — not-married, married,
divorced, widow

Kinder —
enfants, children

Beruf Schülerin
profession

Nationalität Deutsch
nationalité, Citizenship

wohnhaft Kaiserslautern
demeurant, living

Straße Steinstr. 69.
rue, street

Kennkarte Nr. A 45835
Carte d'identité No., identity-card number

(Unterschrift des Inhabers)

Kaiserslautern, den 21. NOV. 1949 19

Der Regierungspräsident
Landrat — Oberbürgermeister
Betreuungsstelle „Opfer des Faschismus"

Der Oberbürgermeister

BESTÄTIGUNG

Inhaber dieses Ausweises gehört zu dem Personenkreis (gemäß Artikel 6b der Deklaration des Alliierten Kontrollrates vom 5. 6. 1945), der in den vergangenen Jahren durch das Naziregime

politisch — rassisch — religiös

verfolgt und geschädigt wurde.

Er wurde vom Betreuungsausschuß als Opfer des Nationalsozialismus anerkannt.

CERTIFICAT

Détenteur de la présente carte appartient au nombre de ceux qui ont été poursuivis par le regime naziste aux cours des dernières années par raison

politique — de race — religieuse

Pers. selon article 6b de la déclaration du Contrôle Interallié de 5 juin 1945.

Il a été reconnu comme étant une victime du nazisme par le comité des victimes du nazisme.

CERTIFICATE

The holder of this card belongs to the category of people who in the past years were severally persecuted by the nazis for

political — race — religion — raisons

(Acc. of article 6b of the declaration of interallied controle of the 5 of June 1945).

He has been recognized by the committee as a victim of nazism.

Koblenz, den 2. NOV. 1949 19

Landesregierung Rheinland-Pfalz
Der Minister der Finanzen
Amt für Wiedergutmachung
I. A.

Margot Schwarzschild 1949 (Archiv M. Wicki-Schwarzschild)

Ein Familienausflug mit den Verwandten aus Wien, von links: hinten August Bohny, vorne Friedel, ihre Schwester Poldi (Leopoldine) und ihr Mann Karl, Kinder Christoph, Hansruedi, Jörg und Vreni, 15. Juni 1958 (Archiv F. und A. Bohny-Reiter, Basel) - Erstes Auto der Familie Bohny-Reiter vor ihrem Familienhaus in der Realpstrasse 27, Basel, von links: Friedel und ihre Tochter Vreni, im Auto ihre Söhne Christoph, Jörg, Hansruedi, 1950er Jahre (Archiv F. und A. Bohny-Reiter, Basel)

Friedel und August Bohny-Reiter 1962 (Archiv F. und A. Bohny-Reiter, Basel) - Friedel und August Bohny-Reiter 1970er Jahre (Archiv F. und A. Bohny-Reiter. Basel)

Friedel Bohny-Reiter, Flüchtlingsfrauen in Südfrankreich (Radierung, 17,5 x 23 cm) 1983 (Archiv F. und A. Bohny-Reiter, Basel)

Friedel Bohny-Reiter in ihrem Atelier April 1983 (Archiv F. und A. Bohny-Reiter, Basel)

Die Reiterin in Südsahara 1987 (Archiv F. und A. Bohny-Reiter, Basel)

Friedel Bohny-Reiter Ende der 1980er Jahre (Archiv M. Wicki-Schwarzschild) - Friedel und August Bohny- Reiter Ende der 1980er Jahre (Archiv F. und A. Bohny-Reiter)

כל המקיים נפש אחת כאילו קיים עולם מלא · QUICONQUE SAUVE UNE VIE SAUVE L'UNIVERS TOUT ENTIER

תעודת כבוד

DIPLÔME D'HONNEUR

Le présent Diplôme atteste qu'en sa séance du 16 Juillet 1990 la Commission d'Hommage aux Justes des Nations, établie par l'Institut Commémoratif des Martyrs et des Héros Yad Vashem, sur la foi des témoignages recueillis par elle, a rendu hommage à

Friedel Bohny-Reiter

qui, au péril de sa vie a sauvé des Juifs persécutés pendant la période de l'Holocauste en Europe, Lui a décerné la Médaille des Justes parmi les Nations et l'a autorisée à planter un arbre en son nom dans l'Allée des Justes sur le Mont du Souvenir à Jérusalem.

וזאת לתעודה שבישיבתה
מיום כג תמוז תש"ן
החליטה הועדה לציון
חסידי אומות העולם
שליד רשות הזיכרון יד ושם
על יסוד עדויות
שהובאו לפניה, לתת כבוד
ויקר ל

פרידל בוני-רייטר

על אשר בשנות השואה
באירופה שמה נפשה בכפה
להצלת יהודים נרדפים
מידי רודפיהם ולהעניק לה
את המדליה לחסידי אומות
העולם ולהרשות לה
לנטוע עץ בשמה בשדרות
חסידי אומות העולם על
הר הזיכרון בירושלים.

Fait à Jérusalem, Israël, le 10 Septembre 1990

ניתן היום בירושלים, ישראל
כ' אלול תש"ן

בשם רשות הזיכרון יד-ושם
POUR L'INSTITUT YAD VASHEM

בשם הועדה לציון חסידי אומות העולם
POUR LA COMMISSION DES JUSTES

Ehrendiplom von Yad Vashem, Jerusalem, 10.9.1990 (Archiv F. und A. Bohny-Reiter, Basel)

Die Bundesrätin Ruth Dreifuss (in der Mitte), Friedel und August Bohny-Reiter, Bern, November 1993 (Archiv F. und A. Bohny-Reiter, Basel)

Jerusalem, Yad Vashem, wo Friedel und August Bohny-Reiter als "Gerechte unter den Völkern" ausgezeichnet wurden, mit einem Überlebenden (rechts) 1990 (Archiv F. und A. Bohny-Reiter, Basel)

Friedel und August Bohny-Reiter vor dem Capitol in Washington 1994 (Archiv F. und A. Bohny-Reiter, Basel)

Friedel und August Bohny-Reiter 1995 (Foto Erhard Roy Wiehn, Archiv M. Wiki-Schwarzschild)

HANNE LIEBMANN, nee Hirsch
49-19 217 STREET
BAYSIDE NY 11364
April 19, 1997

At the present time, we hear a lot about the events during the war in Switzerland; many of them are undoubtedly true, but **we hear so little** - or better said nothing at all - about the **people who did so much to help others** , at great personal sacrifice and risk.

In 1940/41 I was in Camp de Gurs (France) for 11 months. The living conditions in the camp whether Gurs or Rivesaltes or Les Milles or any of the others are now well-known. At a most desperate time in Gurs, a tall, blond blue-eyed good-looking young woman arrived. She was able after difficult negotiations to obtain a barracks and set it up as her center of operations. Her Name was **Elsbeth Kasser, quickly named the "Angel of Gurs".** She was sent by t he Secours Suisse Aux Enfants which in 1942 became part of the Swiss Red Cross.

Not only did she feed children, teenagers and those adults in desperate need of help, but she also was a beacon of hope and humanity to all inmates. It was Elsbeth Kasser to whom many artists in camp entrusted their drawings created in camp. Today these drawings are the sad testament of life in camp.

In September 1941, together with 6 other teenagers, I was able to leave Camp de Gurs to go to Le Chambon s/Lignon. We were placed in a group home run by the Swiss Red Cross Secours aux Enfants. The gentleman in charge of the several homes in Le Chambon was a very young man by the name of **August Bohny**. He had a most difficult task. Among the French children that resided in these homes were many Jewish refugee children and teenagers.

At the end of August 1942, when roundups of Jews started all over unoccupied France, the homes of the Swiss Red Cross were not excluded from raids conducted by the French Gendarmes. In an unforgettable night, the Gendarmes came to arrest us. It was only due to Mr. Bohny's skill and diplomacy in telling them that we were under the protection of the Swiss Red Cross that they reluctantly left with the promise to be back, should his statement turn out not be so.

We fled into the woods. After a long day, we were picked up by people from the village and distributed to farms where we were hidden. Thanks to Mr. Bohny's cool attitude to this dangerous situation, he was able to bluff the Vichy Gendarmes into believing that he might be correct. **If not for that our lives might have been lost right then and we would have been deported to Auschwitz.**

1

Dankesbrief von den Geretteten Hanne Liebermann-Hirsch, Jacques Levin, Wiltrude Lavelle-Hene, Lilly Fayans-Braun, 19.4.1997 (Nachlass F. Bohny-Reiter, AfZ)

One only has to read **Friedel Bohny-Reiters'** dairy, her most moving description of the situation, particularly the children's in the Camp de Rivesaltes and the enormous efforts she and her colleagues made to help the unfortunate ones : the children they saved from the deportation trains and taking them to safety; the miserable conditions under which they had to work and live. The physical and emotional stress they had to endure to help others, to be humane.

We thank all of them. We, our children and grandchildren are grateful to Mr. Dubois for running the Organization and making it possible for the Swiss Red Cross - Schweizerische Kinderhilfe to work so effectively.

These are just a few of the many **good** Swiss who brought honor to their country.

With our most affectionate greetings,

Respectfully yours,

Hanne Liebmann (Née Hirsch) | Jacques Lewin | Wiltrude Lavelle (Née Hene) | Lilly Fayans (Née Braun)

Fronseite der Schweizer Baracke in Rivesaltes (siehe hier S. 140 u. 144)

"Journal de Rivesaltes 1941-42" di Jacqueline Veuve, ritratto dell'infermiera basilese

Grazie a lei non videro Auschwitz

Friedel Bohny-Reiter salvò molti bambini dallo sterminio

Salvò diversi bambini da una morte sicura nei campi di concentramento nazisti, eppure si sentiva in colpa: «*il senso di colpa era dovuto all'impotenza mia nei confronti dell'atteggiamento della Svizzera. Ero un'infermiera svizzera che lavorava in un campo di concentramento da dove zingari ed ebrei venivano inviati nei campi di sterminio, e sapevo che la Svizzera aveva chiuso le frontiere e rinviava a morte sicura molti profughi. Ma anche a me le dimensioni spaventose del fenomeno sono state chiare solo molto tempo dopo la fine della guerra*».

Così l'ottantenne Friedel Bohny-Reiter ha raccontato ieri il suo senso di colpa ad una platea del Fevi ancora toccata e commossa dalle immagini del film "Journal de Rivesaltes 1941-42" di Jacqueline Veuve. Il film prende spunto dall'omonimo diario scritto da Bohny-Reiter durante la sua permanenza nel campo di concentramento di Rivesaltes e pubblicato nel '93 da Zoé. Rivesaltes, nei Pirenei francesi, è un campo costruito inizialmente per ospitare soldati nordafricani stanziati in Europa, poi dal '36 ricevette i profughi dalla guerra di Spagna che, quando Rivesaltes fu rilevata dal regime filonazista di Vichy, si confusero progressivamente con gli ebrei tedeschi e francesi e con gli zingari che si trovavano nella Francia non occupata ma controllata dai collaborazionisti. Lì, aspettavano, la deportazione ad Auschwitz. È l'unico campo della regione di cui rimangano tracce, in quanto costruito in muratura. Basilese, Bohny-Reiter vi lavorò come delegata del Soccorso svizzero ai bambini, un'organizzazione privata finanziata da collette popolari e legata alla Croce Rossa.

Friedel Bohny-Reiter, salvò molti bambini da Auschwitz (foto Murrone)

"Journal de Rivesaltes 1941-42" è un documento impressionante, lucido e rigoroso. Sfruttando i diari di Bohny-Reiter, le fotografie che lei scattò nel campo («*come per i diari, non ero interessata a pubblicarle: volli solo documentare per me fatti che mi impressionavano in profondità*»), gli splendidi acquarelli che vi dipinse, ascoltando i ricordi della protagonista ripresi sui luoghi abbandonati e le testimonianze di chi sopravvisse grazie all'impegno della coraggiosa infermiera, Veuve disegna i tratti di una persona forte e dubbiosa, concreta e confusa, tremendamente umana ed eroica. Un eroismo che si costruiva di espedienti e patteggiamenti, con furbizia e paura, certo con incoscienza: «*non pensavo mai a quel che facevo, lo facevo e basta*». Così trattava lungamente col direttore del campo, falsificava certificati e documenti, insegnava ai bambini a cantare canzoni tipicamente svizzere per portarli con sé facendo superare loro diversi sbarramenti come se fossero davvero svizzeri. Fu salvandone i bambini e dando la notizia ai genitori già caricati sui treni pronti a partire per Auschwitz che Bohny-Reiter diede a molti dei deportati che passarono da quel campo l'ultima, intensa gioia della loro vita.

Da Rivesaltes furono mandati a morire ad Auschwitz nel periodo in cui vi lavorò Bohny-Reiter almeno 3 mila adulti e 200 bambini. «*Qualcuno mi disse che avrei potuto salvare molti più bambini di quanti non ne abbia salvati. Ma Rivesaltes era un campo con un regime molto più duro di altri della zona*», ricorda oggi Bohny-Reiter. Ma altri, e ben più toccanti, sono i dubbi che ancora oggi perseguitano l'ex infermiera: «*mi chiedo se lavorando in quei campi non siamo stati complici dello sterminio*». Quanto alle polemiche di oggi, Bohny-Reiter non le vuole commentare: «*ora ho solo capito le dimensioni e le modalità del rinvio dei profughi alla frontiera svizzera. È un fatto enorme, e non me ne capaciterò mai*».

GIANFRANCO HELBLING

Besprechung des Films *Journal de Rivesaltes 1941-1942,* in: La Regione Ticino, No. 15, 14.8. 1997, Bellinzona (Nachlass F. Bohny-Reiter, AfZ)

Friedel Bohny-Reiter und die Filmregisseurin Jacqueline Veuve 1997 (Archiv F. und A. Bohny-Reiter, Basel) - Friedel Bohny-Reiter signiert im Thèatre municipal in Perpignan die französische Ausgabe ihres Tagebuchs am 1.12.1997 (Archiv F. und A. Bohny-Reiter, Basel)

Rudy Appel
3 Jan Ln.
Woodbury, NY 11797-2107

516-364-2784
516-683-1020

To the New York Times
Letter. to the Editor

2/12/97

Against the background of reports that various Swiss bankers collaborated with the Nazis during World War II, it should also be remembered that an estimate of 28.000 Jews did find a safe haven in Switzerland during the War.
It should also be known that the Swiss Red Cross, supported by funds donated by the Swiss public, maintained in France, all during the War, a number of childrens homes where most of the children were jewish. The Swiss Red Cross also had a helping presence in a number of internment camps in France where many of the inmates were jewish. These camps, in 1942 and 1943, served as assembly points, from where they were shipped to Auschwitz in the infamous cattle wagons. Personnel from the Swiss Red Cross, were able to snatch a number of Jewish children, probably not more than a few hundred, myself among them, out of these camps and brought them to their children homes in Southern France where nearly all of them survived; all paid for by Swiss citizens.
Yad Vashem, the Holocaust Remembrance organization in Israel, has bestowed the "Medal of the Righteous" on 19 Swiss citizens. Last year, the Jewish Foundation for Christian Rescuers, held a ceremony in New York, honoring two of them.

Rudy Appel

Brief von Rudy Appel an New York Times, 2.12.1997 (Nachlass F. Bohny-Reiter, AfZ)

Wechselrede der Bilder und Erinnerungen

Jacqueline Veuves Film «Journal de Rivesaltes 1941–1942» und die Ausstellung «Bilder gegen das Vergessen» im Kunstmuseum Solothurn

Während eines Jahres hat die Kinderschwester Friedel Reiter im Barackenlager von Rivesaltes bei Perpignan, wo unter dem Vichy-Regime Spanienflüchtlinge, Jüdinnen und Juden und Roma interniert wurden, Tagebuch geführt. Die Filmemacherin Jacqueline Veuve versucht, mit Friedel Bohny-Reiter und in Gesprächen mit Überlebenden den Kampf gegen das Sterben zu vergegenwärtigen.

VERENA ZIMMERMANN

Zu Beginn des Jahres 1942 hat der Berner Fotograf Paul Senn (1901–1953) im Auftrag der Schweizer Illustrierten in den südfranzösischen Internierten-Lagern, in Kinderheimen und in der Zentrale des «Secours suisse aux enfants» in Toulouse fotografiert, um auf das Elend und die Tätigkeit der freiwilligen Helferinnen und Helfer aus der Schweiz aufmerksam zu machen. Im Frühling 1942 erschienen mehrere Bildberichte. Hungerkranke Kinder und Jugendliche hatte Paul Senn aufgenommen, Säuglinge, nur Haut und Knochen, mit kleinen Greisengesichtern, in Lumpen gehüllte Kranke, Sterbende unter dünnen Decken, das wache Gesicht einer alten Frau, schmal geworden, mit tiefgekerbten Falten.

Ihr Lebenslauf: «Einst war sie Kindererzieherin und verkehrte nur in hohen Gesellschaftskreisen. Durch den Krieg hat sie ihr ganzes Vermögen verloren und musste, um das nackte Leben zu retten, ihre Heimat verlassen, hat in wohlhabenden Familien Kinder unterrichtet.» Kein Wort darüber, wie sie in dieses Lager gekommen ist. «Was sie ihm (dem Fotografen) erzählte, dürfen wir nicht bekannt geben, jedoch – in ihrem Antlitz steht alles geschrieben...»

Zensur in der Schweiz

Von Flüchtlingen ist in diesem und anderen Berichten die Rede. Nicht von Deportierten und zwangsweise in die Lager von Gurs, Récébédou, Les Milles, Rivesaltes verfrachteten jüdischen Kindern, Frauen, Männern, aus Baden, der Pfalz, aus dem besetzten Frankreich, aus Belgien. Veröffentlicht wurden Bilder, die nicht so sehr das Elend schilderten, sondern vor allem von der Wirksamkeit der Nahrungsmittelverteilung und Betreuung zeugten. «Es finden sich unter der reichhaltigen photographischen Ausbeute freilich auch Dokumente, deren Publikation uns heute nicht möglich ist, doch werden unsere Leser aus dem, was wir bringen dürfen, einen erschütternden Einblick gewinnen in das furchtbare Elend...»

Wer zu lesen verstand damals, muss verstanden haben, dass die alte Frau ein Opfer der nationalsozialistischen Vernichtungspolitik war. Dennoch hat solches verschweigendes Appellieren an Mitgefühl und Hilfsbereitschaft es all jenen, die noch nichts wussten oder das Wissen nicht wahrhaben wollten, leicht gemacht und ist, wenn auch von der Zensur gezwungen, zum Komplizen der offiziellen Augenwischerei geworden und hat mitgewirkt an einem Verdrängungsprozess, der uns heute einholt.

Barackenlager in Rivesaltes. *Fotos: Paul Senn*

Unheilvoller Kreislauf

Das Barackenlager vor der kleinen Ortschaft Rivesaltes bei Perpignan, erst Militär-, dann nach der französischen Kapitulation Internierungslager, als einziges der südfranzösischen Lager nicht dem Erdboden gleichgemacht, ist heute öde Ruinenlandschaft in flachem, dem Mistral preisgegebenen Land. Wer die Gegend kennt, hat die leeren Mauern, die eingestürzten Dächer gesehen, aber von den Einheimischen meist keine Antwort auf Fragen nach der einstigen Funktion bekommen.

Inzwischen werden, so haben Reisende beobachtet, einige Baracken wieder als Ausschaffungslager benutzt. Wieder ein Kreislauf, ein unheilvoller Brückenschlag vom Gestern ins Heute.

Hilfe für kriegsgeschädigte Kinder

«Ich kann sie nicht vergessen»: Friedel Bohny-Reiter versucht noch heute, die Gesichter, denen sie damals im Lager begegnet ist, festzuhalten, malend, zeichnend. Als Achtjährige war die in Wien geborene Friedel Reiter 1920 mit einem Kinderzug zu einem Erholungsaufenthalt in die Schweiz gekommen. Der Vater war gefallen; Friedel blieb bei der Pflegefamilie in Kilchberg, bildete sich in Zürich zur Kinderschwester aus, arbeitete in Florenz. Nach der Rückkehr in die Schweiz erfuhr sie von der «Arbeitsgemeinschaft für kriegsgeschädigte Kinder».

Die ersten Freiwilligen hatten, getragen von Spenden aus der Schweizer Bevölkerung, 1937 in Spanien als «Arbeitsgemeinschaft für Spanienkinder» zu arbeiten begonnen und setzten ihre Hilfstätigkeit nach Ende des Bürgerkrieges in Südfrankreich fort, das zum Fluchtpunkt für die republikanischen Spanier geworden war. Nach Kriegsbeginn dehnte sich die Arbeit auf Kinder aller Nationen und auf ganz Frankreich aus, und seit dem 1. Januar 1942 arbeitete die Arbeitsgemeinschaft in Verbindung mit dem Schweizerischen Roten Kreuz.

Das Tagebuch von Friedel Reiter

Friedel Reiter, damals noch unverheiratet, bewarb sich und wurde im November 1941 ins Lager von Rivesaltes, im noch unbesetzten Süden Frankreichs, geschickt. Die Verwaltung war rein französisch, die Situation, als die Schweizer Freiwilligen ankamen, dennoch desolat. Ein Teil der Lebensmittel verschwand schon vor dem Lagereingang. Es fehlte an Kleidern, Decken, Bettzeug, an Medikamenten.

Vom ersten bis zum letzten Tag des Aufenthaltes hat Friedel Bohny-Reiter, wie sie es zuvor tat und bis heute gewohnt ist, Tagebuch geführt, vom 11. November 1941 bis zum 25. November 1942. Erst fünfzig Jahre später hat sie das Tagebuch veröffentlicht. Die Historikerin Michèle Fleury-Seemuller war darauf aufmerksam geworden, hat es übersetzt und die französische Herausgabe im Genfer Verlag Zoé betreut. Erst zwei Jahre später kam, begleitet von mehreren Aufsätzen, in

Besprechung des Filmes *Journal de Rivesaltes 1941-1942* von Jacqueline Veuve, in: Solothurner Filmtage, 16.1.1998 (Nachlass F. Bohny-Reiter, AfZ)

ANTOINE CASCAROSA
75019 P A R I S

Extraits de la lettre du 13 février 1998

Très chers Mr et Mme Bohny-Reiter

En rentrant de vacances ma joie a étö grande de trouver votre missive porteuse de bonnes nouvelles, tant en ce qui concerne votre santé que sur votre vie de témoins d'un passé chargé d'Histoire.

Je suis d'autant plus heureux de vous avoir trouvé qu'à bien des égards vous faites partie de notre histoire familiale. En effet, c'est au Chambon s.Lignon fin 43 que pour la première fois depuis 1940, nous avons pu nous réunir et cela grâce à la Croix Rouge Suisse, autrement dit, grâce à vous qui étiez, à l'époque, les responsables en ce lieu de l'organisation. Je dois avouer que le Chambon s.Lignon fût pour nous un lieu magique, un havre de vie, nous permettant un nouveau départ. Notre mauvaise fortune avait commencé en octobre 40 avec notre entrée au Camp d'Argelès s.Mer, suivie de notre transfert à Rivesaltes en avril 41 où la famille fût dispersée: mon père et mon frère Florencio furent embrigadés par les Allemands pour construire le Mur de l'Atlantique jusqu'à leur fuite pour parvenir au Chambon fin 43. En ce qui me concerne, j'eus la chance d'être pris en charge par l'YMCA et de pouvoir quitter Rivesaltes en juin 42 pour arriver finalement au Chambon en fin d'année, laissant ma mère continuer, malgré moi, son chemin de croix. Pour elle, après Rivesaltes, ce fût puis les Compagnies de Travail, pour enfin pouvoir me rejoindre au Chambon en 43. Voilà en bref le parcourt de la famille avant de se trouver réunie au Chambon. De telle sorte que nous avons pu voir et peut-être bénéficier de l'action de Mme FRIEDEL BOHNY-REITER au cours de son long séjour à Rivesaltes, mais je ne me souviens pas, du fait que la période la plus difficile passée dans ce camp, s'est effacée de ma mémoire. - Par contre mes souvenirs restent vivaces de tout mon séjour au Chambon s.Lignon. -

Brief von Antonio Cascarosa, der von August und Friedel Bohny-Reiter in Chambon betreut wurde und anschliessend in Paris studieren konnte, 13.2.1998 (Nachlass F. Bohny-Reiter, AfZ)

- 2 -

Avec les hospices de l'YMCA mon parcourt a commencé aux "GRILLONS" dirigé par Mr Daniel TROCME, homme valeureux mort déportation. Puis à la Croix Rouge Suisse, sous votre responsabilité, avec comme demeurs: "FAIDOLI", "LA FERME-ECOLE" puis "LA GUESPY". Bref, tant pour mon frère, comme pour moi, ce séjour au Chambon fût une étape essentielle de notre vie, car elle nous a permis de préparer notre avenir: Florencio apprit la ménuiserie et en fît son métier et moi, j'ai pu mener à bien mes études de manière que le 21 octobre 44 je quittais le Chambon à destination de Paris, muni du "certificat" ci-joint signé de votre main, Mr BOHNY, bien décidé à entrer à l'Ecole Violet pour entreprendre des études dans le domaine de l'électricité. Finalement j'ai changé d'orientation pour finir ingénieur dans le domaine de l'aéronautique et la construction d'automobiles. Avant d'y parvenir toute la famille est venue habiter Paris, pour ne plus le quitter. La "tribu" rassemblée avait trouvé son espace vital. Par la suite, notre histoire se confond avec celle des émigrés qui s'intègrent en douceur au pays d'accueil.

CROIX-ROUGE SUISSE
SECOURS AUX ENFANTS

Le Chambon s/Lignon,le 21 Octobre 1944.

C e r t i f i c a t .

Je soussigné,Délégué de la Croix Rouge Suisse-Secours aux Enfants certifie que

CASCAROSA Antonio

a été hébergé dans notre colonie " La Guespy " au Chambon s/Lignon du 1 Octobre 1943 au 22 Octobre 1944.Il partira avec notre convoi pour Paris LUNDI le 23 Octobre 1944 pour s'y rendre à l'Ecole Violet,7o rue du Théatre,PARIS,conformement aux instructions reçus par Y M C A (bureau Lyonnais U.C.J.G.,11,rue Charles Richard).

Auguste Bohny.
Délégué pour le Chambon.

CROIX ROUGE SUISSE
SECOURS AUX ENFANTS
LE CHAMBON SUR LIGNON (Hte-Loire)

Erna H. Bernstein
geb. Heymann
6127 Graceland Avenue
Cincinnati OH 45237
USA

14. April 1998

Meine liebe Frau Bohny-Reiter,

wie soll ich diesen Brief wohl beginnen? Vielleicht mit Entschuldigungen über das (dennoch leserlichere) Getippe als meine Handschrift, oder über seine Länge?--Ja, über 55 Jahre sind vergangen seit meiner ersten Begegnung mit Ihnen im Lager Rivesaltes, wo ich (transferiert vom Camp de Gurs) mit meiner Mutter vom Frühjahr 1941 bis Juni 1942 interniert war. (Wir waren auf dem Transport von Mannheim nach Gurs im Oktober 1940.) Eine viel persönlichere Bekanntschaft mit Ihnen und Ihrem werten Gatten gab es erst später in Chambon, wo ich im Haus l'Abric meine Kost, Logis, und vor allem etwas Sicherheit, erarbeiten konnte bis zur Befreiung durch die Alliierten im Herbst 1944. Dies in kurzen Umrissen die Erinnerungen an Sie, doch zuerst zu Ihnen:

Im Sommer letzten Jahres schlug mein Sohn, der in Kalifornien lebt, vor, daß ich ihn in Washington zu einem Wochenende treffe. Er mußte für seine Firma zu einigen beruflichen Besprechungen an die Ostküste, und so gäbe es doch die Möglichkeit, daß wir zusammen das Holocaust-Museum besuchen könnten. Das war natürlich ein sehr packendes Erlebnis; wie gut, ihn zur Seite gehabt zu haben! Wie sehr erfreut ich war, auf der Gedenktafel der Retter und Helfer Ihren und Ihres Mannes Namen zu sehen, kann ich Ihnen in Worten nicht schildern. So viele Erinnerungen an Sie Beide tauchten auf, die ich meinem Sohn beschreiben konnte! Zuhörende Ohren zu haben war außerdem für mich, seit 7 Jahren verwitwet, eine große Wohltat! Seit jener Zeit bin ich Mitglied des Holocaust-Museums. In einem Miteilungsblatt von dort, das ich leider erst viel zu spät erhielt, las ich, daß im Dezember dort ein Film von Ihnen "Rivesaltes Journal" gezeigt wurde. Oh, wie gerne hätte ich ihn gesehen! Aber inzwischen wurde mir bekannt, daß der Film auf Ihr Rivesaltes Tagebuch basiert sei. Und dieses Buch habe ich gerade heute nachmittag per Post aus Deutschland erhalten! Im Moment bin ich noch zu aufgeregt, um mich eingehend mit der Lektüre zu befassen, aber was mich noch mehr freute, war gleichzeitig durch den Hartung-Gorre Verlag auch Ihre Adresse (auf meine Anfrage natürlich) erhalten zu haben!

Nun kann ich nur hoffen, daß diese Zeilen Sie bei bestem Wohlbefinden erreichen. Und darf ich ebenfalls hoffen, daß Sie Ihren guten Gemahl noch als Lebenskameraden haben?

Was eine riesige Hilfe und Wohltat das Schweizer Rote Kreuz für uns Internierte war, werden Sie wohl sicher tagein-tagaus bestätigt bekommen haben. Und Ihnen verdanke ich das große Glück, daß meine Mutter vor dem Rücktransport von Rivesaltes

Erna Bernstein schildert ihre Rettungsgeschichte, Cincinnati, 14.4.1998 (Nachlass F. Bohny-Reiter, AfZ)

in ein Vernichtungslager damals im August 1942 gerettet wurde! Ich ersuchte Sie nämlich, ihr einen Genesungsplatz in Elne zu gewähren, wenn es ein freies Bett dort gäbe. Und diese Hoffnung verwirklichte sich--wie ein Wunder--innerhalb 24 Stunden nach (oder vor?) meiner eigenen "Befreiung" aus dem Lager als 16-jährige Jugendliche in ein Kinderheim der französischen jüdischen Pfadfinder in Beaulieu-sur-Corrèze, Anfang Juni 1942. Zwei Monate später, im August 1942, gab es ja wiederum überall im Süden Frankreichs Razzien und weitere Transporte. Somit fing mein "Untertauchen" an, als Eveline Hebert, Elsässerin, zuerst bei einer Familie in Beaulieu, dann in Limoges. Dort klappte es allerdings nicht, und zwei Tage nach meiner Ankunft dort mußte ich die Familie verlassen. Meine französischen Sprachkenntnisse waren noch ganz im Anfangsstadium, also völlig miserabel. Aus Verzweiflung suchte ich den dortigen Rabbiner auf, der mir das Fahrgeld nach Elne gab, denn mir lag alles daran, meine Mutter nochmals zu sehen, ihr die Situation erklären zu können, bevor ich "völlig unterauche!" Schwester Elisabeth Eidenbenz, die Leiterin des Heims in Elne, war sehr wohlwollend und hilfreich; so konnte ich einige Monate lang dort bleiben, empfing fast eine "Lehrstelle" in Säuglingspflege! Ich konnte auch in anderen Bereichen helfen. Im Winter 1943 war Muttis Genesungsaufenthalt in Elne zu Ende; sie wurde ins Camp de Gurs zurückgeschickt; und für mich konnte Frau Eidenbenz einen Unterschlupf in Chambon arrangieren. L'Abric wurde damls von Schwester Annemarie Paur aus Kilchberg geleitet, bis das Ehepaar Bohny die Direktion übernahm! Noch viele Erinnerungen sind sehr rege in meinem alten Gehirn, die schönsten eigentlich waren die wohltuenden Schallplatten-Musikabende, die Herr Bohny arrangierte. Diese Stunden konnten doch die ständige Verfolgungs- und Verhaftungsangst wenigstens für eine kurze Stunde verdrängen!

Natürlich kann ich nicht erwarten, daß Sie sich noch persönlich an mich erinnern können. Aber wie schön ist es für mich, Ihnen hiermit nochmals meinen aufrichtigsten Dank für Ihre unbeschreiblich große Hilfe für meine Mutter ausdrücken zu können. Sie ist hier in Cincinnati im Alter von 96 Jahren gestorben, erlebte die Freude, daß ich einen guten Lebenskamerad fand, und sie das Aufwachsen von 3 gesunden Enkelkindern genießën konnte. Mein Mann war aus Berlin, in Theresienstadt interniert und von dort in Arbeitseinsätzen, u.A. einem von Adolf Eichmann. Unsere ähnlichen Erfahrungen brachten uns noch enger zusammen, mit unseren Wertschätzungen durch die Vergangenheit geprägt, nicht allzu traditionell!

In voller Dankbarkeit drücke ich Ihnen in Gedanken die Hand und grüße Sie ganz herzlich,

Ihre

Erna Bernstein

Friedel Bohny-Reiter in der Ausstellung ihrer Bilder, La Palme, 10.6.-9.7.1998 (Archiv F. und A. Bohny-Reiter, Basel) - Friedel Bohny-Reiter, Maurice Dubois, Hilda und Raoul Tayar-Krieser aus Israel bei einer Begegnung in der Schweiz 1998. Hilda und ihre Schwester Anny wurden als Kinder 1942 aus einem Zug von Rivesaltes nach Auschwitz von Friedel Reiter gerettet (Archiv F. und A. Bohny-Reiter, Basel)

LE JOURNAL DE RIVESALTES

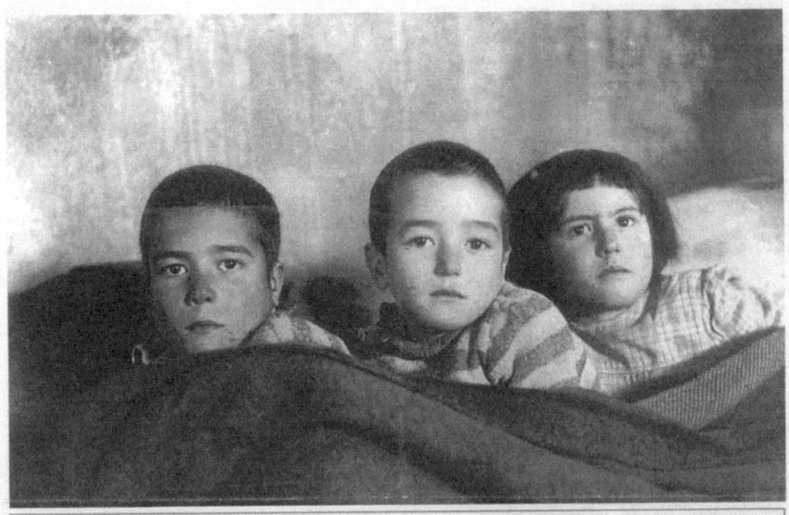

A PROPOS DU JOURNAL DE RIVESALTES

Pendant les trois semaines de passage du «Journal de Rivesaltes», vous pourrez voir en continu dans le hall du *Ciné Rive Gauche* un documentaire de 25 minutes «Les Pas Perdus». Ce travail effectué par Serge LE SQUER (Marseille) à partir du film «le Journal de Rivesaltes» élargit la vision du camp, de l'époque tragique à nos jours. Pour tout renseignement concernant cette cassette, n'hésitez pas à nous contacter. Merci.

LE JOURNAL DE RIVESALTES

Jacqueline VEUVE
Suisse 1997 1h27

C'est un journal intime, l'histoire écrite au quotidien par une infirmière suisse. Une jeune femme qui débarqua un jour à Rivesaltes parce qu'on lui avait dit qu'il y avait là des enfants victimes de guerre, des enfants à soigner, à aider. Rivesaltes, une terre de vignes, entre Perpignan et Narbonne, un camp prévu à l'origine pour recevoir les travailleurs espagnols, les immigrés d'alors qui répondaient à nos besoins de main d'œuvre. Dans ces baraquements sommaires, transformés pendant la guerre en camps de transit, dix-huit mille juifs, tsiganes, espagnols passèrent avant d'être transférés vers les camps d'extermination. Rivesaltes était en zone libre, pas un soldat allemand à l'horizon, juste la milice, juste la police française. La Croix Rouge Suisse ordonnait «neutralité et silence».

Friedel, la jeune infirmière habituée à noter depuis toujours les petits événements de sa vie dans un gros cahier marron d'écolière, restera au camp de Rivesaltes de 41 à 42, et continuera à raconter : les gosses sans chaussures aux pieds gelés, la vermine qui ronge les paillasses, les moments de désespoir quand les familles déchirées voyaient leurs proches grimper dans les trains pour un ailleurs qu'ils devinaient terrible.
Friedel dessine, prend des photos de ces gamins qu'elle aime bien. Friedel raconte ses désobéissances quotidiennes, les petites ruses qui lui permettaient de protéger quelques gamins de la mort annoncée : «La désobéissance ? on n'y pensait pas. On ne voyait qu'une chose : ces gens, ces enfants qui allaient mourir, il fallait essayer de les sauver, mais on savait bien que, un par un, ce serait très peu...»

Cinquante ans après, ça n'a pas été simple de la convaincre de publier ce journal qu'elle n'avait écrit que pour elle. Le désir d'oublier était fort. Mais finalement c'est la nécessité de faire œuvre utile qui l'a emporté. Friedel a maintenant 84 ans, dans le bistrot du coin elle raconte encore à Jacqueline Veuve ces souvenirs qui l'empêchent encore de dormir.

Friedel raconte les difficultés pour obtenir auprès du toubib du camp une autorisation de sortie pour un gamin trop maigre qui aurait par son aspect maigre témoigné de la réalité de leur vie, de la faim, de la souffrance. Il y a eu trois ans seulement, sur l'insistance de Serge Klarsfeld, une plaque commémorative a été installée, mais il n'y est fait mention que des déportés juifs, ni des gitans, ni des espagnols. Une association a été créée, pour qu'une partie du camp, destiné à être détruit pour laisser place à une zone industrielle, soit transformée en musée... pour que nul n'oublie. Il y avait en zone libre 19 autres camps.

Ce journal raconte l'héroïsme ordinaire, la résistance discrète, le refus de l'horreur, la solidarité humaine. Il rappelle la lucidité et le courage modeste de «petites gens ordinaires».

Besprechung des Filmes *Journal de Rivesaltes* in Perpignan, Südfrankreich 1998 (Foto Paul Senn 1942, Nachlass F. Bohny-Reiter, AfZ)

LUIS VILAR LÓPEZ DE MARÍA
Avda. Pablo Iglesias nº 92 4º A
☎ 951.230326
04003 ALMERÍA
ESPAGENE

Sra. Doña: Friedel Bohny Reîter
Realpstrasse nº 27
4054 Bassel (Suiza)

Distinguida y admirada Sra.:

Ha llegado a mi poder por conducto de la hermana de mi viejo y estimado amigo Pedro Nadal Blanco,, residente en Paris, el libro titulado "Diario de Rivesaltes", lo que en su día fue su íntimo Diario, y que afortunadamente permitió que fuese traducido del alemán al francés por Michèle Fleury-Seemüller, lo cual me ha permitido revivir, transcurridos 51 años, el raro sentimiento que produce recordar tiempos, que a pesar de su lejanía y del empeño de querer olvidar, no es posible lograrlo definitivamente, pues por desgracia permanentemente están de actualidad.

El relato cronológico, breve y sencillo con que va describiendo su tremendo angustioso sufrimiento ante los múltiples problemas que día a día tenia que hacer frente, sin mas armas que su contumaz firmeza y tesón, la valentía y perseverancia ante el desaliento, su inmensa capacidad de afrontarlos con la abnegación y desinteresado sacrificio, solo soportable con una férrea constancia en el amor al prójimo, y el don de poder mitigar el desaliento con la satisfacciones de los infinitos logros en las pequeñas y grandes victorias que día a día iba consiguiendo con su inquebrantable voluntad y tenacidad, haciendo frente a toda adversidad en constante contienda sin igual con elementos, personas y absolutas carencias materiales.

Aunque yo, afortunada y personalmente, no llegué a encontrarme en situaciones tan límites como las que requerían su permanente atención, admiraba su inalterable vitalidad, ya que era sobradamente de todos conocida, pues parecía poseer el don de la ubicuidad.

Así mismo no tengo por menos que mencionar a otra compañera de Vd. que cita en su Diario, y cuyo nombre me ha recordado mi amigo Pedro; me refiero a Mme. Elsa Lüthi Rut, a la que si tiene ocasión, le ruego le haga llegar mi admiración y agradecimiento.

Pero la lectura del Diario, a parte de los recuerdos, me ha hecho recapacitar sobre muchas cosas que yo y la mayoría ignorábamos. Tantas que no soy capaz de resumir. Las teníamos ante nuestras propias narices y no queríamos verlas.

Es tremendo el grado de egoísmo que puede apoderarse de las personas en situaciones límites, que impele a estas a aislarse en su propio dolor y miseria, viviendo el día a día sumido en un individualismo que le hace insensible al dolor ajeno, o por lo menos inconscientemente intenta ignorarlo. ¿Se trata quizá de una autodefensa natural o primitivismo?.

Hoy, después de leer el Diario me pregunto. ¿Como es posible que ustedes, los del "Socorro a la Infancia", y usted concretamente abandonaran una vida cómoda y plena de libertad para asumir tanta responsabilidad en el peor de los destinos que podía haber elegido, y precisamente en primera línea de fuego?,

No solamente se limitó a ocupar este lugar, sino que se mantuvo en él hasta el final, negándose a ser vencida por el cansancio y el dolor que diariamente acumulaba en su cuerpo, en su mente y en su corazón, y que durante las largas vigilias nocturnas lograba incomprensiblemente descargar para emprender al día siguiente, con renovadas las fuerzas nuevas batallas que el día anterior no pudo ganar, y una vez superadas estas las reemprendía con imposibles nuevas hazañas y así sucesivamente, empeñada sin desmayo en un desigual combate.

Ein Überlebender schreibt über das *Journal de Rivesaltes 1941-1942* (Nachlass F. Bohny-Reiter, AfZ)

Mi estancia en el Campo de Rivesaltes comprendió desde el mes de junio de 1941 al de abril de 1942. Procedía del Campo de Agde, y anteriormente estuve en el Refugio de Cehiles (Roqueredonde), donde conocí a mi excelente amigo Pedro Nadal Blanco, fraguándose al instante una gran amistad que aún perdura como no podía ser menos.

En un principio, a nuestra llegada a Rivesaltes fui albergado en el Islote "J", y posteriormente trasladado al "K".

En Cehiles contraje el tifus y fui evacuado al Hospital-Hospicio de Clermont-Lerault. Tras tres meses de estancia en el mismo regresé de nuevo al Refugio y posteriormente, como ya he dicho nos trasladaron a Agde y después al infierno de Rivesaltes.

Padecí una repentina inflamación en los pies, debido sin duda a mi estado de extrema debilidad, que venía arrastrando desde el tifus, a pesar del tiempo transcurrido, y acudí a la enfermería. La doctora interna que me atendió, que quiero recordar era de origen alemán, debió compadecerse de mi lastimoso estado y habló con el Farmacéutico francés, el cuál me incluyó en el personal de farmacia como ayudante, pasando a formar parte de la 1ª Compañóa de Trabajadores.

El personal de la farmacia, a parte del Farmacéutico, estaba compuesto por un español de apellido Collado y un oficinista judío llamado Müsler. Gracias a ello recibía un suplemento de pan, y cincuenta céntimos diarios que me fueron abonados meses después de haber abandonado el Campo.

En una de los frecuentes "reclutamientos" que efectuaban los alemanes, fui agregado a un grupo y del cuál pude escapar de milagro antes de salir del Campo. Mas tarde, en diciembre de 1942, mi padre que había sido nombrado Jefe del 416 Grupo de Trabajadores Españoles radicado en Séte, me reclamó y pude reunirme con mi familia, regresando a España en el mes de julio de 1942.

Pero no es de mi historia de la que quiero ni debo hablar, por lo que basta con este brebe historial

Me he permitido la licencia, de traducir su libro Diario al español, con el solo objeto de entregar a mis cuatro hijos un ejemplar del mismo, incluyendo un comentario, cuya copia le acompaño, solicitando su perdón por este atrevimiento , pero no me he podido sustraer a ello, ya que cuando me jubilé, lo primero que hice fue escribir mis "Memorias de una adolescencia truncada", en las cuales, , relato la odisea de mi generación desde el principio de nuestra Guerra Civil hasta el retorno a la Patria. Incluida la odisea del Campo de Rivesaltes, como no podía ser menos.

Solo lamento que la traducción carezca del realismo del original, ya que las reflexiones intimas escritas en soledad, con monosílabos, y otras situaciones puntuales, son imposibles de expresarse en otro didioma por carecer de palabras adecudas que sustituyan con plena subjetividad a la expresada en el original, y mas aún cuando el que las traduce no es un gran conocedor del idioma francés, como es mi caso.

Reciba mi humilde, pero sincera gratitud, por haber dado a conocer a través de su Diario, con valentía y humildad, toda su inmensa y abnegada vivencia en pro de una causa que le era ajena y que voluntariamente tomó partido entregándose en cuerpo y alma a tan noble y difícil empresa, ofreciéndole mi sincera amistad.

Quedo de Vd. atto:, y s.s.

COMENTARIO

Por mediación de la hermana de mi buen, viejo y querido amigo, Pedro Nadal Blanco, residente en París, con el cual compartí casi tres largos años de terrible cautiverio en los distintos Campos de concentración franceses, primero en Ceilhes, luego en Agde y por último en Rivesaltes, ha llegado a mis manos el libro que lleva por título "DIARIO DE RIVESALTES", escrito por Friedel Bohny-Reiter, durante su periodo de permanencia en este último Campo, como Enfermera voluntaria de la Cruz Roja Suiza, encuadrada en el Cartel suizo de Socorro a la Infancia.

En 1993, una vez jubilado, escribí por simple entretenimiento mis "Memorias de una adolescencia truncada", en las cuales recopilaba mis vivencias desde el mes de julio de 1936 a diciembre de 1942, años de continuos sufrimientos, con la sola intención de que mis hijos tuviesen un breve conocimiento de lo que para mi supuso estos largos seis años, al igual que para otros muchos que tuvieron la desafortunada desdicha de padecer las terribles consecuencias de esa época, y que la sufrieron en mayor o menor grado.

He leído por dos veces el libro, traducido del alemán al francés por Michèle Fleury-Seemüller, y me ha hecho revivir el período de mi estancia en el Campo de Rivesaltes que comprendió desde el mes de junio de 1941 al mes de diciembre de 1942. Diecinueve largos meses soportando las inclemencias climatológicas tanto del tórrido verano como del gélido invierno, en el desierto en que estaba enclavado el mencionado Campo, la subalimentación, el trato vejatorio y la carencia absoluta de lo mas elemental, aunque ya algo difusas en mi memoria, no por ello siguen aún vivas como marcados a fuego.

Mi narración está inspirada en recuerdos de 51 años atrás, por lo que no tiene la precisión del momento ni la crudeza real en que la padecí, pues dado a mi edad de 16 años, mi preocupación se limitaba a la cotidiana necesidad de la propia subsistencia, en cambio el Diario de Friedel Bohny-Reiter describe la miseria y el horror general del Campo con una visión global y poniendo acento en los detalles puntuales y cronológicos de aquellos tremendos acontecimientos.

Aún recuerdo a esta maravillosa mujer, pedaleando sin cesar de Islote en Islote a todas horas, como si poseyera el don de la ubicuidad. Su misión consistía en cuidar a los niños, mujeres y ancianos, por lo que con los hombres, en los que yo estaba incluido a pesar de mi corta edad, no tenia apenas contacto. No obstante su abnegación la impulsó en múltiples ocasiones a tomar partida en infinidad de casos ajenos a su cometido, y los cuales les acarreó serios conflictos con las autoridades del Campo.

Valga pues mi reconocimiento a esta mujer sin igual que tanto dolor mitigó, tanto consuelo prodigó y tantas vidas salvo con su callada y abnegada labor, llena de valor y coraje que le impelía a enfrentarse con las múltiples dificultades y problemas que día a día tenía que resolver

En la lectura de su Diario, leyendo entre líneas, se puede penetrar en el interior de esta mujer infatigable que cuando las complicadas situaciones la conducían a un estado límite, que cualquier mortal no hubiese soportado, solo se lamentaba en la intimidad de su tremenda soledad, y al día siguiente estaba presta para emprender de nuevo cualquier heroica acción en pro de los desgraciados que ella misma había acogido bajo su responsabilidad, creciéndose y superándose en el empeño..

Cualquiera hubiese desfallecido ante tanta miseria e inhumanidad al verse impotente, pero ella no se rindió jamás y si un día no podía solucionar un problema, al día siguiente solucionaba tres y eso solo se logra con un espíritu como el que poseía esta mujer sin igual.

Con mi sincero y anónimo agradecimiento he tratado de traducir lo mas fielmente posible este Diario, testimonio sin igual de la cruel realidad de la tragedia padecida por los miles de seres en internados en el Campo de Rivesaltes.

Luis Vilar López de María

26. Oktober 1998

Meine lieben Bohnys,

oft schweifen meine Gedanken zu Ihnen, in der Hoffnung, daß Sie beide wohlauf, gesund und zufrieden sind, auch einen angenehmen Sommer verbracht haben.

Seit drei Tagen bin ich wieder zu Hause nach zwei herrlichen Wochen bei meinem Sohn und Familie in Maastricht, mit einem Abstecher zwischendurch nach Nürnberg. Dort wollte ich vor allem auf den jüdische Friedhof, um nach dem Grab meines Vaters zu sehen. Bei meinen dortigen Freunden sahen wir ein sehr interessantes TV-Programm vom ARTE-Sender, über die Folgen der Kristallnacht im November 1938 in einem Dorf bei Frankfurt am Main, Dudenhofen. Dort lebte damals nur eine einzige jüdische Familie--jetzt ist "Dudenhofen seit 60 Jahren Judenfrei" (so etwa der Titel). Dann folgte eineDiskussion, woraufhin ein zweiter Film über dasselbe Problem, in Millau, Département Aveyrc gezeigt wurde. Millau war damals fast ein Zufluchtsort für jüdische Flüchtlinge geworden, bis die Regierung ebenfalls den Vichy-Befehlen folgte. Die armen Leute wurden auch nach Rivesaltes abgeschoben. Eigenartig, nicht wahr?

Und dann nach meiner Rückkehr nach Maastricht haben wir Sie, liebe Frau Bohny, am Bildschirm erlebt! Ja, das war Ihr Rivesaltes-Film von Madame Veuve! Wir alle waren sehr, sehr beeindruckt davon, und vielleicht können Sie ahnen, daß viele Fragen von Ron und Sil, meiner Schwiegertochter, folgten. Diese Videokassette verdanke ich einem guten Freund in München. Er kennt Mme. Veuve, da auch er Dokumentarfilme, für den Bayerischen Rundfunk macht. Außerdem ist er sehr aktiv im Verleih der Filmemacher in München. (1987 machte er einen Dokumentarfilm über uns, "die Bernsteins--eine ehemal deutsche Familie", vom BR als Beitrag zur Woche der Brüderlichkeit im März 1987 ausgestrahlt. Wir sind sehr gut befreundet seit seiner Gastprofessur in der germanistischen Abteilung der Universität Cincinnati 1971-72, wo ich 22 Jahre lang in der Verwaltung tätig war. Er (Dr. Oskar Holl) hatte allerdings jetzt Bedenken, ob ich den Film innerlich wirklich verkraften und verarbeiten könne, mein Gleichwicht beizubehalten. Doch dieses Erlebnis mit den Kindern zu teilen, gab mir wiederum den Mut, Objektivität und Relativität zu bewahren. Ron ist so sehr an der Vergangenheit seiner Eltern interessiert, vielleicht auch dies ein Grund, warum er nach seinem Studium als junger Erwachsener Europa kennenlernen wollte, jedoch nicht als Tourist! Und wie sein Glück und Zufall es wollte, verbrachte er zwei Jahre an der Jan Van Eyck Kunstakademie in Maastricht. Und dort lernte er eine Maastrichter Kunstmalerin kennen. Geheiratet haben die zwei, wie auch seine 2 älteren Geschwister, in der 2. 1989-Hälfte! Wie dankbar bin ich, daß Hans, mein guter Mann, noch die Hochzeiten erleben konnte--Großvater zu werden war ihm leider nicht mehr vergönnt.

Sie am Bildschirm mit Augen und Ohren wahrnehmen zu können, war für mich eine sehr, sehr große Freude, wenn auch natürlich des öftere durch die schlimmen Erinnerungen an jene Jahre recht traurig stimmend Oh, wie verfallen die Baracken wohl sind (hierüber schrieben Sie mir ja im Juni von dort), aber die Latrinen haben sich eigentlich

In ihrem Brief, vom 26.10.1998, reagiert Erna Bernstein auf den Film *Journal de Rivesaltes 1941-1942* von Jacqueline Veuve (Nachlass F. Bohny-Reiter, AfZ)

"gut gehalten"! Liebe Frau Bohny, im Geiste umarme ich Sie immer wieder in großer Dankbarkeit, daß Sie unsere Leben gerettet haben! Und Sie, lieber Herr Bohny, haben ja in Le Chambon ebenfalls viel hierzu beigetragen! Und nun möchte ich auch noch meinen besten Dank hinzufügen, daß Sie Ihr Tagebuch in Druck und Film veröffentlich ließen! Was eine Freude, Sie somit persönlich wieder erlebt zu haben! Nur waren wir leider doch recht viel auf die deutschen Untert-tel im Film angewiesen (mein französisch ist völlig verrostet naCh über 50 Jahren des Nicht-Gebrauchs! Allerdings waren einige der Untertitel nur sehr schlecht leserlich, da sie in den Farbtönen in die Bilder verflossen; aber trotzdem waren wir alle wirklich äußerst beeindruckt davon.

Diese Nachricht wollte ich gleich nach meiner Rückkehr mit Ihnen teilen. Und so schließe ich für heute mit allen guten Wünschen für Ihr beider Wohlergehen und mit meinen herzlichsten Grüßen,

Ihre

Ella

Malerei an der Eingangsseite der Schweizer Baracke in Rivesaltes 1942 (siehe hier S.140,144)

Friedel und August Bohny-Reiter im Turm der Maternité Elne, 1999 (Archiv F. und A. Bohny-Reiter, Basel)

In Südfrankreich wurde Friedel Bohny-Reiter mehrmals ausgezeichnet. Die Maske bekam sie von den spanischen Überlebenden und deren Kindern in Argelès-sur-Mer am 24.2.2001. Im Bild sind Medaillen abgebildet, mit denen sie für ihre humanitäre Tätigkeit geehrt wurde (Archiv F. und A. Bohny-Reiter, Basel)

4054 Basel, 18. Dezember 2001
Realpstrasse27

Vivre sa vérité.

Friedel Bohny-Reiter

20. Mai 1912–18. Dezember 2001

Nach einem aktiven ereignisreichen Leben haben die Kräfte sie in ihrem 90. Lebensjahr verlassen. Sie hat nun ihre Ruhe und ihren Frieden gefunden.

Après une vie active et pleine d'évènements les forces de vie l'ont quitté dans sa 90 ème année. Elle a trouvé maintenant son repos et sa paix.

August Bohny-Reiter
Jörg und Annemarie Bohny-Reumiller
mit Simon
Verena Bohny
Marie-Therese Bohny-Jauch
mit Pascal, Nadine und Desirée

Die Gedenkfeier findet am Donnerstag, 27. Dezember 2001,
um 15 Uhr in der Pauluskirche Basel statt.

Die Todesanzeige von Friedel Bohny-Reiter (Archiv F. und A. Bohny. Basel)

Le Message d'amitié de Madame Ruth Dreifuss, conseillère fédérale, cheffe du Département fédéral de l'Intérieur, ancienne Présidente de la Confédération

Berne, janvier 2002

«Cher Monsieur Bohny-Reiter

« Vivre sa vérité ». Votre épouse et vous-même n'avez cessé de la faire et de vous laisser guider par votre boussole morale. Ma profonde admiration vous est due, ma reconnaissance aussi pour votre exemple lumineux. Continuer seul est une souffrance. Puissent la sympathie de vos proches, l'amour de vos enfants vous aider à surmonter la douleur »

Schreiben der Bundesrätin Ruth Dreifuss an August Bohny im Januar 2002) nach dem Tod seiner Frau im Dezember 2001 (Nachlass F. Bohny-Reiter, AfZ)

Galerie 106: Friedel Bohny-Reiter

Krieg und Frieden

Friedel Bohny-Reiter: «Ohne Titel», 1986. FOTO ZVG

Ein Hafen in Südfrankreich. Zwei Kinder schmiegen sich ängstlich aneinander, in eine Ecke zusammengedrängt, als ob sie von der Bildfläche verschwinden möchten: ausdrucksstarke Porträts von zerlumpten Kindern und ihren Müttern, von ausgemergelten jüdischen Musikern; Momentaufnahmen eines trostlosen Lageralltags.

Friedel Bohny-Reiter (1912–2001) verarbeitete ihre Kriegserlebnisse. Sie kehrte in ihren Bildern nach Südfrankreich zurück, wo sie als Krankenschwester spanische, jüdische und Roma-Kinder betreute und vor der Deportation zu bewahren versuchte. Zuerst im Internierungslager Rivesaltes bei Perpignan, später in Kinderheimen, die sie mit ihrem Mann leitete.

Erst in den Aquarellen, Radierungen und Aquatintas aus den späteren Jahren wurde die Tristesse gemildert. In Basel werden jetzt nur einige dieser Porträts ausgestellt. Gezeigt werden vor allem Aquarell-Landschaften aus den 70-er bis 90-er Jahren. Die harmonischen Naturaufnahmen stellen ein farbenfrohes Pendant zur schweren Vergangenheit dar. *HK*

Galerie 106, Basel, St.-Johanns-Vorstadt 106. Bis 22.6. Di–Fr 14–18.30, Sa 11–15 Uhr.

Besprechung der posthumen Ausstellung Friedel Bohny-Reiter in der Galerie 106, Basel, in: BaZ, Basler Magazin, Juni 2002 (Nachlass F. Bohny-Reiter, AfZ)

Samedi 20 Mars 2004

LA CHRONIQUE DE BERNARD REVEL

La maison de Friedel

Le camp de Rivesaltes, gouache de Friedel Bohny-Reiter.

Les vignes, le ciel bleu, le vent. Rien n'a changé. « Les paysans rentrent chez eux (...). Une petite fumée flotte sur Rivesaltes. Les montagnes sont bleues et lointaines, tellement lointaines. » *(1) Je pourrais presque la voir passer, de ma fenêtre, sur sa vieille bicyclette, le petit drapeau suisse flottant au-dessus du guidon. Où va-t-elle, cette jeune femme au beau sourire ? D'où vient-elle ? Elle traverse Perpignan et note :* «Curieux de voir tous ces gens en manteaux et chapeaux, avec de véritables chaussures en cuir aux pieds.» *Elle va de ferme en ferme. Elle longe* «des jardins mystérieux ornés de vases romains et d'iris, avec des murs débordants de roses» *qui lui rappellent Florence.* «Au loin la mer.»

Puis, elle rentre «à la maison». *Peu à peu, apparait* «une bande de toits rouges en harmonie avec l'azur.» *C'est le camp.* «Est-ce possible que cette petite tache rouge cache tant de misère, tant de malheurs humains ?» *écrit-elle le soir même.* «Est-ce possible que le monde autour puisse être aussi beau ? »

Friedel est toujours étonnée de passer ainsi, en quelques coups de pédale, d'un monde à l'autre. Depuis que cette infirmière du Cartel suisse de secours aux enfants y est arrivée le 12 novembre 1941, jour de vent violent et de désolation, le camp est sa «*maison*». *A quelques kilomètres, la vie suit son cours paisible. Les braves gens mènent leur petit bonhomme de chemin au rythme des saisons et des travaux. Friedel, ce jour-là, ne voit* «rien que d'immenses yeux d'enfants affamés dans des visages marqués par la souffrance et l'amertume.» *Elle est venue ici pour* «faire quelque chose dans cette immense misère. »

véritables chaussures en cuir aux pieds.» *Elle va de ferme en ferme. Elle longe* «des jardins mystérieux ornés de vases romains et d'iris, avec des murs débordants de roses» *qui lui rappellent Florence.* «Au loin la mer.»
Puis, elle rentre «à la maison». *Peu à peu, apparait* «une bande de toits rouges en harmonie avec l'azur.» *C'est le camp.* «Est-ce possible que cette petite tache rouge cache tant de misère, tant de malheurs humains ?» *écrit-elle le soir même.* «Est-ce possible que le monde autour puisse être aussi beau ? »
Friedel est toujours étonnée de passer ainsi, en quelques coups de pédale, d'un monde à l'autre. Depuis que cette infirmière du Cartel suisse de secours aux enfants y est arrivée le 12 novembre 1941, jour de vent violent et de désolation, le camp est sa «*maison*». *A quelques kilomètres, la vie suit son cours paisible. Les braves gens mènent leur petit bonhomme de chemin au rythme des saisons et des travaux. Friedel, ce jour-là, ne voit* «rien que d'immenses yeux d'enfants affamés dans des visages marqués par la souffrance et l'amertume.» *Elle est venue ici pour* «faire quelque chose dans cette immense misère. »

Le camp est peuplé de tous ceux qui, pour le régime de Vichy, sont des «*indésirables*» *: Espagnols, juifs étrangers, tsiganes. Fuyant l'Espagne franquiste et l'Allemagne nazie, ils sont des milliers à passer devant les portes fermées du monde normal pour aller s'entasser dans leurs villes à eux qui ont pour nom Argelès, Le Barcarès, Rivesaltes, Bram, Gurs, Récébédou, Les Milles, Le Vernet mais sont en réalité à l'écart de ces localités. Leurs villes sont des camps où on souffre, on est maltraité, on perd toute dignité, on meurt. Un archipel du malheur dans un océan d'indifférence.*

Au plus profond de cette nuit quelques lumières se sont allumées. Elles ont souvent des visages de femmes et des noms étrangers : Friedel Reiter et Elsie Ruth à Rivesaltes, Elsbeth Kasser, «*l'ange de Gurs*»*, Rösli Näf, directrice du centre d'enfants de La Hille, Elisabeth Eidenbenz, directrice de la Maternité suisse d'Elne. Elles ont agi dans l'urgence. Elles ont sauvé de nombreuses vies. Alors que la plupart des yeux se fermaient, elles ont choisi, elles, de regarder la misère en face et de soulager les souffrances. Elles n'ont pas empêché les déportations. Beaucoup de juifs qui, grâce à elles, ne moururent pas de faim, furent, à partir d'août 1942, entassés dans des trains.* «Les gens sont sûrs de partir à la mort», *écrit Friedel le 8 août. On raconte dans le camp qu'un petit nombre restera travailler en France mais que* «les autres vont partir en Pologne où ils périront.»

Ils sont partis avec cette crainte du pire et le pire est advenu. Le voyage des neuf convois de Rivesaltes se terminera à Auschwitz. Le 25 novembre 1942, un vent glacial balaie la plaine. Les derniers Espagnols et tsiganes sont évacués vers Gurs. Le camp est vide. Friedel y a vécu douze mois qui ont bouleversé sa vie. Elle part, emportant ses souvenirs, ses doutes, ses moments de joie et de tristesse. Le bonheur, en ces jours noirs, s'est souvent appelé Elne où elle a envoyé tant d'enfants qui, avec leur mère, passant d'enfer en paradis, se sont mis à revivre. Parmi eux, José, petit squelette qu'elle a transporté elle-même en catastrophe à la Maternité. Quelques mois plus tard, elle le revoit : «Jamais je n'oublierai le petit José Ruiz (…) et la mère qui ne l'a pas reconnu en voyant un petit garçon rose et rond.» *Le Noël des enfants espagnols savourant un chocolat et chantant autour d'un sapin, le départ pour la colonie de Montluel, les spectacles dans le foyer, il y eut, dans le camp, des moments rares :* «Sur le visage d'un garçon de dix ans s'affrontent les joies et les larmes. Jamais auparavant, je n'ai vu quelque chose d'aussi saisissant par l'intensité du vécu, de l'émotion, reflétés dans un visage d'enfant », *écrit Friedel. Un autre jour :* «Ce sont ces yeux d'enfants qui me font rester ici. »

Mais la souffrance est là. Tous ces gens qui ont faim, qui agonisent, qui meurent sont autant d'accusations difficiles à supporter. «Ne pas réfléchir, continuer, aider là où il le faut, croire à la

qui ont bouleversé sa vie. Elle part, emportant ses souvenirs, ses doutes, ses moments de joie et de tristesse. Le bonheur, en ces jours noirs, s'est souvent appelé Elne où elle a envoyé tant d'enfants qui, avec leur mère, passant d'enfer en paradis, se sont mis à revivre. Parmi eux, José, petit squelette qu'elle a transporté elle-même en catastrophe à la Maternité. Quelques mois plus tard, elle le revoit : «Jamais je n'oublierai le petit José Ruiz (…) et la mère qui ne l'a pas reconnu en voyant un petit garçon rose et rond.» *Le Noël des enfants espagnols savourant un chocolat et chantant autour d'un sapin, le départ pour la colonie de Montluel, les spectacles dans le foyer, il y eut, dans le camp, des moments rares :* «Sur le visage d'un garçon de dix ans s'affrontent les joies et les larmes. Jamais auparavant, je n'ai vu quelque chose d'aussi saisissant par l'intensité du vécu, de l'émotion, reflétés dans un visage d'enfant », *écrit Friedel. Un autre jour :* «Ce sont ces yeux d'enfants qui me font rester ici. »
Mais la souffrance est là. Tous ces gens qui ont faim, qui agonisent, qui meurent sont autant d'accusations difficiles à supporter. «Ne pas réfléchir, continuer, aider là où il le faut, croire à la

paix », *note Friedel le 13 janvier 1942. Le 22 janvier :* «Que signifie notre aide ? Une goutte d'eau dans la mer.» *Le 13 mars, elle doit choisir parmi les malades deux personnes qui pourront aller à l'infirmerie :* « C'est épouvantable de sentir tous ces regards sur moi, tendus, pleins d'espoir, suppliants. "Va-t-elle me prendre ?" Cela peut signifier vivre ou mourir. Quelle horreur de choisir ainsi.» *Quand les trains de la mort quittent le quai de Rivesaltes, le désespoir s'abat sur Friedel :* « Je suis souvent saisie par la peur. Nous qui sommes ici devenons presque complices de cette véritable traite des hommes.» *(13 septembre 1942).*

A 86 ans, Friedel Bohny-Reiter, revenue au camp de Rivesaltes pour le tournage du documentaire tiré de son journal, s'interrogeait : «Quel est le sens de tout ça ? Je n'en sais toujours rien aujourd'hui.» *(2)*

brevel@lindependant.com

(1)Toutes les citations sont extraites du "Journal de Rivesaltes, 1941-1942" de Friedel Bohny-Reiter (Editions Zoé 1993).

(2)Aujourd'hui se tient à l'ancienne Maternité d'Elne un forum sur "le Cartel suisse de Secours aux enfants victimes de la guerre", avec des interventions d'August Bohny, ancien directeur du Travail du Secours aux enfants (10h30), Guy Eckstein, né à la Maternité suisse (14h), Philippe Bender, historien (15h) et Denis Peschanski, directeur de recherche au CNRS (16h).

Würdigung der Tätigkeit Friedel Bony-Reiter im Lager Rivesaltes, Perpignan 20.3.2004 (Nachlass F. Bohny-Reiter, AfZ)

Friedel Bohny-Reiter, Jüdischer Geigenspieler (Öl, 133 x 41 cm) undatiert (Archiv F. und A.Bohny-Reiter, Basel)

August Bohny und Helena Kanyar Becker

Friedel Bohny als Schweizer Schwester im Camp de Rivesaltes

Nachwort zur 2. und erweiterten Auflage

Während der Bearbeitung des Archivs Friedel und August Bohny-Reiter vom Winter bis zum Sommer 2009 entdeckten wir neben den bekannten, auch viele halbvergessene oder ganz in Vergessenheit geratene Dokumente, Fotos, Berichte und Briefe. Insbesondere Plakate, Einladungen, Broschüren und Fotografien zur Rezeptionsgeschichte der spanischen Flüchtlinge und jüdischen Gefangenen, die seit dem Winter 1939 bis zum Kriegsende im Herbst 1944 in Südfrankreich interniert waren. Die damaligen Kinder und Jugendlichen oder Nachkommen der Republikaner, die nach dem Sieg der Franco-Armee nach Südfrankreich geflüchtet waren sowie die jüdischen Überlebenden setzen sich mit diesem historischen Abschnitt und der eigenen Geschichte bis auf den heutigen Tag auseinander.

Während der *Retirada*, dem Massenexodus aus dem faschistischen Spanien, befanden sich insgesamt 800'000 bis 1'000'000 Soldaten, ihre Familien und Kämpfer der internationalen Brigaden in Südfrankreich. Sie hausten zuerst in provisorischen Zeltlagern im Sand am Meeresufer, später in primitiven Holzbaracken in etwa 100 Sammellagern entlang der Pyrenäen. Im Sommer 1940 wurden in diese Lager auch "feindliche Ausländer", deutsche und österreichische Emigranten, gesperrt. Im Oktober 1940 wurden Juden aus Baden, Saarland und der Pfalz nach Südfrankreich deportiert sowie ausländische Juden festgenommen. Sie alle vegetierten in Sammellagern ohne sanitäre Einrichtungen, litten unter Hunger, Krankheiten, Kälte, Schmutz und Ungeziefer.

Die Mitarbeiterinnen und Mitarbeiter der *Schweizer Kinderhilfe*, die sich während des Spanischen Bürgerkriegs in der *Ayuda Suiza* (*Schweizerischen Arbeitsgemeinschaft für Spanienkinder*) engagierten, begleiteten die Republikaner während ihrer Flucht über die Pyrenäen und richteten für sie *Kinderkolonien* und eine *Maternité* ein. Kurz vor Weihnachten 1940 gelang es der Krankenschwester Elsbeth Kasser, die erste *Schweizer Baracke* im Lager Gurs zu gründen. Ins Lager Rivesaltes durfte die Krankenschwester Elsa Ruth mit ihren Mitarbeiterinnen im Juli 1941 einziehen. Friedel Reiter meldete sich im Spätherbst beim Sekretär des *Zivildienstes* in Bern, Rodolfo Olgiati, der auch Zentralsekretär der *Schweizerischen Arbeitsgemeinschaft für kriegsgeschädigte*

Kinder war. Olgiati schickte die Säuglingsschwester nach Rivesaltes, wo sie ihre humanitäre Verpflichtung wahrzunehmen begann.

Die damaligen spanischen und jüdischen Kinder und Jugendlichen erinnern sich mit Dankbarkeit an ihre schweizerischen "Schutzengel" und Retterinnen. Die Veröffentlichung des Tagebuchs von Friedel Bohny-Reiter (1993 und 1995) und dessen Verfilmung durch Jacqueline Veuve (1997) lösten eine unerwartete Welle von Begegnungen und Korrespondenzen aus, die im Archiv Friedel und August Bohny-Reiter dokumentiert sind. In Südfrankreich werden Friedel und Bethli (Elisabeth) Eidenbenz, die Leiterin der *Maternité* in Elne, seit Jahren als Symbolgestalten der *Schweizer Kinderhilfe* gefeiert.

Die Dokumente zu diesen Ereignissen befinden sich im *Archiv für Zeitgeschichte/ETH Zürich (AfZ)*, das den Nachlass Friedel und August Bohny 2009 übernahm. Wir möchten uns bei Dr. Gregor Spuhler, Leiter des AfZ, Dr. Uriel Gast, Leiter der Dokumentationsstelle für Jüdische Zeitgeschichte, lic. phil. Jonas Arnold, Leiter der Informatik und visuellen Medien sowie Michael Schaer, Mitarbeiter der Allgemeinen Zeitgeschichte, Schweiz–Kalter Krieg, für die effiziente Zusammenarbeit während der Entstehung des neuen Dokumententeils dieses Buches herzlich bedanken. Unser grosser Dank gilt vor allem dem Herausgeber, Prof. Erhard Roy Wiehn, der die zweite Auflage des Tagebuchs Friedel Bohny-Reiter während einer arbeitsintensiven, rekordverdächtigen Zeit verarbeitet hat. Nicht zu vergessen sind Jeannette Gschwind und Udo Breger, die auch diesmal unsere Arbeit begleiteten.

Basel, 11. November 2009

Friedel Bohny-Reiter

1983 (Seite 178)

Ich wurde 1912 in Wien geboren. Zu Anfang des Ersten Weltkrieges 1914 mit anderen Kindern aus der Hauptstadt des Kaiserreiches evakuiert, verbrachte ich die Kriegsjahre in der Nähe von Melk an der Donau. Mein Vater, den ich kaum kannte, fiel an der Front. Ich kehrte 1919 nach Wien zurück, in die überdimensionale Hauptstadt eines verlorenen Reiches, wo revolutionäre Unruhen und Hunger herrschten.

Diese schreckliche Not, welche die Kinder Wiens quälte, führte dazu, Kinderzüge in die Schweiz zu organisieren, und so fuhr ich 1920 nach Kilchberg am Zürichsee zu einer Familie, bei der ich schließlich bis zu meinem 24. Altersjahr blieb. Ich wurde in Zürich als Kinderschwester ausgebildet und arbeitete dann während eineinhalb Jahren in meinem Beruf in Florenz.

Nach meiner Rückkehr in die Schweiz meldete ich mich bei der 'Arbeitsgemeinschaft für kriegsgeschädigte Kinder', die mich in das Lager von Rivesaltes schickte.

Ich erinnere mich gut, wie nach der Schließung des Lagers Ende November 1942 eine große Leere in mir zurückblieb. Alle die Menschen, mit denen ich hoffte und die mir viel bedeutet hatten, waren fort, verschwunden. Doch blieb wenig Zeit zum Nachdenken und Grübeln. Neue Arbeit wartete. Es wurde mir die Leitung eines der von August Bohny eingerichteten Kinderheime in Le Chambon sur Lignon in den Nord-Cevennen anvertraut.

Im März 1944 konnten wir in der Schweiz heiraten, nachdem wir mehr als ein Jahr auf unsere Visa gewartet hatten. Wir kehrten aber nochmals zu unserer Arbeit zurück und verließen Frankreich nach der Befreiung im Dezember 1944 endgültig und damit schweren Herzens auch unsere Mitarbeiter, unsere Freunde und die uns anvertrauten Kinder, deren Betreuung uns viele Sorgen und Schwierigkeiten, aber auch viel Freude bereitet hatte.

Das Einleben in der Schweiz war unvorhersehbar schwerer als wir gedacht hatten. Wir stießen an Wände in dieser anderen Welt, die den Krieg nur aus der Ferne erlebt hatte und deren Wertmaßstäbe uns in einem vom Kriege hart betroffenen Lande fremd geworden waren. Ich hatte auch Mühe, nicht mehr mit meinem Mann zusammen aktiv sein zu können und mich auf die Familie und die Kinder zu beschränken.

Wir hatten ein glückliches Familienleben - nach sechs Jahren waren vier Kinder dazugekommen -, doch spürte ich, daß man Erlebnisse und Erinnerungen nicht einfach auswischen kann. Wie Schatten einer dunklen Wolke legten sie sich immer wieder auf mich. In der Stille der Nacht zogen die Elendsgestalten wie in einem Film an mir vorüber - endlos.

Als die Kinder größer wurden, begann ich, meine Mal-Utensilien auszugraben und Gestalten oder Gesichter auf Leinwand oder Papier zu bringen, was für mich eine beruhigende Wirkung hatte.

Heute, 50 Jahre später, weiß ich, daß trotz des Versuchs zu vergessen, trotz eines glücklichen Lebens, jene Erlebnisse, wenn auch in den hintersten Winkel meines Bewußtseins gedrängt, immer in und mit mir gelebt haben und so auch - ohne meinen Willen - in meinen Bildern wieder auftauchen.

Ich erinnere mich noch: Im letzten, schon rollenden Transportzug aus Rivesaltes Richtung Osten rief mir eine jüdische Frau noch zu: "Schwester, bitte, vergessen Sie uns nicht!"

Wenn ich eingewilligt habe, mein Tagebuch zu veröffentlichen, dann nicht zuletzt im Gedenken an jene mit dem Zuge entschwindende Frau.

Michèle Fleury-Seemuller

absolvierte ihre Studien als Historikerin in Genf und befaßte sich besonders mit der Arbeit des Roten Kreuzes während des Zweiten Weltkrieges. Nach Abschluß der Studien übernahm sie den Auftrag, Einzelheiten und Zusammenhänge der Arbeit des Schweizerischen Roten Kreuzes-Kinderhilfe zu erforschen. Bei dieser Arbeit stieß sie auf das Tagebuch von Friedel Bohny-Reiter über die Arbeit im Lager von Rivesaltes (Pyrenées Orientales) und bemühte sich um eine Veröffentlichung, weil sie es als Historikerin von besonderer Bedeutung erachtete. Sie übernahm auch selbst die Übersetzung des ursprünglich deutsch geschriebenen Tagebuches, so daß die erste Veröffentlichung in französischer Sprache erfolgte. Sie lebt mit ihrer Familie in Genf.

Dr. Helena Kanyar Becker

Historikerin, Kunsthistorikerin und Philologin, promovierte zuerst in Prag, dann in Zürich, wo sie als wiss. Assistentin arbeitete, anschliessend wiss. Mitarbeiterin der Universität Basel. Als Fachreferentin der UB Basel beschäftigte sich mit Medien und Theater, europäischer Ethnologie, Osteuropageschichte und Slawistik, sozialen, politischen und ethnischen Minderheiten. Ausstellungstätigkeit, Vortragsreihen, Publikationen.

Margot Wicki-Schwarzschild

geb. 1931 in Kaiserlauten/Pfalz, 22. Oktober 1940 Deportation mit Eltern, Schwester und Grossmutter nach Gurs, dann Rivesaltes. Vater kommt in Auschwitz um. Überlebt mit Hilfe der Krankenschwester Friedel Reiter. Aufenthalt in Heimen der *Schweizer Kinderhilfe* in Frankreich. Rückkehr nach Deutschland mit Mutter und Schwester 1946. Berufsausbildung: Dolmetscherin/Übersetzerin. Lebt seit 1954 in der Schweiz, Heirat 1955, vier erwachsene Kinder und vier Enkelkinder. In freiberuflicher Sozialarbeit tätig.

Dr. Drs. h.c. Erhard Roy Wiehn, M.A.

Professor (em.) im Fachbereich Geschichte und Soziologie der Universität Konstanz; Veröffentlichungen vor allem zur Schoáh & Judaica (siehe S. 215 ff. u. 218 ff.)

Ausgewählte Literatur (1995)

M. Ahlfeld-Heymann, Und trotzdem überlebt - Ein jüdisches Schicksal aus Köln durch Frankreich nach Israel 1905-1955. Herausgegeben von E.R. Wiehn. Konstanz 1994.

J.-P. Azema u. F. Bedarida, Vichy et les Français. Paris 1992.

Archivdirektion Stuttgart (Hg.), Dokumente über die Verfolgung jüdischer Bürger in Baden-Württemberg durch das nationalsozialistische Regime 1933-1945. 11. Teil, bearb. v. P. Sauer. Stuttgart 1966.

Archivdirektion Stuttgart (Hg.), Die Opfer der nationalsozialistischen Judenverfolgung in Baden-Württemberg 1933-1945. Ein Gedenkbuch. Stuttgart 1969.

V. Blankenburg, "Gedenken in Gurs". In: Badische Zeitung, 3.5.1994.

A. Bohny, "Le Secours Suisse-1941-1944." In: Le Plateau Vivarais-Lignon. Accueil et Résistance 1939-1944, Actes du colloque de Chambon-sur-Lignon, Société d'histoire de la Montagne 1992.

E. Conan, Sans oublier les enfants. Les Camps de Pithiviers et de Beaune-la-Rolande, 19 juillet-16 septembre 1942. Paris 1991.

R. Delpard, Les enfants cachés. (Edition J. Clattes 1993).-Überleben im Versteck-Jüdische Kinder 1940-1944. Berlin 1994.

L. Dreyfuss, Emigration nur ein Wort?-Ein jüdisches Überlebensschicksal in Frankreich 1933-1945. Herausgegeben von E.R. Wiehn. Konstanz 1991.

M.-F. Etchegoin, "Les camps de concentration franr;:ais. Enquete sur la page la plus noire de notre histoire." In: Le Nouvel Observateur, N 1444, du 9 au 15 juillet 1992, p. 8-22.

J.-C. Favez, Une mission impossible? Le CICR, les deportations et les camps de concentration nazis. Lausanne 1988.

L. Fittko, Mein Weg über die Pyrenäen. Erinnerungen 1940/41. München u. Wien 1985.

M. Fleury-Seemuller, "Action humanitaire et Realpolitik, l'exemple du Secours aux enfants." In: Almanach Croix-Ruge Suisse 1992.

A. Freudenberg (Hg.), Rettet sie doch! Franzosen und die Genfer Ökumene im Dienste der Verfolgten des Dritten Reiches. Zürich 1969 (vergriffen). Gekürzte Neuauflage: A. Freudenberg (Hg.), Befreie, die zum Tode geschleppt werden - Ökumene durch geschlossene Grenzen 1939-1945. München 1985.

D. Freudenberg-Hübner u. E.R. Wiehn (Hg.), Abgeschoben - Jüdische Schicksale aus Freiburg 1940-1942. Briefe der Geschwister Liefmann aus Gurs und Morlaas an Adolf Freudenberg in Genf. Konstanz 1993.

S. Friedländer, Wenn die Erinnerung kommt. Stuttgart 1979.

V. Fry, Auslieferung auf Verlangen. Die Rettung deutscher Emigranten in Marseille 1940/41. München 1986.

P. Grupp, "'Endlösung' in Frankreich." In: Das Parlament, Nr. 35, 25.8.1989, S. 16.

A. Grynberg, Les Camps de la honte. Les internés juifs des camps français 1939-1944, Paris 1991.

F. Gsteiger, "'Ich habe ein gutes Gedächtnis' - Agitator für einen wahrhaftigen Umgang mit der Vergangenheit: Arno Klarsfeld, Anwalt im Touvier-Prozeß." In: Die Zeit, Nr. 18, 29.4.1994, S. 2.

A. Häsler, Das Boot ist voll - Die Schweiz und die Flüchtlinge 1933-1945. Zürich 1967.

J. Hanimann, "Untote. Vichy wieder vor Gericht." In: Frankfurter Allgemeine Zeitung, Nr. 64, 17.3.1994, S. 33.

I. Hecht, Als unsichtbare Mauern wuchsen - Eine deutsche Familie unter den Nürnberger Rassegesetzen. Hamburg 1984.

R. Hilberg, Die Vernichtung der europäischen Juden. Frankfurt 1990.

A.M. Im Hof-Piguet, La Filière. En France occuppé 1942-1944. Yverdon-les-Bains 1985.

E. Jäckel, Frankreich in Hitlers Europa. Stuttgart 1966.

S. Klarsfeld, Vichy-Auschwitz. Die Zusammenarbeit der deutschen und französischen Behörden bei der 'Endlösung der Judenfrage' in Frankreich. Nördlingen 1989.

F. Kupfermann, Laval, 1883-1945. Paris 1988.

C. Laharie, Le Camp de Gurs 1939-1945. Un aspect méconnu de l'histoire du Béarn. Pau/Biarritz 1985.

E.M. Landau u. S. Schmitt (Hg.), Lager in Frankreich. Überlebende und ihre Freunde. Zeugnisse der Emigration, Internierung und Deportation. Mannheim 1991.

E. u. M. Liefmann, Helle Lichter auf dunklem Grund - Die Abschiebung aus Freiburg nach Gurs 1940-1942. Vorwort Margot Wicki-Schwarzschild, herausgegeben von E.R. Wiehn. Konstanz 1995.

M.R. Marrus u. R.O. Paxton, Vichy et les Juifs. (Trad. de l'Anglais) Paris 1981.

G. Mittag (Hg.), Gurs - Deutsche Emigrantinnen im französischen Exil. Berlin 1991.

R. Olgiati, Nicht in Spanien hat's begonnen. Von Erfahrungen und Erlebnissen internationaler Hilfsarbeit. Bern 1944.

D. Ortìz Favier, Sentier sous les amandiers fleuris. Saint-Etienne 1988.

H. Ott, Laubhüttenfest 1940 - Warum Therese Loewy einsam sterben mußte. Freiburg 1994.

M. Philipp, "Hilfsaktionen für die Internierten von Gurs - Die Internierung deutscher Juden aus Baden und der Pfalz im französischen Lager Gurs im Spiegel der Berichterstattung der New Yorker Wochenzeitung 'Aufbau' 1940-1943." In: Exil 2, 1990, S. 31-44.

M. Philipp, Gurs - Ein Internierungslager in Südfrankreich 1939-1943. Literarische Zeugnisse, Briefe, Berichte. Hamburg 1991.

B. Pimpl u. E.R. Wiehn (Hg.), Was für eine Welt - Jüdische Kindheit und Jugend in Europa 1933-1945. Ein Lesebuch. Konstanz 1995, S. 51-66.

H. Roschewski, "Von Gurs über Bern nach Jerusalem." In: JGB-Forum, Nr. 41, Bern, März 1987, S. 22; auch in E.R. Wiehn, Oktoberdeportation 1940, Konstanz 1990, S. 965f.

P. Sauer, Die Schicksale der jüdischen Bürger Baden-Württembergs während der nationalsozialistischen Verfolgungszeit 1933-1945. (Hg. v. d. Archivdirektion Stuttgart) Stuttgart 1968.

E. Scagnct, "Der Engel von Gurs." In: Neue Zürcher Zeitung, Fernausgabe Nr. 7, 11.1.1992, S. 33-35; vgl. aucl\; Rotes Kreuz für Menschen in Not. Magazin zum Welt-Rotkreuztag. Hg. v. BRK, DRK, ORK, SRK, 1995, S. 10.

E. Schaerer, Croix-Rouge Suisse, Secours aux enfants en France 1942-1945. Sa formation, son activité, ses relations avec le gouvernement suisse, son rôle. Memoire d'histoire à la Faculté des Lettres de Genève 1986.

H. Schramm, Menschen in Gurs. Erinnerungen an ein französisches Internierungslager (1940-1941) und ein dokumentarischer Beitrag zur französischen Emigrantenpolitik (19331944) von Barbara Vormeier. Worms 1977.

H. Schramm u. B. Vormeier, Vivre a Gurs. Un camp de Concentration francais 1940-1941. Paris 1979.

J. Simmert, Die nationalsozialistische Judenverfolgung in Rheinland-Pfalz 1933-1945. (Veröffentlichungen der Landesarchivverwaltung Rheinland-Pfalz, Bd. 17) Koblenz 1974.

A. Spire, Les enfants qui nous manquent. Izieu, 6 avril 1944. Paris 1990.

S. Steiger, Die Kinder von Schloß La Hille. Basel u. Gießen 1992.

M. Stiefel-Cermak, "Geräuschlos nach Gurs." In: Tribüne, Heft 134, 1995, S. 210.

J. Toury, "Die Entstehungsgeschichte des Austreibungsbefehls gegen die Juden der Saarpfalz und Badens *(22.123.* Oktober 1940-Camp de Gurs)." In: Jahrbuch des Instituts für deutsche Geschichte, Beiheft X, Tel Aviv University 1986, S. 431-464.

E.R. Wiehn, Kaiserslautern-Leben in einer pfälzischen Stadt. Neustadt/Weinstraße 1982, 386-390 u. 853-866.

E.R. Wiehn (Hg.), Oktoberdeportation 1940-Die sogenannte' Abschiebung' der badischen und saarpfälzischen Juden in das französische Internierungslager Gurs und andere Vorstationen von Auschwitz 50 Jahre danach zum Gedenken. Mit einer Dokumentation. Konstanz 1990.- Vgl. dazu: "Erschreckend authentisch-Gedenkstunde zum 50. Jahrestag der Deportation." In: Südkurier (Konstanz), 24.10.1990, S. 19. - "Die Deportation der badischen Juden 1940-Eine dokumentative Gedenkschrift. " In: Neue Zürcher Zeitung, *23./24.3.1991.*

E.R. Wiehn, Schriften zur Schoàh und Judaica. Konstanz 1992, S. 170-216.

A. Wieworka, Deportation et genocide. Entre la memoire et l'oubli. Paris 1992.

S. Zeitoun, L'Oeuvre de Secours aux enfants (O.S.E.) sous l'occupation en France. Paris 1990.

Buchtitel zum Thema Rivesaltes, Gurs und Überleben in Frankreich während der Schoàh

Herausgegeben von Erhard Roy Wiehn

Lilli Bernhard-Ithai, **Erinnerung verpflichtet** - Von Berlin über Brüssel nach Lyon in die Schweiz und durch Gurs nach Auschwitz. Jüdische Schicksale 1933-1945. Konstanz 1999, 83 Seiten, 14,32 €. ISBN 3-89649-372-8

Dorothee Freudenberg-Hübner u. Erhard Roy Wiehn (Hg.), **Abgeschoben** - Jüdische Schicksale aus Freiburg 1940-1942. Briefe der Geschwister Liefmann aus Gurs und Morlaas an Adolf Freudenberg in Genf. Konstanz 1993, 213 Seiten, 19,43 €. ISBN 3-89191-665-5 **(Vergr.)**

Gabriel Groszman, **Wie unendlich traurig.** Deportiertenpost aus dem Camp de Gurs und anderen süd-französischen Internierungslagern 1939-1942. Unter Mitarbeit von Rudolf Barth. 1. Aufl. **2019**; 176 Seiten, € 19,80. ISBN 978-3-86628-648-1

Martha und Else Liefmann, **Helle Lichter auf dunklem Grund** - Die 'Abschiebung' aus Freiburg nach Gurs 1940-1942 (Reprint). Mit Erinnerungen an Professor Dr. Robert Liefmann sowie weiteren Beiträgen und Dokumenten. 1995, 221 S., 17,64 €. ISBN 3-89191-815-1

Marie-Elisabeth Rehn, **Hugo Schriesheimer**. Ein jüdisches Leben von Konstanz durch das KZ Dachau, das französische Internierungslager Gurs, das Schweizer Asyl und die USA nach Kreuzlingen 1908-1989. 2011, 130 S., zahlr. Fotos, Dok. € 18,00. ISBN 978-3-86628-373-2

Martin Ruch, **In ständigem Einsatz** - Das Leben Siegfried Schnurmanns. Jüdische Schicksale aus Offenburg und Südbaden 1907-1997. Mit einem Geleitwort von Nathan Peter Levinson. Konstanz 1997, 112 Seiten, 15,34 €. ISBN 3-89649-196-2

Martin Ruch, **Aus der Heimat verjagt** - Zur Geschichte der Familie Neu. Jüdische Schicksale aus Offenburg und Südbaden 1874-1998. 1998, 240 Seiten, 16,77 €.ISBN 3-89649-284-5

Margot u. Hannelore Wicki-Schwarzschild, **Als Kinder Auschwitz entkommen** – Unsere Deportation von Kaiserslautern in die südwestfranzösischen Internierungslager Gurs und Rivesaltes 1940/42 und das Leben danach in Deutschland und der Schweiz. 2011[1], 2012[2] , **3. Aufl. 2017**. 204 Seiten, zahlreiche Fotos und Dokumente. € 19,80. ISBN 978-3-86628-339-8

Erhard Roy Wiehn (Hg.), **Oktoberdeportation 1940** - Die sogenannte 'Abschiebung' der badischen und saarpfälzischen Juden in das französische Internierungslager Gurs und andere Vorstationen von Auschwitz 50 Jahre danach zum Gedenken. Mit einer Dokumentation. Konstanz 1990, 1024 Seiten, 34,77 €. ISBN 3-89191-332-X

Erhard Roy Wiehn, **Schriften zur Schoáh und Judaica** (I). Konstanz 1992, 595 Seiten, 34,77 €. ISBN 3-89191-536-5

Erhard Roy Wiehn (Hg.), **Camp de Gurs** – Zur Deportation der Juden aus Südwestdeutschland 1940 (erw. Neuausgabe des Sammelbandes aus dem Jahre 2000). Vorwort Margot Wicki-Schwarzschild. 2010, 200 Seiten, Fotos u. Zeichnungen, 18,00 €. ISBN 978-3-86628-304-6

Manfred Wildmann u. Erhard Roy Wiehn (Hg.), **Und flehentlich gesegnet** - Briefe der Familie Wildmann aus Rivesaltes und Perpignan. Jüdische Schicksale aus Philippsburg 1941-1943. Mit einem Vorwort von Margot Wicki-Schwarzschild. Konstanz 1997, 204 Seiten, 20,35 €. ISBN 3-89649-067-2

Richard Zahlten, **Dr. Johanna Geissmar** - Von Mannheim nach Heidelberg und über den Schwarzwald durch Gurs nach Auschwitz-Birkenau 1877-1942. Einer jüdischen Ärztin 60 Jahre danach zum Gedenken. Konstanz 2001, 68 Seiten, 14,80 €. ISBN 3-89649-661-1

Gisela Friedemann, **Begegnungen mit dem Camp de Rivesaltes**. Zur Geschichte eines Internierungslagers in Südfrankreich 1939–2007. 2016, 72 S. € 14,80. 978-3-86628-558-3

Erhard Roy Wiehn (Hg.), **Die bittere Not begreifen.** Deutsch-jüdische Deportiertenpost aus südfranzösischen Internierungslagern im Kontext der Hilfsaktion der Jüdischen Gemeinde Kreuzlingen Thurgau/Schweiz rund 75 Jahre danach zur Erinnerung. 1940–1945. Vorwort von Margot Wicki-Schwarzschild, Transkription Birgit Arnold. **2016**. 264 Seiten., € 24,80. ISBN 978-3-86628-571-2

Herausgegeben von Erhard Roy Wiehn

Margot und Hannelore Wicki-Schwarzschild

Als Kinder Auschwitz entkommen

Unsere Deportation von Kaiserslautern
in die französischen Internierungslager
Gurs und Rivesaltes 1940/42
und das Leben danach in Deutschland
und der Schweiz
Ein Sammelband mit Texten, Fotos und Dokumenten
1. Aufl. 2011, 2. Aufl. 2012. 206 Seiten., € 19,80.
ISBN 978-3-86628-339-8

August Bohny

Unvergessene Geschichten

Zivildienst, Schweizer Kinderhilfe
und das Rote Kreuz in Südfrankreich
1941-1945

Vorwort von Margot Wicki-Schwarzschild
Bearbeitet und eingeleitet von Helena Kanyar Becker
1. Aufl. 2009; 164 Seiten. EUR 14,80.
ISBN 978-3-86628-278-0

http://www.hartung-gorre.de